Ulrich Elfrath

DIE DEUTSCHE KRIEGSMARINE

1935 – 1945

QUELLEN- UND LITERATURNACHWEIS

Becker, "Kampf und Untergang der Kriegsmarine", Hannover 1953
Bredemeier, "Schlachtschiff SCHARNHORST", Jugenheim 1962
Brennecke, "Schlachtschiff BISMARCK", Jugenheim 1960
Brennecke, "Schlachtschiff TIRPITZ", Hamm 1953
Breyer/Koop, "Von der EMDEN zur TIRPITZ" – 2 Bände, Koblenz/Bonn 1981
Breyer, "Schlachtschiffe und Schlachtkreuzer 1905 – 1970", München 1970
Gröner, "Die Deutschen Kriegsschiffe 1815 – 1945", Band 1, München 1965
Hansen, "Die Schiffe der Deutschen Flotten 1848 – 1945", Oldenburg 1973
Hümmelchen, "Die Deutschen Seeflieger 1939 – 1945", München 1976
Köhler, "Schlachtschiff GNEISENAU", Herford 1979
Potter/Nimitz/Rohwer, "Seemacht", München 1974
Rohwer/Hümmelchen, "Chronik des Seekrieges 1939 – 1945", Oldenburg 1968
Ruge, "Der Seekrieg 1939 – 1945", Stuttgart 1954
Schmalenbach, "Die Geschichte der Deutschen Schiffsartillerie", Herford 1968
Schmalenbach, "Schwerer Kreuzer PRINZ EUGEN", München 1982
Strohbusch, "Kriegsschiffbau seit 1848", Bremerhaven 1977
Taylor, "German Warships of World War II", London 1966
"Weyers Taschenbuch der Kriegsflotten", verschiedene Jahrgänge.

Der Text zu den Kriegseinsätzen und Verbleib der einzelnen Kriegsschiffe wurde Lohmann/Hildebrand, "Die Deutsche Kriegsmarine", 3 Bände, Bad Nauheim, 1956 – 1961, entnommen.

DANKSAGUNG:

Für die Bereitstellung von Bildmaterial und die wertvolle fachliche Unterstützung bei der Herstellung des Buches danken Verlag und Autor den Herren Viktor Gernhard, Pfaffenhofen, Karl Gogg, Salzburg-Elsbethen, Dietrich Herrmann, Grafschaft Esch und Rudolf Kabath, Flensburg.

BILDNACHWEIS

Bundesarchiv Koblenz: S. 4, S. 6, S. 8, S. 14, S. 15, S. 20 a.l., S. 27., S. 28 o.l., S. 28 u.r., S. 29 o.l., S. 29 u.r., S 30 o.l., S. 30 o.r., S. 30 u.r., S. 31, S. 32 o.l., S. 32 o.r., S. 32 m., S. 33, S. 34 o.l., S. 34 o.r., S. 35, S. 36 o.r., S. 37 o.l., S. 37 u.r., S. 38 u.l., S. 38/39, S. 42 o.l., S. 42 o.r., S. 42 u.l., S. 43, S. 49, S. 51 o.r., S. 51 u.l., S. 52, S. 53, S. 57, S. 58, S. 59, S. 60, S. 62, S. 63 o.r., S. 63 u.l., S. 64 o.r., S. 64 u.l., S. 72, S. 74, S. 75 o.r., S. 77 o.r., S. 78 o.l., S. 81, S. 82 o.l., S. 82 u.l., S. 90, S. 94, S. 96, S. 99, S. 100, S. 102 o.l., S. 102 u.r., S. 106, S. 110, S. 112, S. 113, S. 114 o.l., S. 114 u.r., S. 115 o.r., S. 115 u.l., S. 116 a.l., S. 116 o.r., S. 117 o.r., S. 117 u.l., S. 118 a.l., S. 118 a.r., S. 119 o.r., S. 119 u.r., S. 120, S. 125 a.r., S. 126, S. 128 o.l., S. 128 m., S. 129 a.l., S. 129 a.r., S. 130 o.l., S. 130. u.r., S. 131 a.r., S. 132 o.l., S. 132 u.l., S. 133 o.r., S. 133 u.r., S. 134 o.l., S. 135 o.l., S. 135 o.r., S. 136 a.l., S. 136 a.r., S. 137 o.r., S. 137 u.r., S. 139 o.r., S. 140 o.l., S. 140 u.l., S. 146 a.l., S. 146 a.r., S. 147, S. 149, S. 152 a.l., S. 152 a.r., S. 153 a.r., S. 155, S. 158, S. 159, S. 160-161, S. 163, S. 164, S. 167 o.r., S. 168, S. 172/173, S. 176, S. 177 o.l., S. 177 u.l., S. 177 o.r., S. 178 o.l., S. 178 u.l., S. 178 o.r., S. 179 o.l., S. 179 m., S. 179 o.r., S. 180 o.l., S. 180 u.l., S. 181, S. 182 a.l., S. 183 o.r., S. 183 u.r., S. 184 o.l., S. 184 u.l., S. 185 o.r., S. 185 u.l., S. 186 o.l., S. 186 u.r., S. 187
Viktor Gernhard, Pfaffenhofen: S. 9., S. 10, S. 11. u.r., S. 11. o.r., S. 12-13, S. 22, S. 23, S. 24-25 (Hoyer), S. 36 u.l., S. 75 u.l., S. 89 o.r., S. 105, S. 150, S. 156-157, S. 171 o.r.
Propaganda-Zeitschrift der Deutschen Kriegsmarine 1942: S. 20 o.r., S. 170, S. 182
Deutsches Verlagshaus Bong: S. 125 u.l., S. 134 o.r., S. 151 u.r., S. 162, S. 167 u.l., S. 169

Genehmigte Lizenzausgabe für
Weltbild Verlag GmbH, Augsburg, 1994

Gesamtherstellung: New Interlitho, Milano
Printed in Italy
ISBN 3-89350-699-3

Die Deutsche Kriegsmarine legte besonderen Wert auf eine gründliche seemännische Ausbildung ihres Offiziersnachwuchses. Die GORCH FOCK mit einer Wasserverdrängung von 1.354 t war eines der bekanntesten Segelschulschiffe. Auf ihren weltumspannenden Fahrten war sie gleichzeitig Repräsentant der Deutschen Kriegsmarine.

The German Navy paid particular attention to thoroughly training their officers in seamanship. The GORCH FOCK with a displacement of 1,354 tons was one of the best known sailing training ships. On her world-wide voyages, she was, at the same time, a representative of the German Navy.

Ulrich Elfrath

DIE DEUTSCHE KRIEGSMARINE 1935 - 1945

Schiffe · Bewaffnung · Männer · Ausrüstung · Einsätze

Schlachtschiffe · Panzerschiffe · Schwere Kreuzer · Leichte Kreuzer

Mit dem Flugzeugträger GRAF ZEPPELIN versuchte die Deutsche Kriegsmarine eigene Vorstellungen durchzusetzen, die von den bisher in Dienst gestellten ausländischen Trägern abwichen, wie z. B. Katapultanlagen. GRAF ZEPPELIN wurde jedoch nur zu 85 Prozent fertiggestellt. Wegen der geänderten Kriegslage wurde sie aber nicht in Dienst gestellt, da dem Bau von U-Booten der Vorrang gegeben wurde.

With the aircraft carrier GRAF ZEPPELIN, the German Navy attempted to carry out its own ideas which differed from those of carriers serving in foreign navies such as using catapults. However, GRAF ZEPPELIN was only 85 percent completed. Due to the change in the situation of the war, she was not commissioned as building U-boats was given priority.

INHALT

Schlachtschiff "BISMARCK",
ein Bild geballter Kampfkraft.

EIN WORT ZUVOR

Die Erinnerung an die Deutsche Kriegsmarine der Jahre 1935 - 1945 beginnt für alle, die damals auf den Schiffen Dienst taten, die gefahren sind und das Inferno des Zweiten Weltkrieges überlebten, genau wie für jene Männer, die ihre Pflicht als Angehörige der Kriegsmarine an Land zu erfüllen hatten, mit der dahingehenden Zeit zu verblassen. Was an Eindrücken und Gedanken fast 50 Jahre danach bei denen, die damals dabei waren, jedoch unvergessen bleibt, ist die selbstverständliche, heute kaum mehr vorstellbare Kameradschaft und das Gefühl, einer besonderen Gemeinschaft anzugehören.

Das klingt heute, ein halbes Jahrhundert nach dem gewaltigen Geschehen des Zweiten Weltkrieges, fast etwas banal, vielleicht auch pathetisch.

Wer in die Jahre 1939 bis 1945 als Soldat hineingestellt war, wird bestätigen, daß neben allem anderen, neben dem Schrecken des Krieges an sich, wohl dies die stärksten Eindrücke gewesen sind, die uns noch heute bewegen.

Und natürlich der Gedanke an jene, die aus dem Krieg nicht mehr zurückkamen; ein Gedanke, der heute längst nicht mehr nur die Angehörigen der ehemaligen Kriegsmarine umfaßt, sondern auch die Männer der anderen Seite, die in jenen Jahren gefallen sind.

Den Männern, die im Krieg neben uns standen, gilt unsere Erinnerung – und dann natürlich auch den Schiffen, "unseren" Schiffen. In diesem Buch werden viele davon noch an uns vorüberfahren: Die Schlachtschiffe, die immer wieder ein gewaltiger, imposanter Eindruck waren, die Panzerschiffe, die damals bei ihrem ersten Auftreten in der Welt Aufsehen erregten, die Schweren Kreuzer mit ihren kühnen Linien und ebenso kühnen Einsätzen, die Leichten Kreuzer, sowie die kleineren Einheiten, die U-Boote, Schnellboote und Minensuchboote, die einen so wesentlichen Anteil am Kriegsgeschehen zur See hatten.

Das Buch vermittelt außerdem einen bleibenden Eindruck von der damals eingesetzten Technik und den Geräten, die von den Männern der Kriegsmarine beherrscht werden mußten.

Noch einmal eine Parade also, ein Vorüberziehenlassen vor unseren Augen und in der Erinnerung. Wer dabei war, empfindet sicher Wehmut, oft auch Trauer, gewiß aber auch Stolz.

Für die, die sich aus unzähligen anderen Gründen für die ehemalige Deutsche Kriegsmarine interessieren, bietet dieses Buch eine Fülle von Material, es ist eine Fundgrube und sicher auch ein Standardwerk.

Der Verlag dankt dem Autor für seinen Einsatz, ein umfassendes und gültiges Werk zu schaffen.

Der Dank gilt aber auch den Helfern und Mitstreitern aus den Reihen der ehemaligen Kriegsmarine, die alle von Herzen bemüht waren, diesen großen Kriegsmarine-Band so gut als möglich zu gestalten.

Der Erste Weltkrieg bewies bereits die hohe Wirksamkeit der U-Boote. Deutsche U-Boote versenkten durch Torpedos oder mittels ausgelegter Minen 5.234 Handelsschiffe mit insgesamt 12.284.757 Bruttoregistertonnen. Hinzu kommen noch zehn Schlachtschiffe, 18 Kreuzer, 20 Zerstörer und neun U-Boote. Demgegenüber stand der Verlust von 187 Booten. Dessen ungeachtet wurde zwischen den beiden Weltkriegen der Neubau von U-Booten bei allen Kriegsmarinen vernachlässigt. Maritime Kraft sowie wirtschaftliche Stärke der seefahrenden Nationen wurde nach wie vor durch Großkampfschiffe dargestellt.
Die Abbildung zeigt das Schlachtschiff BISMARCK in seinem Ausrüstungszustand vom September 1940 nach der ersten Passage durch den Kaiser-Wilhelm-Kanal in der Kieler Bucht.

The First World War had already shown the effectiveness of submarines. With torpedoes or by laying mines, German U-Boats sank 5,234 merchant ships, a total of 12,284,757 tons. To that is added ten battleships, 18 cruisers, 20 destroyers and nine submarines. To be set against that are the German losses – 187 U-Boats. In the inter-war period, this was not taken into account and all navies did not build many U-Boats. The naval and economic strength of the sea-faring nations was displayed by means of battleships.
This illustration shows the battleship BISMARCK in its fitting of September 1940 after its first passage through the Kaiser Wilhelm Canal in the Kiel Bight.

NEUER ANFANG MIT ALTEN SCHIFFEN

Als Folge des Versailler Vertrages mußten die deutschen Kriegsschiffe des Ersten Weltkrieges an die alliierten Mächte ausgeliefert werden. Dazu wurden die Einheiten am 21. November 1918 zu dem britischen Marinestützpunkt Scapa Flow überführt. Noch niemals zuvor wurde eine Kriegsflotte unter derart demütigenden Umständen interniert. Hiermit verband sich die erklärte Absicht der Siegermächte, Deutschlands Seegeltung für alle Zeiten von den Weltmeeren zu entfernen. Die Friedensbestimmungen beließen dem Deutschen Reich lediglich acht Linienschiffe, acht Kleine Kreuzer, zwölf Zerstörer und zwölf Torpedoboote. Nach der Selbstversenkung der deutschen Marine am 21. Juni 1919 wurde der zugelassene Flottenbestand nochmals um fünf Kleine Kreuzer und die zwölf Zerstörer reduziert. Der Gefechtswert der deutschen Restflotte war somit unbedeutend. Aus diesen Beständen, die eigentlich nur für Repräsentationszwecke geeignet waren, entwickelte sich die Deutsche Kriegsmarine, die wirkungsvoller als die Kaiserlich Japanische Kriegsmarine werden sollte.

A NEW BEGINNING WITH OLD SHIPS

As a consequence of the Treaty of Versailles, the German warships of the First World War had to be handed over to the allied powers. That is why units were taken over to the British naval base at Scapa Flow on 21st November 1918. Never before was a navy interned in such humiliating circumstances. The declared intention of the victorious powers was to remove German naval prestige for the oceans of the world for ever. The conditions of peace allowed Germany just eight ships of the line, eight small cruisers, twelve destroyers and twelve torpedo boats. After the scuttling of the German Navy on 21st June 1919, the permitted fleet was reduced by five small cruisers and all twelve destroyers. The battle strength of the small German fleet was thus insignificant. The German Navy developed from these remnants which were only meant for showing the flag. It was intended that it should become stronger than the Imperial Japanese Navy.

Die Linienschiffe SCHLESIEN, HESSEN, HANNOVER, SCHLESWIG-HOLSTEIN und der Kreuzerneubau KARLSRUHE (von links) im Oktober 1941 in Paradeaufstellung in der Kieler Förde. Der Salut gilt dem Reichspräsidenten Hindenburg anläßlich seines Geburtstages.

The ships of the line SCHLESIEN, HESSEN, HANNOVER, SCHLESWIG-HOLSTEIN and the new design of cruiser KARLSRUHE (from left) in October 1931 in parade formation in the Firth of Kiel. They are saluting the elderly Reichspresident Hindenburg on his birthday.

Die acht Linienschiffe, die der Reichsmarine zugestanden wurden, waren zum Zeitpunkt der Gründung der Weimarer Republik älter als zwölf Jahre. Bereits in der Kaiserlichen Marine wurden sie aus den kämpfenden Schiffsverbänden herausgenommen und dienten in der Regel als Exerzier- und Wohnschiffe. Unter dem Zwang der Ereignisse wurden sechs Linienschiffe nach Umbauten in den 20er Jahren wieder aktiviert und gehörten die nächsten Jahre zur Hochseeflotte. Es waren dies die Linienschiffe BRAUNSCHWEIG, ELSASS und HESSEN der Braunschweigklasse sowie die Linienschiffe HANNOVER, SCHLESIEN und SCHLESWIG-HOLSTEIN der Deutschlandklasse. Die Abbildungen zeigen oben die ELSASS und unten die HESSEN in ihrem Bauzustand nach 1925.

The eight ships of the line which were handed over to the Reich Navy when the Weimar Republic was founded were over twelve years old. Furthermore, in the Imperial Navy they had been withdrawn from fighting service and were used mainly as training and dormitory ships. Events forced the reactivation of six ships of the line after conversion in the 1920s and in the following years, the formed part of the High Seas Fleet. These ships were the BRAUNSCHWEIG, ELSASS and HESSEN of the Braunschweig class and the HANNOVER, SCHLESIEN and SCHLESWIG-HOLSTEIN of the Deutschland class. This picture shows the ELSASS (above) and the HESSEN (below) after their refit of 1925.

Die Abbildung zeigt die Linienschiffe BRAUNSCHWEIG, HANNOVER, SCHLESWIG-HOLSTEIN und SCHLESIEN (von links) in der Kieler Förde. Bei den fünf Schiffen der Braunschweigklasse handelt es sich um einen Linienschiffstyp, der auf einen Amtsentwurf von 1900 – 01 zurückgeht. Die nur zwei bis drei Jahre später aufgelegte Serie (Amtsentwurf 1901 – 02) der fünf Linienschiffe der Deutschlandklasse ist praktisch nur die weiterentwickelte Braunschweigklasse.
Optisch sind die Unterschiede nur an der bis etwa 1919 geringfügig veränderten Anordnung der Mittelartillerie erkennbar. Die Panzerung war bei den Schiffen der Deutschlandklasse etwas stärker ausgeführt.

Diese beiden Schiffsklassen unterschieden sich gegenüber den vorher gebauten Linienschiffstypen u. a. durch Erhöhung des Rohrkalibers der Mittelartillerie von 15 cm auf 17 cm und durch stärkere Panzerung, was dann auch zu einer Vergrößerung der Schiffsdimensionen führte.
Mit den Schiffen waren gemessen am damaligen Stand der Technik hervorragende Kriegsschiffe gebaut worden, deren schiffbauliche Qualität und Standfestigkeit von keinem ausländischen Kriegsschiff erreicht wurde. Zum Zeitpunkt ihrer Indienststellung, zwischen 1904 und 1908, entsprach jedoch ihr Kampfwert schon nicht mehr dem des neuen Typs von Großkampfschiffen, der mit der Indienststellung der DREADNOUGHT im Jahr 1906 in Großbritannien geschaffen worden war.

This picture shows the ships of the line BRAUNSCHWEIG, HANNOVER, SCHLESWIG-HOLSTEIN and SCHLESIEN (from left) in the Firth of Kiel. The design of the five ships of the Braunschweig class goes back to 1900-01. The series which followed only two or three years later (Official Design 1901-02), the Deutschland class is in fact only a further development of the Braunschweig class.
The only visible differences are the slightly different positions of the medium guns kept until about 1919. The armour on the ships of the Deutschland class was slightly improved.
Both these classes of ships were different from the previous ships of the line in that the calibre of the medium guns was increased from 15 cm to 17 cm and the armour was thicker, leading to an increase in the size of the ships.
By the standards of technology of the time, these were excellently built ships whose quality and stability were not equalled by any other navy in the world. At the time of their commissioning, between 1904 and 1908, their battle performance could no longer equal of the new type of large battleship introduced by the British with the commissioning of the DREADNOUGHT in 1906.

The old ships of the line were gradually withdrawn from service. As they could not be replaced as quickly by new models, the SCHLESIEN and SCHLESWIG-HOLSTEIN were retained and at least until the beginning of the Second World War belonged to the "hard core" of the German Navy. Until then, they had already served for more than 30 years. Whilst undergoing a thorough refitting and conversion, there was an attempt to increase its battle capabilities. These alterations occured at the same time. By 1915, eight of the twelve coal-fired boilers were converted to oil. There were further refits in 1926/27 and 1935 on the SCHLESIEN and 1925/26, 1930/31 and 1936 on the SCHLESWIG-HOLSTEIN. The most common alteration was the changing of the simple mast into a tubular mast with an artillery top with range finding equipment. Furthermore, the two funnels were joined to form a single funnel. The A/A armament was increased and improved throughout the war. This picture shows the ships of the line SCHLESIEN (left), next to it, the SCHLESWIG-HOLSTEIN and in the background the HESSEN on the roads of Swinemünde in the fit of 1927. The SCHLESWIG-HOLSTEIN differed from the SCHLESIEN mainly by the gun bays at the front of the hull in which 8.8 cm guns were fitted when it was first built.

Die alten Linienschiffe wurden nach und nach ausgesondert. Da sie aber nicht so rasch durch Neubauten ersetzt werden konnten, wurden die SCHLESIEN und SCHLESWIG-HOLSTEIN noch beibehalten und gehörten zumindest bis zu Beginn des Zweiten Weltkrieges zum "harten Kern" der Deutschen Kriegsmarine. Bis zu diesem Zeitpunkt hatten sie bereits mehr als 30 Dienstjahre auf ihren Panzerplatten. Im Rahmen von Grundüberholungen und Umbaumaßnahmen wurde versucht, ihren Gefechtswert zu erhöhen. Diese Veränderungen fanden etwa zur gleichen Zeit statt. Bereits 1915 stellte man acht der zwölf kohlebefeuerten Kessel auf Ölfeuerung um. Weitere Umrüstungen erfolgten 1926/27 und 1934 auf der SCHLESIEN sowie 1925/26, 1930/31 und 1936 auf der SCHLESWIG-HOLSTEIN. Die auffälligste Veränderung war die Umrüstung von einem einfachen Gefechtsmast in einen Röhrenmast, auf den ein Artilleriemars mit E-Messer aufgesetzt worden war. Weiterhin vereinigte man die beiden vorderen Schornsteine zu einem einzigen. Im Verlauf des Krieges wurde die Fla-Bewaffnung ständig verbessert und vergrößert. Die Abbildung zeigt die Linienschiffe SCHLESIEN (links), daneben die SCHLESWIG-HOLSTEIN und im Hintergrund die HESSEN in dem Ausrüstungszustand nach 1927 auf der Reede von Swinemünde. Die SCHLESWIG-HOLSTEIN unterscheidet sich von der SCHLESIEN deutlich durch die Geschützerker im vorderen Teil des Schiffsrumpfes, wo im Erstzustand 8,8 cm Sk untergebracht waren.

The ship of the line SCHLESIEN in the eastern refuge harbour, the military harbour in Swinemünde. This picture was taken between 1933 and 1935.
The SCHLESIEN is now sailing under the flag of the National Socialist regime. Together with the SCHLESWIG-HOLSTEIN, it served as a training ship. Both these units were, at that time, the only ships on which naval cadets could be trained on heavy and medium guns, the relevent fire directional equipment and heavy A/A guns. In the course of the Second World War, both ships were affected by the twists and turns of fate. Despite the length of their service, both of these ships belonged to the fighting units of the German Navy right up to their destruction.

Das Linienschiff SCHLESIEN im Osternothafen, dem Kriegshafen von Swinemünde. Die Abbildung entstand zwischen 1933 und 1935.
Die SCHLESIEN fährt jetzt unter den Farben der nationalsozialistischen Regierung. Zusammen mit der SCHLESWIG-HOLSTEIN tut sie Dienst als Seekadettenschulschiff. Die beiden Einheiten waren bis 1933 die einzigen Schiffe, auf denen Seekadetten u. a. an Schwerer und Mittlerer Artillerie, den entsprechenden Feuerleitmitteln und Schwerer Flak ausgebildet werden konnten. Im Verlauf des Zweiten Weltkrieges wird beiden Schiffen noch ein wechselhaftes Schicksal beschieden sein. Ungeachtet ihrer langen Dienstzeit gehören sie bis zu ihrer Zerstörung zu den kämpfenden Einheiten der Deutschen Kriegsmarine.

Schulschiff SCHLESIEN

Stapellauf 28.5.1906 bei der Schichau-Werft in Danzig
In Dienst gestellt am 5.5.1908

Haupteinsätze:

31. Mai 1916	Teilnahme an der Skagerrakschlacht. Die SCHLESIEN gehörte zusammen mit der SCHLESWIG-HOLSTEIN zum II. Geschwader.
Ab 1918 bis 1939	Verwendung als Seekadettenschulschiff.
September 1939	In der zweiten Septemberhälfte zusammen mit der SCHLESWIG-HOLSTEIN im Kampf um Hela.
Oktober 1939 bis März 1940	Wieder zur Ausbildung des Offiziernachwuchses eingesetzt. Januar bis März Eisgeleite für Unterseeboote in der Nordsee.
April 1940	Bei der Operation "Weserübung" Einsatz zur Sicherung der Minensuchstreitkräfte im Kleinen Belt. Anschließend wieder Schulschiff bis zur Außerdienststellung im Juli 1940. Dann Wohnschiff in Gotenhafen.
Januar bis März 1941	Einsatz als Eisbrecher mit reduzierter Besatzung.
Mai bis Oktober 1941	Zusammen mit SCHLESWIG-HOLSTEIN und der 6. S-Flottille zur Deckung der Minensperren an den Ostseeausgängen eingesetzt, um erwartete Durchbrüche russischer Kriegsschiffe nach Großbritannien zu verhindern. SCHLESIEN bekam den Seeraum um den Belt zugewiesen (Unterstellung unter den Befehlshaber der Sicherung der Ostsee).
1941 bis 1944	Wohnschiff in Gotenhafen bzw. als Seekadettenschiff in der mittleren Ostsee (Liegehafen Gotenhafen). Das Schiff unterstand dem Chef des Ausbildungsverbandes der Flotte.
1944	Umrüstung auf vermehrte Flakbewaffnung.
März bis April 1945	Einsatz im Kampf um Gotenhafen.
April 1945	Von Gotenhafen zur Ergänzung der Munition nach Swinemünde mit rd. 1.000 Leichtverwundeten an Bord.
3. Mai 1945	Nordwestlich Swinemünde vor Zinnowitz Minentreffer im Vorschiff und vor Swinemünde auf Strand gesetzt.
4. Mai 1945	Während der Räumung von Swinemünde gegen 16.00 Uhr Sprengung der SCHLESIEN. Das Wrack wurde 1949/56 abgebrochen.

Schulschiff SCHLESWIG-HOLSTEIN

Stapellauf 7.12.1906 bei der Germaniawerft in Kiel
In Dienst gestellt am 6.7.1908

Haupteinsätze:

31. Mai 1916	Teilnahme an der Skagerrakschlacht wie SCHLESIEN.
1. September 1939	Um 04.45 Uhr eröffnet die SCHLESWIG-HOLSTEIN das Feuer gegen die Westernplatte in der polnischen Weichselmündung. Mit diesen Schüssen beginnt der Zweite Weltkrieg. Der an Bord befindliche Marinestoßtrupp wird ausgeschifft und nimmt die Befestigungen auf der Westernplatte ein. Zweite Septemberhälfte wie SCHLESIEN.
8. April 1940	Zur Operation "Weserübung" übernahm die SCHLESWIG-HOLSTEIN in der Eckernförder Bucht Heerestruppen und lief abends mit M-Boot und Fischdampfern (Kriegsschiffgruppe 7) in den Langelandbelt und nordwärts in den Großen Belt.
9. April 1940	Während des Unternehmens besetzte die SCHLESWIG-HOLSTEIN mit einige Booten Nyborg.
1941 bis 1944	Wie SCHLESIEN. Das Schiff legte rund 6.000 Seemeilen bei seinen verschiedenen Fahrten zurück.
September bis Dezember 1944	Die SCHLESWIG-HOLSTEIN wurde für ihren Einsatz als Flakschiff vermehrt mit Flak ausgerüstet.
18. Dezember 1944	Herstellung der Gefechtsbereitschaft. Während der Angriffe mehrerer feindlicher Bomberverbände auf Stadt und Hafen Gotenhafen erhielt die SCHLESWIG-HOLSTEIN drei Bombentreffer und sank auf ebenem Kiel bis in zwölf Meter Wassertiefe.
20. Dezember 1944	Größerer Brand an Bord der SCHLESWIG-HOLSTEIN.
25. Januar 1945	Flagge und Wimpel zum letzten Mal niedergeholt. Der größte Teil der Besatzung wurde anschließend bei der Verteidigung der Marienburg aufgerieben. Das Schiff unterstand bis 1940 dem Inspekteur des Bildungswesens der Marine, ab 1941 dem Chef des Ausbildungsverbandes der Flotte.
21. März 1945	Während der Aufgabe von Gotenhafen wurde die SCHLESWIG-HOLSTEIN gesprengt. Das Wrack wurde 1950/56 abgebrochen.

Training ship SCHLESIEN

Launched 28.5.1906 from Schichau Shipyard in Danzig
Commissioned on 5.5.1908

Main Actions:

31st May 1916	*Participated in Battle of Skagerrak. Formed 2nd Squadron with SCHLESWIG-HOLSTEIN.*
1918 – 1939	*Used as training ship.*
September 1939	*Fought at Hela in second half of September with the SCHLESWIG-HOLSTEIN.*
October 1939 – March 1940	*Used to train new officers. Accompanied U-Boats in North Sea January to March.*
April 1940	*During the "Weserübung" operation, used to protect minesweepers off the coast. Then used as a training ship again until withdrawn from service in Juli 1940. Then used as dormitory ship in Gotenhafen.*
January to March 1941	*Used as ice-breaker with reduced crew.*
May to October 1941	*Together with the SCHLESWIG-HOLSTEIN and the 6th Flotilla used to cover minelaying in the Baltic passages done to prevent the expected breakthrough of Russian ships to Britain. SCHLESIEN was sent to the area around the Belt under the Commander of the Security of the Baltic.*
1941 to 1944	*Used both as a dormitory ship in Gotenhafen or as a training ship in the mid-Baltic (home port Gotenhafen). The ship was under the head of the Training Section of the fleet.*
1944	*Additional A/A guns installed.*
March – April 1945	*Used in the Battle for Gotenhafen.*
April 1945	*Moved from Gotenhafen to Swinemünde carrying ammunition and about 1,000 wounded men.*
3rd May 1945	*Hit in the bow by a mine at Zinnowitz, NW of Swinemünde and beached.*
4th May 1945	*Blown up at about 4.00 pm during the evacuation of Swinemünde. The wreck was broken up from 1949 to 1956.*

Training ship SCHLESWIG-HOLSTEIN

Launched 7.12.1906 in the Germania Shipyard in Kiel
Commissioned on 6.7.1908

Main Actions:

31st May 1916	*Participated in Battle of Skagerrak with SCHLESIEN.*
1st September 1939	*At 4.45 am, the SCHLESWIG-HOLSTEIN opened fire against the western flats on the Polish side of the Vistula estuary. These shots opened the Second World War. The naval landing party on board was disembarked and it took the fortifications on the western flats. Remainder of September as the SCHLESIEN.*
8th April 1940	*For operation "Weserübung", the SCHLESWIG-HOLSTEIN took army soldiers from the Eckernförde Bight and sailed during the evening to the Langeland Bight and northwards to the Great Belt with MTBs and fishing craft (Naval Group 7).*
9th April 1940	*During this operation, the SCHLESWIG-HOLSTEIN along with some other boats occupied Nyborg.*
1941 – 1944	*As SCHLESIEN. The ship clocked up about 6,000 nautical miles on its various voyages.*
September – December 1944	*Used as A/A ship, equipped with more A/A guns.*
18th December 1944	*Brought into a battle-ready state. Hit by three bombs during air raids on the town and port of Gotenhafen. Sank to its kiel at a depth of 12 m.*
20th December 1944	*Large fire on board of the SCHLESWIG-HOLSTEIN.*
25th January 1945	*Colours lowered for the last time. Most of the crew was killed in the defence of the Marienburg. The ship was under the orders of the head of the training section of fleet.*
21st March 1945	*During the handing over of Gotenhafen, the SCHLESWIG-HOLSTEIN was blown up. The wreck was broken up from 1950 to 1956.*

Ungeachtet der körperlichen Anstrengungen und der Einbußen an Komfort, der durch die kohlebefeuerten Kesselanlagen gegeben war, vermitteln die qualmenden Schlote auf den gedrungenen Schiffskörpern der Linienschiffe für mindestens eine Dekade Kampfkraft und maritime Entschlossenheit. Solche Bilder gehören zu den schönsten Anblicken für den Schiffsliebhaber.

Forgetting the physical strain and the lack of comfort which resulted from the coal-fired boilers, the smoking funnels on the sturdy hulls of the ships of the line gave them power and maritime supremacy for at least a decade. Such pitures are amongst the best shots for naval enthusiasts.

Rechts nochmals das Linienschiff HESSEN. So zeigte sich die HESSEN anläßlich der Reichsgründungsfeier am 18. Januar 1931 nach ihrem Umbau 1929/30. Die Bewaffnung der MA wurde von 14 auf 12 SK-17,0 cm L/40 reduziert. Dafür erhielt sie vier Flak 8,8 cm L/45. Am Gefechtsmast wurde noch ein zweites Scheinwerferpodest angebracht. So blieb die HESSEN bis 1935 im Dienst, ehe man sie aus der Liste der Kriegsschiffe strich. Danach fand sie jedoch noch bis Ende des Zweiten Weltkrieges als ferngelenktes Zielschiff Verwendung, bevor sie 1946 an die UdSSR ausgeliefert wurde. Über das Schicksal danach ist nichts bekannt.

On the right page, the ship of the line HESSEN again. This is how the HESSEN looked on the anniversary of the founding of the Reich on 18th January 1931 after its refit of 1929/30. The armament was reduced from 14 to 12 x 17 cm L/40 guns.
Four 8.8 A/A guns were added, and a second floodlight platform was added on the forward mast. HESSEN remained like this until 1935 when she was removed from the list of warships. Afterwards, she was used as a radio-controlled target ship until the end of the Second World War. In 1946, she was handed over to the Russians. What happened to her then is not known.

Sein letzter Einsatz: Der Leichte Kreuzer ARCONA als Flak-Kreuzer.

Her last mission: Light cruiser ARCONA as AA cruiser.

Fünf der von den Alliierten zugestandenen leichten Kreuzer waren zwischen 1900 und 1903 gebaut worden. Diese sogenannte Gazelle-Klasse bestand ursprünglich aus zehn Einheiten. Zwei der Kreuzer gehörten zur Städteklasse, die insgesamt sieben Einheiten zählte und die in der Zeit zwischen 1904 und 1907 in Dienst genommen worden waren.
Bereits zu Beginn des Ersten Weltkrieges waren diese Kreuzer mit ihrer 10,5 cm Hauptartillerie, die einzeln aufgestellt war, unterbewaffnet. Bei dem auf dieser Seite gezeigten Leichten Kreuzer handelt es sich um die ARCONA, die zur Gazelle-Klasse gehört. Rechts ist der Leichte Kreuzer BERLIN aus der Städteklasse abgebildet. Die beiden Klassen unterscheiden sich auffällig durch die Zahl der Schornsteine und die Bugform. Die Abbildungen zeigen die Schiffe in ihrem Zustand von 1927/28.

Five of the light cruisers permitted by the Allies were built between 1900 and 1903. This class, the "Gazelle" Class, consisted of ten units. Two of the cruisers belonged to the Town Class which originally consisted of seven units which were commissioned between 1904 and 1907.
By the beginning of the First World War, these cruisers, with their 10.5 cm main armament, mounted individually, were underarmed. The cruisers on this page are the ARCONA of the Gazelle Class, on the right, the light cruiser BERLIN of the Towns Class. These two classes differed mainly by the number of funnels and the shape of the bows. This picture shows the ships after their fitting of 1927/28.

Nachdem die beiden Kreuzer von der Reichsmarine übernommen worden waren, verringerte sich ihr Gefechtswert weiter. Wegen der hohen zu erwartenden Kosten wurden größere Umbauten nicht mehr in Erwägung gezogen. Im Bestand der Reichsmarine schlugen die Kreuzer nur noch zahlenmäßig zu Buche. Die BERLIN wurde noch ab 1923 als Schulkreuzer zu Auslandsreisen eingesetzt. Anfang der 30er Jahre strich man beide Schiffe aus der Liste der Kriegsschiffe. Danach fanden sie bei der Kriegsmarine als Wohnschiffe Verwendung. Der Leichte Kreuzer BERLIN wurde mit Gasmunition 1947 in Skagerrak versenkt. Die ARCONA kam ab 1942 in Wilhelmshaven nach Aufrüstung nochmals als schwimmende Flak-Batterie zum Einsatz. Sie ging am 3. Mai 1945 durch Feindeinwirkung verloren und wurde 1948/49 abgewrackt.

After both these cruisers were taken over by the Reich Navy, their combat worthiness was further reduced. Due to the unexpectedly high costs, major refits could no longer be considered. The cruisers were only in the navy to make up the numbers. The BERLIN from 1923 was used as a school cruiser for voyages overseas. Then she was used as a dormitory ship in the navy. The light cruiser BERLIN was sunk in Skagerrak in 1947 with gas shells. The ARCONA was used again as a floating A/A battery in Wilhelmshaven from 1942 after a refit. Enemy action destroyed her on 3rd May 1945 and she was broken up in 1948/49.

Man ist geneigt, den militärischen Wert der Reichsmarine gegenüber dem der Deutschen Kriegsmarine wesentlich zu unterschätzen. Es darf jedoch nicht vergessen werden, daß die Reichsmarine ca. zwei Jahre länger bestand als die Deutsche Kriegsmarine. In dieser Zeit wurden von der Reichsmarine die personellen Grundlagen für die Kriegsmarine gelegt. Ihr stürmischer Ausbau wäre ohne die hervorragend geschulten Kader der Reichsmarine nicht möglich gewesen, wenn sie materiell auch noch weitgehend – was die Kriegsschiffe angeht – über kein modernes Schiffsmaterial verfügte, sondern auf Material der Kaiserlichen Marine angewiesen war. Das gilt natürlich auch für die Torpedobootswaffe. Die Versailler Bestimmungen beließen der Reichsmarine gerade zwölf Torpedoboote, mit einer Typenverdrängung nicht größer als 800 Tonnen. Damit war dieser Bootstyp im Vergleich zu denen anderer Kriegsmarinen weit unterdimensioniert, zumal hier die T-Boote mehr und mehr durch Torpedobootszerstörer ersetzt wurden, die in der Reichsmarine wie erwähnt gänzlich fehlten. Unter diesem Zwang mußten die deutschen T-Boote materialmäßig auch die Lücken ausfüllen, die durch das Fehlen der Zerstörer entstanden waren.
Die kleinen Kriegsschiffe vermochten es, sich bei internationalen Beobachtern Respekt zu verschaffen.
Links T-Boote der 1. Torpedobootsflottille bei den Marinemanövern im Jahre 1928. Hier wird noch der klassische Verbund von T-Booten und "Dickschiffen" gezeigt.
Die untere Abbildung zeigt u. a. T-Boot 190 anläßlich der deutschen Flottendemonstration 1930 im Hafen von Vigo (Spanien). Im Hintergrund sind Linienschiffe der Reichsmarine erkennbar.

One could be inclined to underestimate the military value of the Reich Navy when comparing it with the German Navy of later years. It should however not be forgotten that the Reich Navy was in existance for two years more than its successor. Also, throughout its existance, the foundations for the later navy were laid, and its rapid expansion could not have been possible but for the well-trained cadre of the Reich Navy, even if equipment-wise, certainly in terms of ships, it did not have any new, modern ships, but had to use that of the Imperial Navy. That applies to the torpedo boats also. The conditions of the Treaty of Versailles allowed the Reich Navy to have only twelve torpedo boats which were not to be larger than 800 tons and these boats were thus smaller when compared to those of other navies. Moreover, torpedo boats were more and more replaced by torpedo boat destroyers in other navies and the Reich Navy was not permitted to have such ships. Within these restrictions, the German torpedo boats were also required to fill the voids by the lack of destroyers. These small warships were still able to bring respect from international observers. This page left shows torpedo boats of the 1st Torpedo Boat Flotilla in the naval manoeuvres of 1928. The classic joint action of the torpedo boats and the "big ships" is shown here. The picture below shows T-Boat 190 in 1930 in the port of Vigo (Spain) during a visit by a German fleet. In the background, ships of the line of the Reich Navy can be seen.

Wegen des geringen Bestandes an verfügbarem Schiffsmaterial wurden die meisten dieser kleinen Kriegsschiffe von der Deutschen Kriegsmarine zunächst als T-Boote übernommen und dann in Hilfsschiffe umgewandelt. Einige sollten sogar am Zweiten Weltkrieg teilnehmen. T-Boot 190 hatte eine bewegte Vergangenheit. Seine Dienstzeit begann 1911 bei der Kaiserlichen Marine unter der Bezeichnung V-190. In der Reichsmarine, ab 1919, wurde es als T-Boot beibehalten. Ab 1936 kam das Boot unter dem Namen CLAUS VON BEVERN als Schulboot zum Einsatz, ehe es in amerikanische Hände überging, die es 1946 mit Gasmunition im Skagerrak versenkten. Dazwischen lagen noch längere Zeitabschnitte für Umbaumaßnahmen und Umrüstungen, die 1923/24 und 1927 durchgeführt wurden. Diese technischen Maßnahmen sollten dazu dienen, wenigstens einen gewissen technischen Stand beizubehalten. Ihr größter Nachteil, nämlich ihre geringe Abmessung, konnte auch dadurch nur unwesentlich verändert werden. Die Abbildung verdeutlicht das Ausmaß der Raumnot. Bereits unter günstigsten Bedingungen konnte sich das Schiffspersonal nur äußerst beschränkt bewegen. Die alten kaiserlichen T-Boote besaßen zwar eine gute Seefähigkeit, aber ihr größter Nachteil lag darin, daß ihr Waffeneinsatz schon bei mittleren Windstärken (Beaufort 5 bis 7) eingeschränkt, bei größeren (ab Beaufort 8) praktisch unmöglich wurde. Die vorhergehende Abbildung (T-190) macht klar, daß insbesondere die 10,5 cm Schnellfeuerkanone auf dem Vorschiff bereits durch geringe Wellen- und Spritzwassereinwirkung in ihren Waffenleistungen beeinflußt werden konnten.

Due to the lack of suitable ship material, most of these small warships were taken into the later German Navy as torpedo boats and then turned into auxiliary ships. A few are supposed to have participated in the Second World War. T-Boat 190 had its ups and downs. It started in service in 1911 with the Imperial Navy as V-190. From 1919, in the Reich Navy, it was retained as a torpedo boat. From 1936, it was used as a school boat named CLAUS VON BEVERN until it fell into American hands when, in 1946, it was sunk by gas shells in Skagerrak. In between these dates, there were long pauses for refits and re-equipping, 1924/24 and 1927. These technical measures ought to have given it at least a chance to keep up with latest developments. Their biggest disadvantage, their small size, could not be appreciably altered. This picture clearly shows the effects of a lack of room. Even in favourable conditions, the crew had only the most limited room to move. The old Imperial torpedo boats were certainly seaworthy, but their greatest disadvantage lay in that firing was restricted even in medium winds (Beaufort 5 to 7) and in heavier winds (from Beaufort 8) was practically impossible.

DIE DIENSTGRADE DER DEUTSCHEN KRIEGSMARINE

Die Beherrschung der komplizierten und aufwendigen Anlagen und Systeme auf den Schiffen der Deutschen Kriegsmarine erforderten eine sorgfältige Ausbildung und jahrelange Erfahrung. Aus diesem Grund ergab es sich von selbst, daß an das Personal der Kriegsmarine besondere Anforderungen gestellt wurden und es bereits vor der Verwendung bestimmte Voraussetzungen erfüllen mußte.

Wie das "Merkblatt für den Eintritt in die Kriegsmarine" dazu vermerkt, "bedingen die ernsten Aufgaben der Marine, daß nur sittlich, geistig und körperlich hervorragende Bewerber, die neben ihrer sonstigen Eignung Lust und Liebe zum Wehrdienst in der Kriegsmarine haben, eingestellt werden".
Es wurden nur solche Bewerber angenommen, die für ihr "Alter gut entwickelt, kräftig gebaut und frei von solchen Fehlern (insbesondere ansteckenden Krankheiten) waren, die ihre Gesundheit, Beweglichkeit und Ausdauer nennenswert" beeinträchtigten.
Brillenträger wurden nur ausnahmsweise eingestellt. Die Zähne mußten vor der Einstellung auf eigene Kosten in einwandfreien Zustand gebracht werden.
Zu guter Letzt befand ein marineärztliches Gutachten über den körperlichen Zustand des Bewerbers. In einer Aufnahmeprüfung mußte der "Nachweis für ein bestimmtes Maß an geistiger Gewandtheit, rasches Auffassungs- und klares Urteilsvermögen" erbracht werden.
Als besonders qualifiziert galten Seeleute, See- und Haffischer, technisch Vorgebildete aus der Metallindustrie und Handwerker aller Art.
Voraussetzung dabei war eine abgeschlossene Berufsausbildung als Fachhandwerker. Abweichungen davon blieben die seltene Ausnahme. Außerdem mußten die Bewerber im Besitz der deutschen Reichsangehörigkeit, unbescholten und unverheiratet sein. Wer eingestellt werden wollte, mußte sich für vier Jahre zuzüglich einer Berufsförderung, die ein Jahr nicht überstieg, verpflichten. Mit der Übernahme in die Unteroffizierslaufbahn bestand gleichzeitig die Verpflichtung zu einer insgesamt zwölfjährigen Dienstzeit zuzüglich eines Berufsförderungsjahres. Wehrpflichtige wurden nur in dem Maße in den Marinedienst aufgenommen, in dem es galt, personelle Fehlbestände aufzufüllen.
Der längerdienende Freiwillige für den Flottendienst konnte entsprechend seinen beruflichen Neigungen und Fähigkeiten für die nachfolgend genannten Laufbahnen eingestellt und verwendet werden:

Bootsmannslaufbahn,
Kompaniefeldwebellaufbahn,
Signallaufbahn,
Steuermannslaufbahn,
Zimmermannslaufbahn,
Feuerwerkerlaufbahn,
Artillerielaufbahn,
Mechanikerlaufbahn,
Musiklaufbahn,
Maschinisten- und
Funklaufbahn.

Es gab außerdem noch Laufbahnen für den Fernschreib-, Verwaltungs- und Sanitätsdienst. Im Krieg sind dann noch einige weitere Laufbahnen wie z. B. die Nachrichtenfernsprechlaufbahn hinzugekommen. Innerhalb dieser Laufbahnen konnten die Freiwilligen dann bei zwölfjähriger Verpflichtungszeit zunächst Oberbootsmann werden. Ende 1938 wurden im Rahmen einer allgemeinen Stellenanhebung die Feldwebeldienstgrade (zwei nebeneinanderliegende Sterne) um den Stabsfeldwebel und den Oberstabsfeldwebel (drei Sterne) erweitert. Besonders befähigte Angehörige der Unteroffizierslaufbahn konnten in die Offizierslaufbahn aufsteigen.

In der Besoldung herrschten zwischen den Laufbahnen keine Unterschiede. Gleichwohl wurden für die Funk-, Signal-, Fernschreib-, Mechaniker- und die Musikerlaufbahn besondere körperliche und berufliche Eignungen vorausgesetzt.
Die ordnungsgemäß nach Ablauf ihrer Verpflichtungszeit ausscheidenden Berufssoldaten erhielten entweder im öffentlichen Dienst oder in der freien Wirtschaft eine Arbeitsplatzgarantie gesetzlich zugesichert.
Laufbahnangehörige mit einer Dienstzeit von mindestens 12 Jahren hatten die Berechtigung erworben, in den öffentlichen Dienst übernommen zu werden (Zivildienstschein).
Für die Marineoffizierslaufbahn waren nur "geistig hervorragende junge Leute mit den nötigen Fähigkeiten und Kenntnissen" geeignet. Dazu wurde grundsätzlich Hochschulreife verlangt. Die Offiziersanwärter eigneten sich ihre marinedienstlichen Fähigkeiten während ihrer Ausbildung zum Offizier an.
Die nachfolgenden Ausbildungen und Erläuterungen sollen einen Einblick in die Vielfalt der Dienstgrade und Dienststellungen geben, die in den Bekleidungsbestimmungen für die Kriegsmarine von 1938 Ausdruck finden.

THE SERVICE RANKS OF THE GERMAN NAVY

The "Instructions for Entry into the Navy" remarked:
"The serious tasks of the Navy require that only recruits that are morally, spiritually and physically excellent and that, in addition to their other aptitudes, show both desire and love for military service in the Navy, should be enlisted."
The only recruits enlisted were those that were: "well developed for their age, well built and free of weaknesses (especially of contagious diseases) that affected their health, mobility and endurance".
Men needing to wear glasses were recruited only in exceptional circumstances. The teeth had, if necessary at one's own cost, to be in top condition.
Particularly qualified were sailors, sea and shore fishermen, skilled workers from the metal industry and elsewhere. It was, however, a requirement that they had completed their training as a skilled worker. Recruits had to be citizens of the German Reich, without a criminal record and not married. Potential recruits had to sign on for four years plus further professional training which was not to last for more than a year. On starting training as a petty officer, the requirement was increased to twelve years plus one year's professional training. Conscripts were brought into the Navy only to replace losses. The Navy's long serving volunteers could be appointed and employed, depending on his professional capabilities, in one of the following branches:

Großadmiral Raeder nimmt in Begleitung seines Stabes eine Meldung entgegen. Der Großadmiral ist der höchste Dienstgrad der Kriegsmarine und äußerlich durch einen breiten und die vier mittelbreiten Ärmelstreifen gekennzeichnet. Links neben Raeder ein Admiral (drei mittelbreite Streifen). Der Admiral hebt sich gegenüber den anderen Offiziersdienstgraden durch breite Ärmelstreifen ab. Er beginnt beim Konteradmiral mit einem zusätzlichen mittelbreiten Ärmelstreifen. Der Träger (nicht abgebildet) mit zwei mittelbreiten zu den breiten Ärmelstreifen weist sich als Vizeadmiral aus. Beim Heer entspricht der Dienstgrad des Konteradmirals dem Generalmajor, Vizeadmirals dem Generalleutnant, Admirals dem General, Generaladmirals dem Generaloberst und des Großadmirals dem Generalfeldmarschall.
Hinter Raeder zwei Stabsoffiziere mit vier und drei mittelbreiten Ärmelstreifen im Range eines Kapitäns zur See bzw. eines Korvettenkapitäns. Der fünfzackige Stern über den Ärmelstreifen bedeutet, daß diese Offiziere die Seeoffizierslaufbahn eingeschlagen haben.
Grand Admiral Raeder with his staff, receiving a report. A Grand Admiral was the highest rank in the German Navy indicated by one broad and four narrower stripes on the sleeve. Left to Raeder an admiral (three stripes). The admiral differed from other officers with his broad stripes on the sleeve. Beginning with the rank of a counter-admiral with the additional sleeve stripe, the next rank was vice-admiral (not illustrated) with two medium stripes in addition to the broad stripe.
Behind Raeder two staff officers with four and three medium sleeve stripes showing the ranks of a Kapitän zur See and a Korvettenkapitän. The five-cornered star on the sleeve shows that both of these officers are career naval officers.

Boatswain, Company Sergeant-major, Signals Operator, Helmsman, Carpenter, Firework Maker, Gunner, Engineer, Musician, Machine Operator, Radio Operator. There were also career opportunities for telex operators, administrators and medical orderlies. During the war, further branches became available, such as being a news broadcaster. Within his branch, the volunteer could become a petty officer if he signed on for twelve years. At the end of 1938, as part of a general increase in positions, the rank of sergeant-major (Feldwebel) – two adjacent stars – was increased by the addition of the rank of Stabsfeldwebel and Oberstabsfeldwebel – three stars. Petty officers showing particular potential could be promoted to officer rank.
The different branches all received the same pay. Radio, signal and telex operators along with engineers and musicians all had to meet certain physical and professional requirements.
The professional soldiers leaving the Navy after completing their contract were legally guaranteed a position in the civil service or in private industry. Those signing on for at least twelve years had the right to a position in the civil service, receiving the so-called "Civil Service Certificate". Those selected to become officers of the Navy were "intellectually excellent young men with the necessary capabilities and knowledge". A high standard of academic achievement was required. The officer cadets gained their knowledge of naval service during their training as an officer.

Ein Oberleutnant zur See (rechts im Bild) und ein Angehöriger der Maschinistenlaufbahn auf dem Achterdeck eines Schnellbootes. Der Offizier ist hier nur durch den Stern auf dem Achselstück erkenntlich. Der Dienstgrad des Unteroffiziers ist nicht erkennbar. Der Leutnant hat hier wahrscheinlich die Dienststellung eines Kommandanten.

On the right of the picture, an Oberleutnant zur See and a machine operator on the after-deck of a speed boat. The officer here can only be identified by the star on his shoulder-strap. The petty officer's rank markings are not distinguishable. The lieutenant here is probably commander of the boat.

Rechts:
Das Bedienungspersonal eines Torpedozielapparates besteht hier aus einem Oberfähnrich zur See (mit Schirmmütze). Durchs Fernglas schaut ein seemännischer Obergefreiter, im Hintergrund wartet ein Matrose (Bü) auf weitere Befehle. Obwohl Offiziersanwärter, ist der Oberfähnrich ein Unteroffizier.
Der Obergefreite trägt, was nicht üblich ist, ein Schiffchen mit einem Edelweißabzeichen. Anläßlich gemeinsamer Unternehmen und dienstlicher Berührungen zwischen den Waffengattungen kam es häufig zum Austausch von Abzeichen. Es ist daher anzunehmen, daß der Träger des Schiffchens an dem Norwegenunternehmen teilgenommen hat.

Right: The crew of a torpedo aiming device which consists here of an Oberfähnrich zur See (in peaked cap). Looking through the telescope is a naval corporal and in the background is a sailor awaiting further orders. Although an officer cadet, the Oberfähnrich holds the rank of a petty officer.
The naval corporal here is wearing an Edelweiss badge on his forage cap which is not usual. Because of combined operations and inter-arm contact, badges were often exchanged. It can therefore be assumed that the wearer of this forage cap took part in the Norway operation.

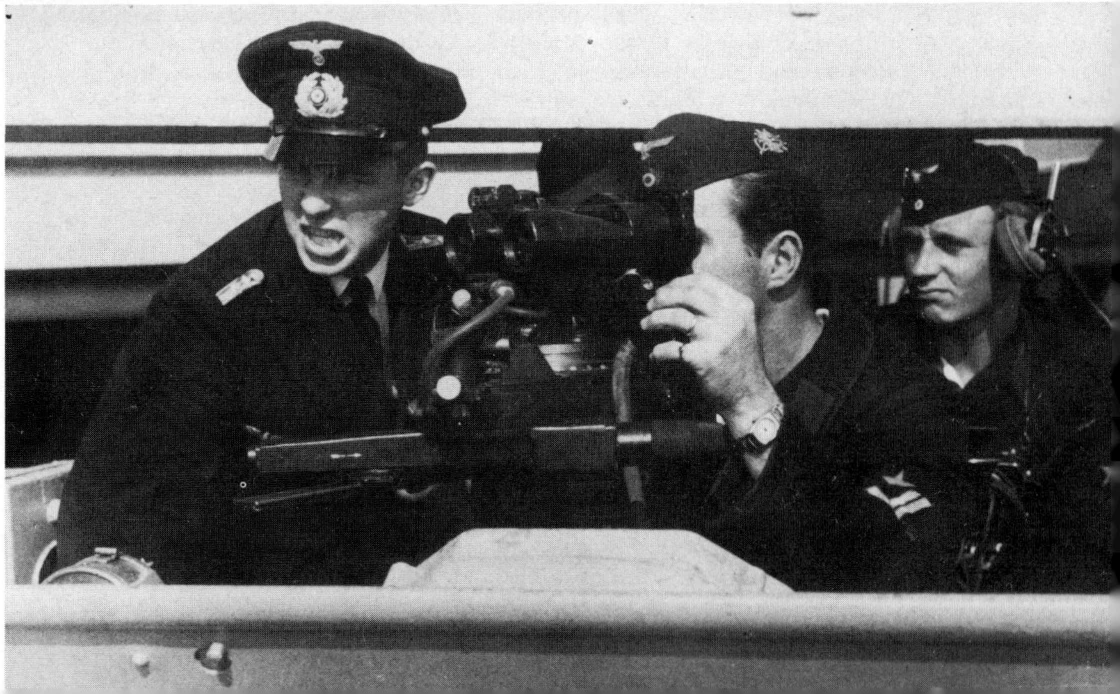

Ebenso wie die Admirals- und die Unteroffiziersdienstgrade profitierten auch die Mannschaftsdienstgrade vor dem Krieg von einer allgemeinen Stellenanhebung. Dazu wurden die Dienstgradbezeichnungen des Ober- und Stabsmatrosen durch den seemännischen Gefreiten bzw. Obergefreiten ersetzt. Der höchste Dienstgrad im Mannschaftsdienst war jetzt der Matrosenoberstabsgefreite (vorher Stabsgefreiter).
Anfang 1939 wurden eingeführt: Matrosengefreiter, Matrosenobergefreiter, Hauptgefreiter und Stabsgefreiter. Ein Matrosenobergefreiter mit mehr als sechs Dienstjahren war an einem geflochtenen Winkel mit Stern erkennbar. Nach 1940 wurde daraus der Matrosen-Stabsgefreite. Hinzu kam der Matrosen-Stabsgefreite mit zwei geflochtenen Winkeln mit Stern.
Ein General oder Großadmiral in Begleitung eines Vizeadmirals. Der Dienstgrad des Admirals ist auch an dem kornblumenblauen Mantelaufschlag erkennbar. 1936 wurde der Dienstgrad des Generaladmirals eingeführt und 1939 der des Großadmirals.

The ranks of the admirals and petty officers as well of ordinary seamen were raised before the war. The ranks of Obermatrose and Stabsmatrose were replaced by the ranks of Gefreiter and Obergefreiter. The highest rank attainable for an ordinary seaman was that of Matrosenoberstabsgefreiter (formerly Stabsgefreiter).

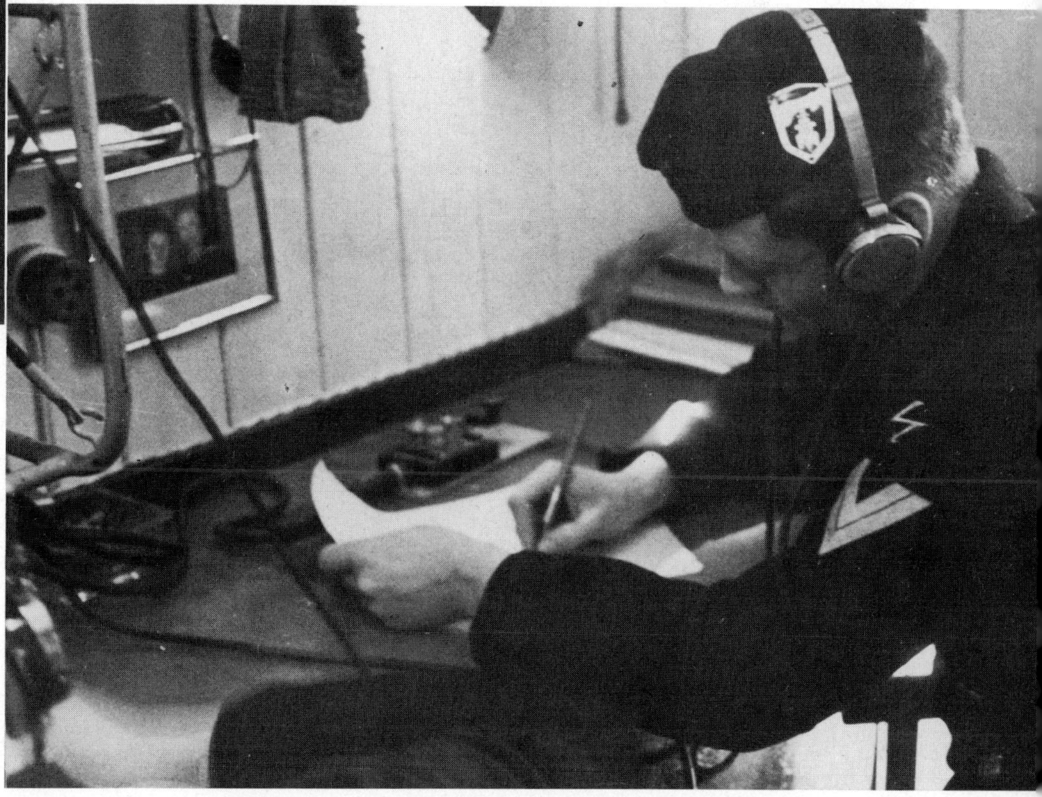

Hier nimmt gerade ein Obergefreiter der Funklaufbahn einen Funkspruch auf. Auf dem Funkbord ist die Funktaste befestigt. Je nach Erfahrung und Qualifikation konnte ein Funkgast bis zu 360 Buchstaben in der Minute hören bzw. senden. An die Bewerber der Oberfunkmeisterlaufbahn wurden schon vor der Einstellung besondere Anforderungen des Hör- und Auffassungsvermögens gestellt. Außerdem wurde gute und schnelle Handschrift vorausgesetzt. Vorkenntnisse in der Elektrotechnik waren erwünscht. Die Mannschaftsdienstgrade profitierten ebenfalls von einer allgemeinen Stellenanhebung.

Taking down a radio message here is a radio operator with the rank of Obergefreiter. The radio key is fixed to the table. A radio operator could, according to his experience and qualifications, transmit or receive upto 360 letters per minute. Recruits wanting to be radio operators, had to meet special requirements in hearing and intelligence before appointment. Furthermore, they had to be able to write quickly and clearly. Previous knowledge of electrotechnology was preferred.

Die Bordverpflegung bei der Deutschen Kriegsmarine war bekannt wegen ihrer hervorragenden Qualität und der großzügigen Menge, in der sie den Besatzungsmitgliedern zur Verfügung gestellt wurde. Noch zu einer Zeit, im Verlauf des Krieges, als der Normalverbraucher schon gewisse Mängel in Kauf nehmen mußte, brauchte der Marineangehörige auf zwei Sorten Wurst, u. U. sogar zweimaliges warmes Essen am Tag und mit Vorsuppe zum Mittagessen, reichhaltiges Fleischgericht und Nachspeise, oder auf den zeitweiligen Bohnenkaffee nicht zu verzichten. Durch Kostproben sorgte der Verwaltungsmaat – wie hier auf dem Bild – dafür, daß die geforderte Qualität und Quantität auch eingehalten wurde.

Soweit die Abbildung erkennen läßt, schaut hier ein Marineartilleriemaat in das Objektiv der Kamera. Diese Unteroffiziere wurden in der Regel im Küstendienst und nicht an Bord eingesetzt. Kleinere Einheiten wurden oft auch von Unteroffizieren sowohl mit als auch ohne Portepee geführt. Diese kamen meistens aus der Bootsmanns- oder Steuermannslaufbahn.

The rations supplied in the German Navy were well known for their excellent quality and the generous quantities in which they were supplied to the crew. At a time in the course of the war when the normal consumer already had to suffer shortages, the naval personnel had two sorts of sausage available, two hot meals a day with a starter at lunch, a large portion of meat and a dessert. They did not even have to give up coffee. The head of administration checked that the quality and quantity met requirements – as on the picture here – by trying the food himself.

Looking into the camera's lens is a naval artillery mate.
These petty officers were, on the whole, used only for coastal duties and not on board ships. Smaller detachments were often led by petty officers with or without an officers' commission. They were mostly boatswains or helmsmen.

Die Abbildung zeigt einen Vermessungsgefreiten der Vermessungssteuermannslaufbahn. Auf größeren Einheiten wie hier stand der Gefreite dem Obersteuermann u. a. bei navigatorischen Aufgaben zur Verfügung.

This picture shows a corporal helmsman. On larger units like this one, the corporal was under the command of the senior helmsman and used for navigational tasks.

Hier haben sich (von rechts nach links) zwei Bootsmaate, ein Hauptgefreiter und ein Maat in ihren Ausgehuniformen zu einem Gruppenfoto aufgestellt. Der erste Bootsmannsmaat trägt unter seinem Dienstgradabzeichen auf dem Ärmel ein Sonderabzeichen, das ihn als "Geschützführer Flak II" ausweist. Das Abzeichen besteht aus einer stilisierten flammenden Granate mit seitlichen Flügeln. Der Maat, der neben ihm steht, trägt das Sonderabzeichen für den "Geschützführer" GF II. Sein Träger hat eine Sonderausbildung für die Mittelartillerie auf Schiffen (GF IIa) bzw. auf Zerstörern (GF IIb) erfolgreich absolviert. Vor 1940 war dies das Sonderabzeichen für die Ausbildung an schwerer Schiffsartillerie. Dieses Sonderabzeichen ist wie das Flakführerabzeichen, jedoch ohne Flügel ausgeführt. Die Abzeichen werden rot auf blauem Grund getragen. Die Brustabzeichen sind als Zerstörer-Kriegsabzeichen, als Kriegsabzeichen für Minensuch-, U-Boots-, Jagd- und Sicherungsverbände sowie als Sportabzeichen erkennbar. Mit dem erfolgreichen Abschluß einer Sonderlaufbahn ging häufig eine Beförderung einher. Es ist einleuchtend, daß es der hierarchischen Ordnung nicht dienlich war, wenn z. B. ein Geschützführer nur den Dienstgrad eines seemännischen Gefreiten (Obermatrose) führte.

Posing here in their walking-out uniforms are (from right to left) two boatswains, one senior corporal and a mate. The first boatswain has a special badge under his rank marking on his sleeve which indicates that he is commander of an AA gun. This badge consists of a stylised flaming grenade with wings at the side. The mate, standing next to him, is wearing the badge of a commander of a medium gun. The wearers of that badge were specially trained in the operation of medium guns on ships or destroyers. Prior to 1940, this was the badge worn by those trained to operate the main guns. This badge is similar to that worn by AA gun commanders, but without the wings. This badge was red on a blue background. There were coat badges for the destroyers, mine-sweepers, submarines, hunting and security groups as well as sport badges. On the successful completion of special training, promotion was common. It is interesting to note that the hierarchical order was not very helpful when, for example, a gun commander only had the rank of a naval corporal (Obermatrose).

Diese Aufnahme zeigt einen Teil der Schiffswache neben einem 10,5 cm-Geschütz des Leichten Kreuzers EMDEN. Rechts der Maat der Wache mit der Bootsmannspfeife. Dieser Maat gehört dem Ärmelabzeichen nach in die Laufbahn der Verwaltung. Mit den Schlüsseln hat der Unteroffizier Zugang zu wichtigen Schiffsräumen, z. B. der Waffenkammer. Der Träger mit der weißen Armbinde ist ein Fallreepsgefreiter. Der linke Unteroffizier ist ebenfalls ein Maat. Diese Aufnahme entstand vor dem Zweiten Weltkrieg, denn der Kragenrand zeigt noch nicht die ab 1. Dezember 1939 eingeführte Tresse.

A part of the ship's guard next to a10.5 cm gun on board the light cruiser EMDEN. On the right is the mate of the watch. According to his sleeve badge, this mate is from the administration. The wearer of the white armband is a corporal in charge of a rope-ladder. The petty officer on the left is also a mate, (Photo taken before WW II.)

Ein Oberleutnant zur See (rechts im Bild) im Gespräch mit einem Sonderführer (Anker in den Kragenecken) der Marineartillerie (geflügelte Granate über den Ärmelstreifen) im Range eines Leutnants. Das Brustabzeichen und die Batteriepfeife (an einer Kette) zeigen, daß der Oberleutnant als wachhabender Offizier Dienst tut.

On the right, a naval lieutenant (Oberleutnant zur See) talking to a special commander (anchor on the lapels) of the naval artillery (winged grenade above the sleeve stripes) with the rank of lieutenant. The coat badge and the battery whistle (on the chain) show that the Oberleutnant is on duty as officer of the watch.

Hier sieht man einen Obergefreiten der seemännischen Laufbahn, Backschafter, beim Essenholen. Am rechten oberen Ärmel ist ein Streifen (rot) sichtbar, er drückt aus, daß das Besatzungsmitglied zur Steuerbordwache und zur 1. Division gehört (zwei Streifen – 2. Division). Dieser Uniformbesatz wurde nur in Kampfeinheiten vom Kreuzer aufwärts getragen.

This is a senior corporal seaman fetching the food for his comrades. On the right upper arm is a red stripe which indicates that its wearer is a crew member of the 1st division of the starboard watch. (Two stripes indicate 2nd division). These markings were worn only on fighting units from cruiser upwards.

Ein Obermaschinenmaat bedient ein Fahrventil in einem Maschinenfahrstand auf einem Schweren Kreuzer. Analog der Anzahl von drei Schrauben gibt es drei Fahrstände mit jeweils zwei Fahrventilen für die Vorwärts- und Rückwärtsfahrt. Der Obermaat unterscheidet sich äußerlich vom Maat durch den zusätzlichen Winkel unter dem Ärmelabzeichen und dem zweiten Balken auf dem Kragenspiegel. Ein Stabsobermaschinist neben dem Unteroffizier beobachtet die Anzeigegeräte. Dieser Dienstgrad bei der Marine entsprach dem Dienstgrad Oberstabsfeldwebel des Heeres. In der Rangfolge der Unteroffiziersdienstgrade gehörte der Stabsobermaschinist zu den Stabsfeldwebeln. Auf kleineren Einheiten hatten die Feldwebel die Stellung eines leitenden Ingenieurs.
Die einzelnen Dienstgradgruppen unterscheiden sich durch folgende Merkmale:

- Die Offiziere trugen Schulterstücke und/oder Ärmelstreifen, wobei die Schulterstücke für die Stabsoffiziere aus zwei silbernen Pattschnüren zusammengeflochten waren. Die Schulterstücke der Admirale waren aus zwei goldenen und einer silbernen Schnur geflochten.
- Die Feldwebel hatten anstelle der Schulterstücke Schulterklappen.
- Die Uniformen der anderen Unteroffiziersdienstgrade (Obermaat, Maat) verwendeten Dienstgradabzeichen als Ärmelabzeichen. Diese Abzeichen, die gleichzeitig anzeigten, welcher Laufbahn sein Träger angehörte, waren auch in den Schulterklappen der Feldwebel enthalten.
- Marineangehörige der Mannschaftsdienstgrade waren durch Ärmelabzeichen in Form von Winkeln erkennbar. Das Laufbahnabzeichen wurde darüber getragen.

A senior engineering mate operating an engine vent on the engine control room on a heavy cruiser. Corresponding to the three propellers, there were three control rooms each with two vents for going forwards and backwards. A senior mate was distinguished from an ordinary mate by an additional stripe on the lower sleeve and a second bar on the collar patch. Next to the petty officer is a senior engineer looking at the dials. This rank was the equivalent of an Oberstabsfeldwebel (sergeant-major) in the army. In the order of ranks of petty officers, this senior engineer was equivalent to a sergeant-major. On the smaller ships, this sergeant-major was the chief engineer. The individual service ranks were distinguished by the following markings: – The officers wore shoulder-boards and/or cuff stripes. The shoulder-boards for staff officers consisted of two silver cords woven together. Those of the admirals consisted of two golden and one silver cord. Sergeant-majors had shoulder-straps instead of shoulder-boards. – The uniforms of other petty officers (senior mate, mate) had cuff-markings. These markings also showed which branch the wearer belonged to and were also on the sergeant-major's shoulder-straps – naval members of the ordinary ranks were distinguished by cuff stripes and their branch badge was worn above them.

Offiziere, Unteroffiziere und Mannschaften sind hier zur Musterung angetreten und werden nach der Meldung durch den I.O. begrüßt. Bei dem Träger mit den drei Ärmelstreifen handelt es sich um einen Korvettenkapitän, links und rechts von ihm haben sich zwei Kapitänleutnante aufgestellt. Der schmale Ärmelstreifen wird nur von dem Kapitänleutnant getragen.
Genau wie die Unteroffiziere gehörten die Offiziere verschiedenen Laufbahnen an und wurden hierfür ausgebildet. Bis zum Ende des Krieges unterschied man zwischen neun Laufbahnen. Die Ausbildung bis zur Beförderung z. B. zum Leutnant zur See dauerte viereinhalb Jahre.
Die Offiziersdienstgrade begannen mit dem

- Leutnant zur See, entsprechend einem Leutnant beim Heer. Danach folgte der
- Oberleutnant zur See, entsprechend einem Oberleutnant,
- Kapitänleutnant, entsprechend einem Hauptmann.
- Korvettenkapitän, entsprechend einem Major,
- Fregattenkapitän, entsprechend einem Oberstleutnant,
- Kapitän zur See entsprechend einem Oberst und
- Kommodore, hierfür gab es im Heer keinen entsprechenden Dienstgrad.

Danach begannen die Admiralsdienstgrade.

Officers' ranks began with:
Leutnant zur See, the equivalent of a lieutenant in the army. – Oberleutnant zur See, the equivalent of a 1st lieutenant. – Kapitänleutnant, the equivalent of a captain. – Korvettenkapitän, the equivalent of a major. – Fregattenkapitän, the equivalent of a lieutenant-colonel. – Kapitän zur See, the equivalent of a colonel. – Kommodore, for which there was no equivalent in the army. The admirals ranks commenced here.

Ein Oberleutnant zur See und ein Verwaltungsgefreiter mit dem Merkurstab an Bord eines Schweren Kreuzers.

A 1st lieutenant and a corporal from administration on board a heavy cruiser.

Ein aufschlußreicher Einblick in die Brücke eines Zerstörers mit vielfältigen technischen Einrichtungen und verschiedenen Dienstgraden.
Rechts am Brückenrand, durch das Glas schauend, ein Oberleutnant zur See zusammen mit einem Leutnant zur See (links von ihm) und einem Kapitänleutnant. Die Dienststellung des Artillerieoffiziers wurde auf Zerstörern in der Regel von einem Oberleutnant zur See eingenommen. Der Kapitänleutnant (links) unterhält sich mit zwei Feldwebeln, davon ist der rechte ein Stabsobersteuermann und der linke ein Signalmeister. Im Hintergrund warten zwei seemännische Obergefreite. Die Dienststellung der Offiziere, Unteroffiziere und Mannschaften in Beziehung zum Dienstgrad war logischerweise abhängig von der Größe und der Einsatzart der entsprechenden Schiffseinheiten. So wurde z. B. die Tätigkeit des Artillerieoffiziers auf Schweren Kreuzern von einem Korvettenkapitän, auf Torpedobooten hingegen von Leutnanten zur See wahrgenommen. Bei gleicher Dienststellung wurde der Dienstgrad mit abnehmender Schiffsgröße immer niedriger. Selbstverständlich verringerte sich auch der Anforderungsbereich. Dies soll allerdings nicht darüber hinwegtäuschen, daß Bordangehörige auf kleinen Kampf- und Hilfsschiffen wesentlich höheren physischen und psychischen Belastungen ausgesetzt waren.

An informative view of the bridge of a destroyer with its numerous technical devices and men of different ranks.
On the far right of the bridge looking through his binoculars is a 1st lieutenant together with a lieutenant to his left and a junior captain. The senior artillery officer on a destroyer usually held the rank of 1st lieutenant. The junior captain (left) is talking to two petty officers, one a senior helmsman (right) and the other a chief signaler.
In the background are two naval corporals. The relationship of officers, petty officers and men depended logically on the size and nature of the ship. Thus, for example, the role of gunnery officer on heavy cruisers was fulfilled by a Korvettenkapitän, whilst on torpedo boats, it was a Leutnant zur See. The same position was held by more junior ranks if the ship was smaller. Of course, the responsibilities were also less. This should however not obscure the fact that the crew members of the smaller fighting ships and auxiliaries were put under relatively high physical and mental strain.

DIE SCHLACHTSCHIFFE DER DEUTSCHEN KRIEGSMARINE

Im Ersten Weltkrieg hatte sich bereits die Wirksamkeit der U-Boot-Waffe gegenüber Großkampfschiffen herausgestellt. Hinzugekommen war die Bedrohung aus der Luft, die durch die Entwicklung des Torpedobombers und des Sturzkampfflugzeuges unabwendbar geworden war. Durch ihren Einsatz von Flugzeugträgern aus war der Aktionsradius praktisch unbegrenzt. Gleichwohl blieb das Schlachtschiff zumindest bis Anfang des Zweiten Weltkrieges der Maßstab für Seemacht und Kriegsschiffbau.
Verständlich, daß sich die deutsche Marineleitung dieser Auffassung nicht entziehen konnte. Und so entstanden im Rahmen eines Neubauprogramms auf deutschen Werften fast zur gleichen Zeit die ersten beiden Schlachtschiffe nach dem Ersten Weltkrieg: SCHARNHORST auf der Marinewerft in Wilhelmshaven und GNEISENAU bei Blohm & Voss in Hamburg.
Die Abbildungen zeigen den Stapellauf der SCHARNHORST am 3. Oktober 1936 Bereits zwei Monate später, am 8. Dezember desselben Jahres, folgte die GNEISENAU.
Diese beiden Großkampfschiffe werden häufig als Schlachtkreuzer angesprochen. Das ist unrichtig: offiziell wurden sie als Schlachtschiffe geführt.

Die Abbildung entstand am 7. März 1942 und zeigt Schlachtschiff TIRPITZ nach ihrem Auslaufen aus Drontheim. Die Feindfahrt richtete sich gegen die Geleitzüge PQ 8 und PQ 12. Der Angriff mußte jedoch wegen schlechten Wetters abgebrochen werden.

THE BATTLESHIPS OF THE GERMAN NAVY

The effectiveness of the submarine against capital ships was already apparent in the First World War. Added to that was the threat of air attacks which had become inevitable as a result of the development of the torpedo and dive bomber. By deploying them on aircraft carriers, their range had become almost unlimited. Despite that, the battleship, at least at the beginning of the Second World War, remained the symbol of seapower and warship construction.
It is understandable that the German Naval Command could not get away from this thinking, and thus, as part of the naval reconstruction program, the first two battleships built after the First World War appeared from the German dockyards at almost the same time: SCHARNHORST from the Naval Shipyard in Wilhelmshaven and GNEISENAU from Blohm & Voss in Hamburg.
This picture shows the launching of the SCHARNHORST on 3rd October 1936. Only two months later, on 8th December, the GNEISENAU followed.
These two capital ships are usually referred to as battlecruisers, but that is not correct, officially they were considered to be battleships.

Der Kiellegung der beiden Schlachtschiffe waren eingehende Planungsgespräche von mehr als zwei Jahren vorangegangen, insbesondere über die Anzahl der Geschütze. Das Kaliber von 28 cm war dabei zunächst nie in Frage gestellt worden. Erst 1942 wurde die Umrüstung auf sechs 38 cm Geschütze in zwei Doppeltürmen in Betracht gezogen, aber dann wurde die Idee aus wirtschaftlichen Gründen wieder aufgegeben, und die Aufstellung von neun Rohren in Drillingstürmen wurde beibehalten.

Two years of planning discussions preceded the laying down of both these battleships, especially about their armament, although the calibre of 28 cm was never questioned at first. It was 1942 before the re-armament with six 38 cm guns in two double turrets was considered. The idea was dropped on grounds of cost and the current layout of nine guns mounted in threes was retained.

Die SCHARNHORST (im Vordergrund) liegt gemeinsam mit der GNEISENAU vor Anker. Die Aufnahme entstand im Frühjahr 1939 kurz nach der Indienststellung der SCHARNHORST. Bereits im Oktober 1939 werden beide Einheiten zu einem Unternehmen gegen die Northern Patrol in isländische Gewässer auslaufen. Von da an werden sie durch gemeinsame Einsätze verbunden bleiben, bis sie im April 1942 durch Kriegsereignisse getrennt werden.

The SCHARNHORST (in the foreground) laying at anchor together with the GNEISENAU. This photo was taken in spring 1939, shortly after SCHARNHORST was commissioned. As early as October 1939, both ships were sent on an operation against the Northern Patrol in Icelandic waters. From then onwards, they operated as a team until events in the war in April 1942 separated them.

Auf der Abbildung rechts sieht man die GNEISENAU in ihrem Bauzustand Ende 1938, nachdem sie einen Schrägbug und einen abgeschrägten Schornsteinaufsatz erhalten hatte.
Auf der unteren Abbildung ist die SCHARNHORST anläßlich eines Artillerieschießens vor Brest Anfang Februar 1942 zu sehen. Eines der wesentlichen Merkmale deutscher Großkampfschiffe im Zweiten Weltkrieg war der schräge Atlantiksteven, wie die Abbildungen hier deutlich zum Ausdruck bringen. Bei beiden Schlachtschiffen wurde der Schrägbug nachgerüstet. Hierdurch wurde die Seefähigkeit verbessert.
Ein Vergleich der beiden Abbildungen verdeutlicht ein wesentliches Unterscheidungsmerkmal: Die Anordnung der Dreibeinmasten bei der GNEISENAU an der Achterkante des Schornsteins und bei der SCHARNHORST auf dem Achterschiff.

On the picture right is the GNEISENAU as at her fitting of the end of 1938 after the addition of a curved bow and a sloping funnel cover.
On the picture below the SCHARNHORST is firing her guns off Brest at the beginning of February 1942. Although the SCHARNHORST had a curved bow right at the start, the funnel cover was added at a later date.
The differences easily can be seen by comparing these pictures; the position of the tripod mast on the GNEISENAU on the rear end of the funnel and on the stern of the SCHARNHORST.

Schlachtschiff SCHARNHORST

Stapellauf 3.10.1936 Kriegsmarinewerft Wilhelmshaven
in Dienst gestellt 7.1.1939

Haupteinsätze:

21. – 27. November 1939	Zusammen mit GNEISENAU Vorstoß gegen die Northern Patrol in die Gewässer südlich von Island. Der Verband versenkte am 23.11.1939 den britischen Hilfskreuzer RAWALPINDI.
18. – 20. Februar 1940	Mit GNEISENAU, ADMIRAL HIPPER und Zerstörern Vorstoß nach Norden zur Bekämpfung des Konvoiverkehrs Bergen – England (Operation "Nordmark"). Keine Erfolge.
7. – 12. April 1940	Unternehmen "Weserübung". SCHARNHORST gehörte zur Deckungsgruppe und nahm zusammen mit der GNEISENAU an dem Gefecht mit dem brit. Schlachtkreuzer RENOWN (wurde beschädigt) und dem brit. Kreuzer BIRMINGHAM westlich der Lofoten teil.
4. – 10. Juni 1940	Mit GNEISENAU, ADMIRAL HIPPER und 4 Zerstörern von Kiel aus Vorstoß in das Nordmeer (Operation "Juno"). Der Verband vernichtete am 8.6.1940 den Flugzeugträger GLORIOUS und die Begleitzerstörer ARDENT und ACASTA, den Tankdampfer OILPIONEER, den Truppentransporter ORAMA und den Bewacher JUNIPER (sämtlich britischer Nationalität). SCHARNHORST erhielt einen Torpedotreffer (vom Zerstörer ACASTA), wodurch Mittel- und Steuerbordmaschine ausfielen und der achtere Drillingsturm Caesar außer Gefecht gesetzt wurde. Rückkehr nach Drontheim.
Juni 1940	Notreparatur in Drontheim und Rückkehr in die Heimat. Vergebliche britische Fliegerangriffe. Werftliegezeit.
28. Dezember 1940	Zusammen mit GNEISENAU erster Versuch des Durchbruchs in den Atlantik. Unternehmung abgebrochen, da die GNEISENAU infolge des schlechten Wetters Seeschäden erhielt.
22. Januar – 22. März 1941	22.1.1941 erneutes Auslaufen zum Durchbruch in den Atlantik. Unternehmung glückte, und es wurde am 3.2.1941 die Dänemark-Straße passiert. 8.2.1941 Geleitzug HX-108 gesichtet, der jedoch vom brit. Schlachtschiff RAMILLIES gedeckt wurde. SCHARNHORST versuchte, das Schlachtschiff auf sich zu ziehen und vom Geleit wegzulocken, was aber nicht gelang. Daraufhin Angriffsversuch abgebrochen. 7./9.3.1941. Der Verband brach bei Sichtung des brit. Schlachtschiffes MALAYA den Angriff auf Geleit SL-67 ab. Zwei Unterseeboote wurden herangeführt und versenkten 5 Handelsschiffe. Am 9.4.1941 wurde ein Einzelfahrer versenkt. 15./16.3.1941. Südostwärts Neufundlands Geleitzugschlacht. 22.3.1941. Einlaufen in Brest. Gesamterfolg der Unternehmung: 22 Schiffe mit 115.600 BRT, davon versenkte die SCHARNHORST 8 Schiffe mit 49.300 BRT.
März 1941 – Februar 1942	Liegezeit in Brest, teilweise Werftliegezeit. Starke britische Flugzeugangriffe. 5 Bombentreffer bei Luftangriff vor La Pallice. Schwere Schäden. 3 Bomben schlugen durch sämtliche Aufbauten und Decks bis zum Doppelboden durch, krepierten jedoch nicht.
11. – 12. Februar 1942	Auslaufen aus Brest zum Kanaldurchbruch als Flaggschiff des B.d.S. (V.Adm. Ciliax). SCHARNHORST erhielt zwei Minentreffer und war für eine halbe Stunde manövrierunfähig. Der B.d.S. stieg auf den F.d.Z.-Zerstörer über. Der Schaden wurde mit Bordmitteln soweit behoben, daß SCHARNHORST mit eigener Kraft planmäßig die Deutsche Bucht erreichen konnte und am 12. Februar 1942 in Wilhelmshaven eintraf. Anschließend Werftliegezeit und dann in Gotenhafen stationiert (Ausbildung).
März 1943	Unter Führung des Flottenchefs nach zwei vergeblichen Versuchen nach Nordnorwegen in den Westfjord/Altafjord verlegt und der dortigen Kampfgruppe zugeteilt.
6. – 7. September 1943	Die Kampfgruppe mit TIRPITZ, SCHARNHORST und Zerstörern führte ein Unternehmen gegen Spitzbergen durch, wobei der feindliche Stützpunkt zerstört wurde.
September – Dezember 1943	Die SCHARNHORST erhielt den Kafjord als Liegeplatz, später den Langfjord und führte in dieser Zeit keine Unternehmungen aus.
25. Dezember 1943	Die Kampfgruppe unter Konteradmiral Bey mit SCHARNHORST (Flaggschiff) Z 29, Z 30, Z 33, Z 34 und Z 38 lief aus, um einen gemeldeten Geleitzug (Convoy JW-55B), der nach Murmansk bestimmt war, zu stellen. Schwere britische Seestreitkräfte erfaßten mit ihren Radargeräten die SCHARNHORST, die ihre Zerstörer vor dem entscheidenden Gefecht entlassen hatte. Es gelang dem Gegner nach mehrfachen Versuchen, die SCHARNHORST zu stellen und zu vernichten. Gesunken am 26.12.1943, 18.40 Uhr.

Battleship SCHARNHORST

Launched on 3rd October 1936 from the Naval Shipyard in Wilhelmshaven
Commissioned on 7th January 1939

Main Actions:

21st – 27th November 1939	Together with the GNEISENAU, attacked the Northern Patrol in the waters to the south of Iceland. Sank the British auxiliary cruiser RAWALPINDI on 23rd November 1939.
18th – 20th February 1940	A raid in the north on the convoys running between Bergen and England (Operation "Nordmark") with GNEISENAU, ADMIRAL HIPPER and destroyers. No results.
7th – 12th April 1940	Operation "Weserübung". SCHARNHORST was part of the squadron covering the operation and along with GNEISENAU took part in the battle with the British battlecruiser RENOWN (damaged) and the cruiser BIRMINGHAM to the west of Lofoten.
4th – 10th June 1940	Raid into the North Sea (Operation "Juno") with the GNEISENAU, ADMIRAL HIPPER and 4 destroyers from Kiel. On 8th June, this squadron sank the aircraft carrier GLORIOUS, its destroyer escorts ARDENT and ACASTA, the tanker OIL PIONEER, the troop transport ORAMA and the observation ship JUNIPER (all British). SCHARNHORST was hit by a torpedo (from the destroyer ACASTA), knocking out the middle and starboard engines and the stern turret "Caesar". Returned to Drontheim.
June 1940	Emergency repairs in Drontheim and return home. Unsuccessful air attacks by the British. In dock.
28th December 1940	With the GNEISENAU, first attempt to break out into the Atlantic. Operation aborted as the GNEISENAU was damaged by a storm.
22nd January – 22nd March 1941	22nd January, further attempt to break out into the Atlantic. The operation succeeded and on 3rd February, the Denmark Street was passed. On 8th February, Convoy HX-108 was sighted, but it was covered by the British battleship RAMILLIES. SCHARNHORST attempted to distract the battleship and draw it away from the convoy but failed to do so. Attempted attack broken off. 7th – 9th March. On sighting the British battleship MALAYA, the squadron broke off the attack on Convoy SL-67. Two U-boats were brought in and sank 5 merchantmen. On 9th March, a straggler was sunk. 15th – 16th March – Attacked a convoy south-east of Newfoundland. 22nd March – Entered Brest. Total sinking 22 ships, 115,600 t. SCHARNHORST alone sank 8 ships with 49,300 t.
March 1941 – February 1942	In Brest, partly in dock. Many British airraids. Hit by 5 bombs in airraid on La Pallice. Severe damage. 3 bombs went through all the superstructure and decks to the double hull, but did not explode.
11th – 12th February 1942	Left Brest to break through the English Channel as flagship of the B.d.S. (Vice-Admiral Ciliax). SCHARNHORST was hit by two mines and could not manoeuvre for half an hour. The commander transferred to a destroyer. The damage was repaired on board and under her own steam, the SCHARNHORST reached the German Bight as planned and arrived in Weilhelmshaven on 12th February. Then in dock and afterwards in Gotenhafen for training.
March 1943	Under the command of the Fleet Commander, transferred to northern Norway after two unsuccessful attempts. Stationed in the West Fjord/Alta Fjord and attached to the squadron there.
6th – 7th September 1943	The squadron with the TIRPITZ, SCHARNHORST and destroyers undertook an operation against Spitzbergen, destroying the enemy base.
September – December 1943	The SCHARNHORST was stationed in the Kaa Fjord, then the Lang Fjord but did not undertake any operations.
25th December 1943	The squadron under Counter-Admiral Bey with SCHARNHORST (flagship), Z 29, Z 30, Z 33, Z 34 and Z 38 (destroyers) left to locate a reported convoy (JW-55B) on its way to Murmansk. Strong British naval forces located the SCHARNHORST on their radar. She had left her escorts behind for the decisive battle and after several attempts, she was located and destroyed. Sunk on 26th December 1943 at 18.40 hrs.

Bereits der Beginn des Zweiten Weltkrieges zeigte, daß der schiffbauliche und waffentechnische Aufwand, der in Schlachtschiffe investiert worden war, nicht ausreichte, um wirkungsvollen Schutz gegen U-Boot- und Luftangriffe zu gewährleisten. Am 20. Juni 1940 stanzte ein Torpedo des britischen U-Bootes CLYDE dieses Loch durch den Rumpf der GNEISENAU. Es wurden zwar keine wichtigen Schiffselemente außer Betrieb gesetzt, trotzdem war die GNEISENAU zu einem dreimonatigen Werftaufenthalt gezwungen.
Nach dem Atlantikunternehmen "Berlin" wurde am 22. März 1941 von den beiden Schlachtschiffen der Atlantikhafen Brest angelaufen. Da der Kriegshafen innerhalb der Reichweite britischer Kampfflugzeuge lag, waren die Schlachtschiffe seitdem Luftangriffen ausgesetzt.

Right from the beginning of the Second World War, it was apparent that the investment in the construction and weapon technology of the battleships was insufficient to give them effective protection against submarine and air attacks. On 26th June 1940, a torpedo fired from the British submarine CLYDE punched a hole in the hull of the GNEISENAU. Although no important parts of the ship were knocked out, the GNEISENAU still had to spend three months in dock.
After the Atlantic operation, both battleships entered the Atlantic port of Brest. As this port was within the range of British military aircraft, both battleships were exposed to air attacks from then onwards.

Die starken Luftabwehrwaffen des großen Kriegshafens zusammen mit der bordgestützten Luftabwehr der Kriegsschiffe reichten nicht aus, um die Angriffe abzuwehren. Die Schlachtschiffe entgingen nur knapp ihrer Vernichtung.
Die Abbildung auf der vorhergehenden Seite zeigt die GNEISENAU im Dock und die SCHARNHORST am Liegeplatz. Die obere Abbildung macht deutlich, mit welchen Mitteln versucht wurde, den passiven Schutz zu erhöhen.
Die Fla-Waffen sind ständig besetzt, um bei überraschenden Luftangriffen vorbereitet zu sein.

The strong air defences of this large military port together with the shipboard AA guns were insufficient to hold off the attacks. The battleships only just avoided their destruction.
The picture on the previous page shows the GNEISENAU in dock and the SCHARNHORST at her moorings. The picture above shows clearly with what means it was attempted to increase the passive defence. The AA guns were manned all the time so that they were ready for surprise attacks.

Schlachtschiff GNEISENAU

Stapellauf 8.12.1936 Deutsche Werke Kiel
in Dienst gestellt 21.5.1938

Haupteinsätze:

Oktober 1939	Vorstoß nach Norden (als Flaggschiff von V.Adm. Marschall) mit KÖLN und Zerstörern gegen Skandinavien-England-Verkehr. Ohne Ereignisse.
21. – 27. November 1939	Als Flaggschiff des Flottenchefs (Adm. Marschall) zusammen mit SCHARNHORST Vorstoß in die Gewässer südlich von Island gegen die Northern Patrol. Der Verband versenkte den brit. Hilfskreuzer RAWALPINDI am 23.11.1939. Die GNEISENAU erlitt am 26.11.1939 beim Durchbruch durch die Shetland-Bergen-Enge bei schwerem Sturm starke Seeschäden und ging nach Rückkehr in Kiel in die Werft.
4. Februar 1940	Werftliegezeit beendet, GNEISENAU verlegte nach Wilhelmshaven.
18. Februar bis 20. Februar 1940	Als Flaggschiff des Flottenchefs (Adm. Marschall) zusammen mit SCHARNHORST und ADMIRAL HIPPER sowie Zerstörersicherung Vorstoß nach Norden zur Bekämpfung des Konvoiverkehrs Bergen–England im Zusammenwirken mit Unterseebooten (Operation "Nordmark"). Ohne Ereignisse.
7. – 12. April 1940	Beim Unternehmen "Weserübung" Flaggschiff des Flottenchefs (V.Adm. Lütjens i. V.). Westlich der Lofoten Gefecht mit brit. Schlachtkreuzer RENOWN (wurde beschädigt) und Kreuzer BIRMINGHAM. GNEISENAU erhielt Treffer, 12.4.1940 Rückkehr von GNEISENAU, SCHARNHORST und ADMIRAL HIPPER nach Wilhelmshaven.
4. – 10. Juni 1940	Als Flottenflaggschiff (Adm. Marschall) mit SCHARNHORST, ADMIRAL HIPPER und 4 Zerstörern von Kiel aus Vorstoß in das Nordmeer zur Entlastung der Norwegenkämpfe (Operation "Juno"). 8.6.1940 Versenkung des Flugzeugträgers GLORIOUS, der Begleitzerstörer ARDENT und ACASTA (durch GNEISENAU und SCHARNHORST), des Tankdampfers OILPIONEER (durch GNEISENAU), des Truppentransporters ORAMA (durch ADMIRAL HIPPER) und des Bewachers JUNIPER (durch ADMIRAL HIPPER). Rückkehr nach Drontheim.
10. – 12. Juni 1940	Vorstoß in das Nordmeer mit ADMIRAL HIPPER und 4 Zerstörern. Unternehmen vorzeitig abgebrochen. Rückkehr nach Drontheim.
20. Juni 1940	Auslaufen mit ADMIRAL HIPPER aus Drontheim nach Norden. 40 sm nordwestlich der Insel Halten erhielt GNEISENAU einen Torpedotreffer durch eng. Unterseeboot CLYDE, so daß der geplante Vorstoß Island–Faroer–Orkney abgebrochen wurde. Notreparatur in Drontheim.
25. Juli 1940	Auslaufen der GNEISENAU zum Rückmarsch nach Kiel zusammen mit NÜRNBERG.
28. Juli 1940	Ankunft in Kiel.
Juli – Dezember 1940	Werftliegezeit in Kiel.
28. Dezember 1940	Als Flottenflaggschiff (Adm. Lütjens) mit SCHARNHORST erster Versuch des Durchbruchs in den Atlantik. Abgebrochen wegen schlechten Wetters. Verband lief zurück. GNEISENAU hatte Seeschäden.
22. Januar 1941	Durchbruchsversuch mit SCHARNHORST wiederholt und gelungen.
4. Februar 1941	Höhe südlich Grönland erreicht.
8. Februar 1941	Angriffsversuch auf Convoy HX-108 bei Sichtung des britischen Schlachtschiffes RAMILLIES abgebrochen.
22. Februar 1941	Ostwärts von Neufundland 5 Einzelfahrer durch den Verband versenkt.
7. – 9. März 1941	Angriffsversuche auf den Convoy SL-67 bei Sichtung des brit. Schlachtschiffes MALAYA abgebrochen. Zwei herangeführte Unterseeboote versenkten 5 Handelsschiffe. Am 9.3.1941 wurde ein Einzelfahrer versenkt.
15. – 16. März 1941	Südostwärts Neufundland versenkte der Verband insgesamt 16 Schiffe, dann bei Sichtung des brit. Schlachtschiffes RODNEY abgelaufen. Gesamterfolg dieser Unternehmung Januar – März 1941: 22 Schiffe mit 115.600 BRT, davon versenkte GNEISENAU 14 Schiffe mit 66.300 BRT.
22. März 1941	Einlaufen in Brest.
April 1941	Lufttorpedo- und Bombentreffer in Brest. Anschließend Werftliegezeit.
11. Februar bis 13. Februar 1942	Kanaldurchbruch mit SCHARNHORST, PRINZ EUGEN, Zerstörern, Torpedobooten, Schnellbooten und Sicherungsstreitkräften. Flaggschiff ist die SCHARNHORST. Der B.d.S. (V.Adm. Ciliax) stieg nach Minentreffer auf SCHARNHORST auf die GNEISENAU über. Insgesamt hat die SCHARNHORST zwei, die GNEISENAU einen Minentreffer erhalten. GNEISENAU am 12.2.1942 auf Brunsbüttel Reede zur Fahrt nach Kiel.
26. Februar bis 27. Februar 1942	In der Nacht vom 26. zum 27. Februar 1942 erhielt die GNEISENAU einen schweren Bombentreffer in Kiel. Das Schlachtschiff lag daraufhin einsatzunfähig bis 4. April 1942 in Kiel.
4. April 1942	Nach Gotenhafen zur Außerdienststellung.
1. Juli 1942	In Gotenhafen außer Dienst gestellt.
1943	Umbaustopp
März 1945	In Gotenhafen als Blockschiff gesprengt.
1947 – 1951	Abgebrochen und verschrottet.

Battleship GNEISENAU

Launched 8th December 1936 from the Deutsche Werke in Kiel
Commissioned 21st May 1938

Main Actions:

October 1939	*Raid to the north (as flagship of Vice-Admiral Marschall) with the KÖLN and destroyers against the Britain – Scandinavia trade. No results.*
21st – 27th November 1939	*As flagship of the fleet commander (Admiral Marschall), along with the SCHARNHORST, operations in the waters south of Iceland against the Northern Patrol. The squadron sank the British auxiliary cruiser RAWALPINDI on 23rd November. On 26th November, the GNEISENAU suffered severe damage during a heavy storm when passing the Shetland-Bergen Narrows and returned to Kiel for repairs in dock.*
4th February 1940	*Repairs completed, GNEISENAU was transferred to Wilhelmshaven.*
18th – 20th February 1940	*As flagship of the fleet commander (Admiral Marschall), along with the SCHARNHORST and ADMIRAL HIPPER and a destroyer escort, sailed north to attack the convoy traffic between Bergen and Britain in conjunction with U-boats (Operation "Nordmark"). No results.*
7th – 12th April 1940	*Flagship of the fleet commander (Vice-Admiral Lütjens) during Operation "Weserübung". Fought with the British battlecruiser RENOWN (damaged) and cruiser BIRMINGHAM west of the Lofoten. The GNEISENAU suffered a hit. On 12th April, GNEISENAU, SCHARNHORST and ADMIRAL HIPPER returned to Wilhelmshaven.*
4th – 10th June 1940	*As fleet flagship (Admiral Marschall), sailed into the Polar Sea in support of the invasion of Norway (Operation "Juno") along with SCHARNHORST, ADMIRAL HIPPER and 4 destroyers. On 8th June the aircraft carrier GLORIOUS sank, its destroyer escorts ARDENT and ACASTA (by GNEISENAU and SCHARNHORST), the tanker OIL PIONEER (GNEISENAU), the troop transport ORAMA (ADMIRAL HIPPER) and its escort JUNIPER (ADMIRAL HIPPER). Returned to Drontheim.*
10th – 12th June 1940	*Sailed into the Polar Sea with ADMIRAL HIPPER. Operation prematurely terminated. Returned to Drontheim.*
20th June 1940	*Left Drontheim with ADMIRAL HIPPER for the north. 40 nautical miles north-west of the island of Halten, GNEISENAU was hit by a torpedo fired from the British submarine CLYDE and thus the planned operation between Iceland, the Faeroes and Orkney had to be broken off. Emergency repairs in Drontheim.*
25th July 1940	*GNEISENAU left with NÜRNBERG for Kiel.*
28th July 1940	*Arrived in Kiel.*
July – December 1940	*In dock in Kiel.*
28th December 1940	*As flagship of the fleet (Admiral Lütjens), first attempt to break out into the Atlantic with the SCHARNHORST. Aborted because of the bad weather. GNEISENAU suffered storm damage.*
22nd January 1941	*Repeated attempt to break out with SCHARNHORST. Succeeded.*
4th February 1941	*Reached Southern Greenland.*
8th February 1941	*Attempt to attack Convoy HX-108 broken off on sighting the British battleship RAMILLIES.*
22nd February 1941	*5 stragglers sunk east of Newfoundland by the squadron.*
7th – 9th March 1941	*Attempt to attack Convoy SL-67 broken off on sighting the British battleship MALAYA. Two U-boats directed to the target sank 5 merchantmen. On 9th March, a straggler was sunk.*
15th – 16th March 1941	*The squadron sank a total of 16 ships south-east of Newfoundland but then fled at the sight of the British battleship RODNEY. Total results of this operation from January to March 1941: 22 ships at 115,600 t of which the GNEISENAU sank 14 ships at 66,300 t.*
22nd March 1941	*Entered Brest.*
April 1941	*Hit by aeriel torpedoes and bombs in Brest. Put in dock.*
11th – 13th February 1942	*Broke through the English Channel with the SCHARNHORST, PRINZ EUGEN, destroyers, torpedo boats, speed boats and security forces. SCHARNHORST was the flagship. The commander of the squadron (Vice-Admiral Ciliax) went from the SCHARNHORST to the GNEISENAU after the latter was hit by a mine. The SCHARNHORST was hit by a total of two mines, GNEISENAU by one, on 12th February on the Brunsbüttel Roads on the journey to Kiel.*
26th – 27th February 1942	*During the night of 26th to 27th February, the GNEISENAU was hit by a large bomb in Kiel. The battleship was put out of action and stayed in Kiel until 4th April 1942.*
4th April 1942	*Sent to Gotenhafen to be withdrawn from service.*
1st July 1942	*Withdrawn from service in Gotenhafen.*
1943	*Conversion work stopped.*
March 1945	*Sunk as a block-ship in Gotenhafen.*
1947 – 1951	*Broken up and scrapped.*

Die Konstruktion und der Bau von Schlachtschiffen war eine ständige Auseinandersetzung zwischen Eigenschutz und fremder Waffenwirkung. Dabei wurden alle technischen Möglichkeiten ausgeschöpft, um eine optimale Ausgewogenheit zwischen Standkraft und Schlagkraft zu erzielen.
In die neuesten Schlachtschiffe, die BISMARCK und ihr Schwesterschiff, die TIRPITZ, deren Stapellauf am 14. Februar 1939 bzw. 1. April 1939 erfolgte, investierte die deutsche Rüstungs- und Schiffbauindustrie ihre gesamten Fähigkeiten. Das schwere Gefecht der BISMARCK am 27. Mai 1941 bewies dann, daß die eigene Schutzwirkung gegenüber der fremden Waffenwirkung einen Vorsprung hatte, indem die BISMARCK nur durch eine ungeheure Übermacht niedergerungen werden konnte.
Als dann die TIRPITZ Anfang 1942 zum Einsatz kam, war der Vorsprung schon wieder an die Waffenwirkung abgegeben worden. Von da an wurde die TIRPITZ im wesentlichen nur noch als "Fleet in being" eingesetzt, bevor sie am 12. November 1944 aus der Luft vernichtet wurde.
Die Abbildung zeigt die BISMARCK Mitte September 1940, nachdem sie in die Kieler Förde verlegt hatte. Die Erprobungen und Ausbildungsfahrten haben gerade begonnen. Noch fehlen die Drehhauben mit den Entfernungsmeßgeräten.

The design and construction of battleships was a continual contradiction between self-protection and the effect of enemy weapons. All technical possibilities were exhausted to obtain an optimal balance between defensive protection and fighting power.
The German armaments and ship construction industries invested their entire capabilities in the newest battleships, the BISMARCK and her sister ship the TIRPITZ which were launched on the 14th February 1939 and 1st April 1939 respectively.
The long battle of the BISMARCK on 27th May 1941 showed that her own defences had the advantage over the effectiveness of the enemy's weapons as the BISMARCK could only be put down by a massive superiority in strength.
The picture shows the BISMARCK in the middle of September 1940, after she had been sent to the Kiel Firth. The tests and training voyages had just begun. The turning covers on the range-finders are not yet fitted.

Die Waffenanlagen der Schweren Artillerie, die auf der BISMARCK und der TIRPITZ zum Einsatz kamen, waren die schwersten, die jemals auf deutschen Schiffen installiert worden waren. Die Gesamtlänge eines Rohres betrug 19,6 Meter bei einem Durchmesser von 380 mm. Ein Geschützrohr wog 111 Tonnen, mit Wiege, Verschlußantrieb und Zahnbogen zusammen 152,5 Tonnen. Ein vollständiger Turm (überhöht) hatte ein Gewicht von 1.072 Tonnen. Verschossen wurden Granaten mit einem Gewicht von 800 kg und mit einer Anfangsgeschwindigkeit von 820 m/s über eine max. Schußweite (30 Grad Rohrerhöhung) von fast 36 Kilometern. Dabei wurde eine Mündungsarbeit von 27.400 mt entwickelt.

The guns of the main armament on the BISMARCK and TIRPITZ were the largest ever fitted on German ships. The total length of a barrel was 19.6 metres with a diameter of 380 mm. A gun barrel weighed 111 tons. Including the cradle, breech-block and elevator, it weighed 152.5 tons. An entire turret (elevated) weighed 1,072 tons. The shells it shot weighed 800 kg with a muzzle velocity of 820 m/s and a maximum range at 300 elevation of almost 36 km. The force in the muzzle was 27,400 tons/metres.

Die Leistung der Schweren Artillerie konnte nur in Verbindung mit den hochwertigen optischen Einrichtungen und den leistungsfähigen mechanischen Rechenanlagen erreicht werden. Die gegenüberliegende Abbildung gibt einen Einblick in eine Rechenstelle, wie sie in der BISMARCK und TIRPITZ zum Einsatz kamen. Im Hintergrund der Schußwertrechner C/38.

The potential of the main guns could only be realized when used in conjunction with the best optical devices and the most effective mechanical calculating equipment. The picture opposite shows the calculations room as in the BISMARCK and TIRPITZ. In the background is the C/38 calculator.

Untere Abbildung: Die BISMARCK am 24. Mai 1941, wenige Minuten, nachdem sie den britischen Schlachtkreuzer HOOD vernichtet und das Schlachtschiff PRINCE OF WALES stark beschädigt hatte. Drei Tage später wurde sie selbst von überlegenen britischen Seestreitkräften gestellt und vernichtet.

Picture below: The BISMARCK on 24th May 1941 a few minutes after destroying the British battlecruiser HOOD and severely damaging the battleship PRINCE OF WALES. Three days later she was located and destroyed by a large British naval force.

Kriegseinsätze und Verbleib

Schlachtschiff BISMARCK

Stapellauf 14.2.1939 Blohm & Voss, Hamburg
in Dienst gestellt 24.8.1940

Haupteinsätze:

August 1940 bis Mai 1941	Nach der Indienststellung Erprobung des Schiffes und Ausbildung der Besatzung in der Ostsee.
Mai 1941	Als Flaggschiff des Flottenchefs (Admiral Lütjens) gemeinsam mit dem Schw. Kreuzer PRINZ EUGEN aus Gotenhafen zum Handelskrieg in den Nordatlantik ausgelaufen.
24. Mai 1941	Gefecht mit schweren brit. Streitkräften in der Dänemarkstraße. Brit. Schlachtschiff HOOD versenkt, Schlachtschiff PRINCE OF WALES beschädigt. BISMARCK gleichfalls durch 3 Treffer beschädigt. PRINZ EUGEN vom Flottenchef entlassen.
26./27.Mai 1941	Schweres Gefecht mit überlegenen brit. Seestreitkräften, darunter Schlachtschiff KING GEORGE V und RODNEY, 300 sm nordwestlich Ouessant.
27. Mai 1941	Nach Lufttorpedo- und Artillerietreffern und, nachdem alle Munition verschossen war, vernichtet durch Selbstsprengung und Torpedotreffer vom brit. Kreuzer DORSETSHIRE.

War History & Whereabouts

Battleship BISMARCK

Launched on 14th February 1939 by Blohm & Voss in Hamburg
Commissioned 24th August 1940

Main Actions:

August 1940 – May 1941	*After being commissioned, the ship underwent trials and training of her crew in the Baltic.*
May 1941	*As flagship of the fleet commander (Admiral Lütjens), left Gotenhafen with the heavy cruiser PRINZ EUGEN to raid allied commerce in the North Atlantic.*
24th May 1941	*Battle with British naval forces in the Denmark Street. Sank the British battlecruiser HOOD and damaged the battleship PRINCE OF WALES. BISMARCK suffered three hits. PRINZ EUGEN sent off by the fleet commander.*
26th – 27th May 1941	*Large battle with outnumbering British naval forces including the battleships KING GEORGE V and RODNEY 300 nautical miles north-west of Ouessant.*
27th May 1941	*After being hit by aeriel torpedoes and ship's guns, and after all her ammunition was fired, the BISMARCK was sunk by scuttling and a torpedo from the British cruiser DORSETSHIRE.*

Mit 52.600 ts Einsatzverdrängung hatte die TIRPITZ eine um 2.600 ts größere Wasserverdrängung als die BISMARCK und war somit das größte Kriegsschiff, das auf deutschen Werften gebaut wurde und zum Einsatz kam. Der Bau weiterer Schlachtschiffe sollte damit ursprünglich nicht abgeschlossen sein. Für einen weiteren Flottenausbau, dem "Z-Plan", war bereits die Genehmigung für die Fertigstellung sechs weiterer Schlachtschiffe der H-Klasse erteilt worden. Diese Superschlachtschiffe sollten eine Einsatzverdrängung von über 62.000 ts erhalten. Der für die deutsche Marineleitung zu frühe Ausbruch des Zweiten Weltkrieges erforderte die Aufgabe der Pläne.
Bei der Betrachtung des Bildes fällt auf, daß die Architektur der Schlachtschiffe der BISMARCK-Klasse der der Schweren Kreuzer sehr ähnelt und zwar insbesondere hinsichtlich der paarweisen Aufstellung der schweren Artillerie, der Anordnung des Turmmast-Schornsteins und der Ausführung der abgestumpften Turmmasten, sowie der halbkugelförmigen Fla-Leitstände.

With a full displacement of 52,600 tons, the TIRPITZ displaced 2,600 tons more than the BISMARCK and, as such, was the largest ship built in German shipyards and used in action. The construction of more battleships was originally not going to be stopped there. Further additions to the fleet under the "Z Plan", six further battleships, had been given permission. These super battleships were to have a displacement of over 62,000 tons. The outbreak of the Second World War came to early for the German Naval Command and these plans had to be dropped.
From this picture, it is apparent that the design of the battleship of the BISMARCK class was very similar, particularly the layout of the guns in double mountings, the position of the tower-mast funnel and the short tower-masts.

The Alta Fjord was one of the hiding-places of the TIRPITZ from March 1943 to October 1944. The fog which tended to form around the battleship and its environs and the large number of land and ship-based AA guns did not prevent the British from achieving a successful air attack on the TIRPITZ. The heavily damaged TIRPITZ had to be towed from 15th to 17th October to the Sande Sound. The picture overleaf clearly shows the nets around the TIRPITZ and the area around the Alta Fjord. On 22nd September 1943, British midget submarines (X5, X6 and X7) succeeded in breaking through the nets and attacking the battleship. All three submarines were destroyed. However, X6 did manage to fix a mine under the stern of the TIRPITZ. The mine was detonated and inflicted heavy damage; several turbines broke loose, all three propeller shafts were bent, the rudder was severely damaged, the hull was holed and several rooms were flooded.

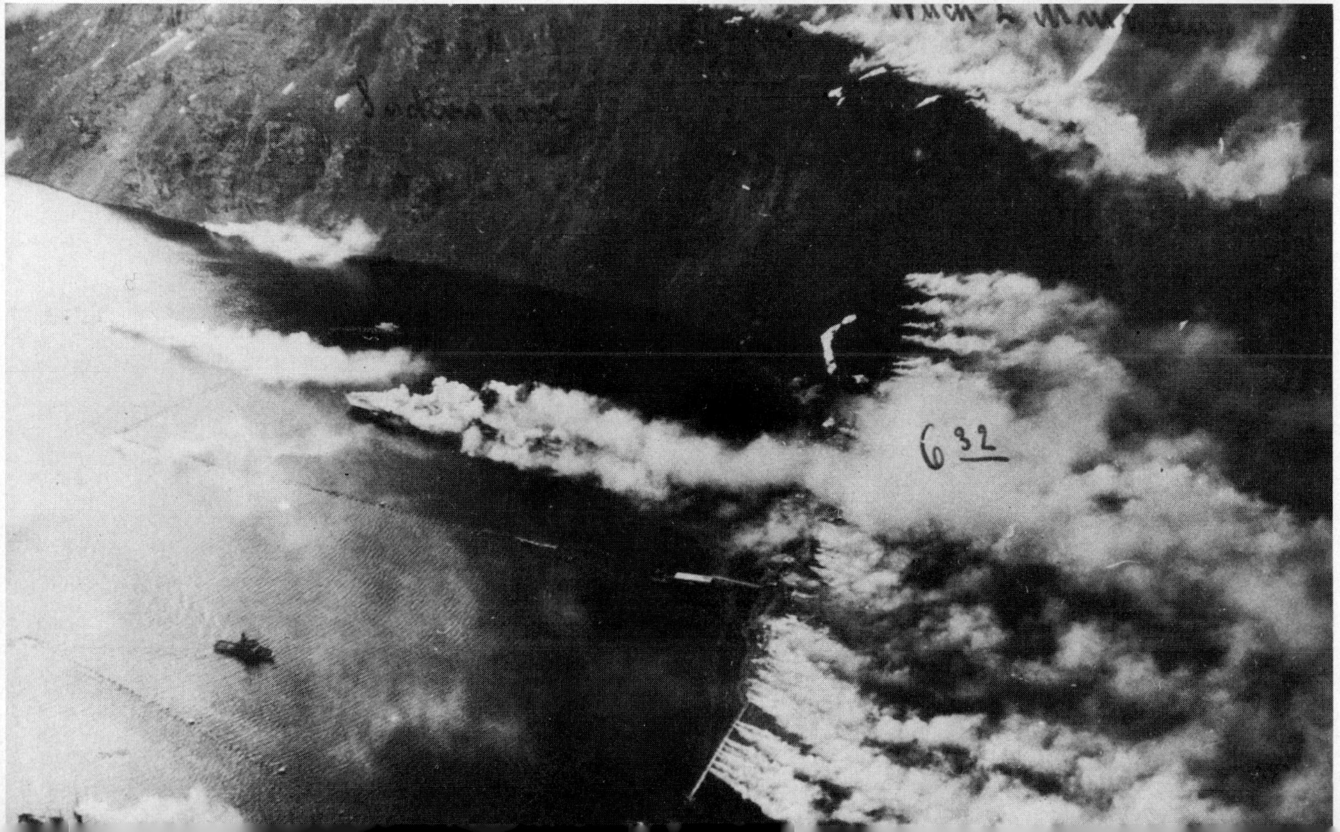

Hier eines der Verstecke der TIRPITZ, der Altafjord, in dem sich das Schlachtschiff vom März 1943 bis Oktober 1944 aufhielt. Das Einnebeln des Schlachtschiffes und seiner Umgebung sowie die hohe Anzahl land- und bordgestützter Fla-Geschütze konnte die Briten nicht davon abhalten, erfolgreiche Luftangriffe gegen die TIRPITZ zu fliegen. Sie führten letztlich dazu, daß die TIRPITZ schwer angeschlagen vom 15. bis 17. Oktober 1944 mit Schlepperhilfe in den Sandesund verlegte. Die umseitige Abbildung zeigt deutlich die TIRPITZ im Netzkasten und die nähere Umgebung des Altafjords. Durch diese Netzsperre gelang am 22. September 1943 den britischen Klein-U-Booten X5, X6 und X7 der Angriff gegen das Schlachtschiff. Alle drei U-Boote wurden zerstört. X6 gelang es jedoch, vorher eine Mine unter dem Heck der TIRPITZ zu befestigen. Die Detonation der Mine verursachte schwere Schäden: Mehrere Turbinen waren in den Lagern gelockert, alle drei Schraubenwellen verbogen, Ruder stark beschädigt; die Lager der achteren 38 cm Turm-Anlage wurde beschädigt, es entstanden Risse im Schiffsboden, wodurch einige Räume voll Wasser liefen.

6 22
Nebelbatt. „K"
Kvaenvikbucht →
RAG's
2 cm
Nymphe
4 cm
Zerstörer
Thetis
Kaafjord

Kriegseinsätze und Verbleib

Schlachtschiff TIRPITZ

Stapellauf 1.4.1939 Kriegsmarinewerft Wilhelmshaven
in Dienst gestellt 25.2.1941

Haupteinsätze:

Ab März 1941	Erprobung in der Ostsee.
Januar 1942	TIRPITZ und ADMIRAL SCHEER wurden von Wilhelmshaven nach Drontheim verlegt.
5. – 9. März 1942	1. Feindfahrt vom Einsatzhafen Drontheim als Flaggschiff in das nördliche Eismeer auf einen Geleitzug nach Murmansk (Convoy PQ-8 und PQ-12). Angriff brit. Trägerflugzeuge ohne Erfolg, desgl. Angriff eines brit. Unterseebootes. Einlaufen in die Bogenbucht bei Narvik.
Jahreswende 1942/43	Längere Werftzeit im Loofjord.
März 1943	In die Bogenbucht bei Narvik, kurz darauf in den Kafjord, einen Nebenarm des Altafjords verlegt.
6. – 7. September 1943	TIRPITZ, SCHARNHORST und mehrere Zerstörer führten ein Unternehmen gegen Spitzbergen durch. Zerstörung des alliierten Stützpunktes.
22. September 1943	(siehe vohergehende Seite).
Sept. 1943 – März 1944	5 volle Monate Reparatur.
5. April 1944	Großangriff brit. Trägermaschinen in mehreren Wellen. TIRPITZ von insgesamt 15 Bomben getroffen. 108 Tote und 284 Verwundete.
17. April 1944	Neuer Flugzeugangriff, aber nur 1 Bombe traf die TIRPITZ. Diese Bombe durchschlug zum ersten und einzigen Male beide Panzerdecks. Sie blieb im E-Schaltraum als Blindgänger stecken.
22. – 29. August 1944	Weiter Angriffe britischer Flugzeuge.
14. Oktober 1944	Aus Nordrußland kommend, griff ein viermotoriges Langstreckenbombergeschwader die TIRPITZ an. Ein Bombentreffer auf dem Vorschiff. TIRPITZ ist nicht mehr einsatzfähig.
17. Oktober 1944	Festmachen im Sandesund.
12. November 1944	Angriff von 32 Lancaster-Langstreckenbomber. Der Jagdverband der Luftwaffe startete zu spät. Die erste Welle der Bomber erzielte bereits 3 Treffer. TIRPITZ erhielt 60 Grad Schlagseite. Bis auf einige leichte Flak fielen alle Waffen aus. Weitere Bomben rissen die Backbord-Bordwand zum Teil weg, und durch den Wassereinbruch drehte sich das Schiff auf insgesamt 135 Grad und schloß damit den größten Teil der unter dem Panzerdeck befindlichen Besatzung ein. Damit war die TIRPITZ vernichtet. Verluste bei diesem letzten Angriff: 902 Mann, darunter 28 Offiziere. Gerettet wurden 806 Mann.

War History & Whereabouts

Battleship TIRPITZ

Launched on 1st April 1939 from the Naval Shipyard in Wilhelmshaven
Commissioned 25th February 1941

Main Actions:

From March 1941	*Trials in the Baltic,*
January 1942	*TIRPITZ and ADMIRAL SCHEER transferred from Wilhelmshaven to Drontheim*
5th – 9th March 1942	*First action against the enemy from her base in Drontheim as flagship. Went to the Arctic Ocean to attack shipping going to Murmansk (Convoys PQ-8 and PQ-12). Attacks by British carrier aircraft and submarines were unsuccessful. Sailed into the Bow Bight near Narvik.*
Winter 1942/43	*Long stay in dock in the Loo Fjord.*
March 1943	*Transferred to the Bow Bight near Narvik, then shortly afterwards to the Ka Fjord, a tributary of the Alta Fjord.*
22nd September 1943	*British midget submarines (X5, X6 and X7) broke through the torpedo nets and attacked the TIRPITZ. All three submarines were destroyed. However, X6 did manage to fix a mine under the stern of the battleship which exploded, causing severe damage. Several turbines were broken loose, all three propeller shafts bent and the rudder damaged. Furthermore, the hull was holed and several rooms flooded.*
Sept. 1943 – March 1944	*Five months of repairs.*
5th April 1944	*Attack by several waves of British Carrier planes. TIRPITZ hit by a total of 15 bombs. 108 dead and 284 wounded.*
17th April 1944	*A further air attack. Only one bomb hit the TIRPITZ. It was the first and only to penereate both armoured decks. It did not explode and came to rest in the switch room.*
22nd – 29th Aug. 1944	*Further attacks by British aircraft.*
15th October 1944	*A squadron of four-engined long-range bombers coming from North Russia attacked the TIRPITZ. One bomb struck the front of the ship. The TIRPITZ was put out of action.*
15th October 1944	*TIRPITZ towed out of the Ka Fjord.*
17th October 1944	*Moored in the Sande Sound.*
12th November 1944	*Attacked by 32 Lancaster bombers. The Luftwaffe's fighters took off too late. The first wave of the bombers scored three hits. TIRPITZ listed 60 degrees. All weapons except for a few light AA guns were knocked out. Further bombs ripped part of the port side away. Flooding caused the ship to list 135 degrees and trapped a large part of the crew under the armoured deck. The TIRPITZ was thus destroyed. The losses in this last attack were: 902 men, including 28 officers, 806 men were rescued.*

TECHNISCHE ANGABEN AUF EINEN BLICK

Name	Schiffstyp	Bauwerft	Bauzeit	Schiffsgewicht (ts)	Abmessungen Lg.	Br.	Tfg.	Leistung (PS)	Geschwindigk. (Kn)	Seeausdauer (sm/Kn)	Brennstoffvorrat feste (t)	flüssige (m^3)
1	2	3	4	5	6	7	8	9	10	11	12	13
Schlesien	Linienschiff Schulschiff	F. Schichau Danzig	04-08 26-27 35	14.400 13.400	127,6	22,2	8,25	22.000i	19,1	4.800/12 3.400/16	1.720	200
Hessen	Linienschiff Schulschiff	Germania- Werft Kiel	02-05 23-25 29-30	14.600 13.400	127,7	25,6	8,10	16.000i	18,2	6.500/10 3.470/16	1.670	240
Berlin	Kleiner Kreuzer	Kaiserl. Werft Danzig	02-05 21-23	3.880	111,1	13,3	5,60	12.240 i	23,2	4.270/12	860	–
Arcona	Kleiner Kreuzer	A.G. Weser, Bremen	01-03 11-12	3.230 2.750	105,0	12,4	5,00	8.580i	21,5	4.730/12	710	–
Emden	L. Kreuzer d. Emden Klasse	Reichsmarine- werft Wilhelmshaven	21-25 33-34	6.990 5.600	155,1	14,3	5.90	46.500w	29,4	5.300/18	–	1.266

Bewaffnung: Schiffskanonen (cm)		Bewaffnung: Flugabwehrkanonen (cm)		Bewaffnung: Torpedorohre (cm)	Panzerung: Wasserl. (mm)	Panzerung: Deck (mm)	Panzerung: Kom. (mm)	Panzerung: Art. (mm)	Besatzung	Bemerkungen
14	15	16	17	18	19	20	21	22	23	24
4 x 28	12 x 15	4 x 8,8	4 x 3,7 4 x 2,0	4 x 50	240	40	300	280	29, 559	Sp. 15 – 17: Stand 1936/1937 zuletzt 6 x 10,5 cm; 10 x 4 cm und 22 x 2 cm. Ohne 15 cm. Sp. 23: zusätzlich 214 Seekadetten, zuletzt ca. 750 Mann
4 x 28	12 x 17 4 x 8,8	4 x 8,8	–	4 x 50	225	40	250	300	35, 708	Stand der Bewaffnung etwa 1931
entf.	8 x 10,5	keine	keine	2 x 50	keine	35	100	keine	14, 274	Sp. 6: nach Umbau 113,8 Sp. 22: Geschütze hinter Schilden aufgestellt.
entf.	10 x 10,5	keine	keine	2 x 50	keine	25	80	keine	14, 243	Sp. 22: Geschütze hinter Schilden aufgestellt Sp. 16/17: Als Flak-Kreuzer mit 5 x 10,5 cm; 2 x 3,7 cm und 4 x 2 cm bewaffnet
8 x 15	–	3 x 8,8	4 x 3,7 14 x 2	2 x 2 - 50,0	50	40	100	20	19, 464	Zu Sp. 17: gilt ab 1938/43 Zu Sp. 23: als Schulschiff 29/ 445 + 162 Seekadetten

Die obigen Daten entsprechen den Angaben aus Erich Gröner, "Die Deutschen Kriegsschiffe 1815 – 1945".

Fortsetzung auf Seite 188

DIE FLUGZEUGEINRICHTUNGEN AUF DEUTSCHEN KRIEGSSCHIFFEN

Die Kriegsmarinen waren seit je her bemüht, ihren Beobachtungsradius zu vergrößern. Zunächst waren es Korvetten und Fregatten, die speziell für diese Aufgaben entwickelt und eingesetzt wurden. Die Fregatten und Korvetten ersetzte man dann gegen Ende des vorigen Jahrhunderts durch Kreuzer. Das Erscheinen der ersten Flugzeuge wurde von den Marinedienststellen zunächst ignoriert. Zu abenteuerlich war der Gedanke, "Flugapparate" für militärische Zwecke und sogar vielleicht von Kriegsschiffen aus starten zu lassen. Dessen ungeachtet bemühten sich einige vorausschauende und energische Männer, Flugzeuge für die Marine dienstbar zu machen. Bereits im November 1910 gelang der erste erfolgreiche Start von einem Schiff.
Es handelte sich hierbei um den leichten US-Kreuzer BIRMINGHAM, der zu diesem Zweck mit einer zum Bug geneigten, 25 Meter langen Rampe ausgestattet worden war. Dieser erste Start erfolgte zwar von einem Kriegsschiff, blieb jedoch einem Zivilisten vorbehalten.
Der erste rein militärische Einsatz eines Flugzeuges von einem Kriegsschiff aus fand anläßlich der Skagerrak-Schlacht am 31. Mai 1916 statt, als ein britisches Wasserflugzeug gegen die deutschen Linien aufklärte. Zunächst mußte das Flugzeug aber noch zu Wasser gelassen werden, um starten zu können. Dieses war der erste Schritt, um die Kriegsschiffe mit "weitreichenden Augen" zu versehen. Abgesehen davon, daß schon ab 1917 die ersten Trägerflugzeuge wirkungsvoll eingesetzt wurden, waren die zuständigen Marinedienststellen ebenfalls bemüht, Flugzeugen auch von knapp bemessenem Schiffsraum aus, Startmöglichkeiten zu geben. Hierzu gehörten insbesondere Leichte bzw. Schwere Kreuzer und Schlachtschiffe. Als Starthilfe wurde bei den Marinen allgemein das luftdruckbetriebene Katapult eingeführt. Die ersten deutschen Kriegsschiffe, die mit diesen Startgeräten ausgestattet wurden, waren die drei Leichten Kreuzer der Königsberg-Klasse. Ab 1934 verfügten sie über je ein Katapult und zwei Schwimmerflugzeuge.
An der Entwicklung und dem Bau von Katapult-Anlagen war der Flugzeugkonstrukteuer Heinkel maßgeblich beteiligt. Die ersten Heinkel-Anlagen wurden bereits in den 20er Jahren auf Kriegsschiffen der Kaiserlichen Japanischen Kriegsmarine erfolgreich erprobt.
Die Abbildung zeigt einen Doppeldecker des Musters He 60. Bei dem Flugzeugtyp im Hintergrund handelt es sich wahrscheinlich um eine W 33 der Flugzeugwerke Junkers. Die Aufnahme entstand auf einem Kreuzer der Königsberg-Klasse.

THE AIRCRAFT USED ON GERMAN WARSHIPS

Navies are always striving to increase their radius of observation. At first, they used corvettes and frigates which had been especially developed for this. Towards the end of the last century, they were replaced by cruisers. Naval staffs at first ignored the appearance of the first aircraft. To think of using "flying machines" for military purposes and even perhaps to fly them off of warships was too fantastic. In spite of that, a few forward-looking and energetic men worked to make planes suitable for the navy. As early as 1910, the first successful take off from a ship was achieved.
This was on the American light cruiser BIRMINGHAM which had been fitted with a 25 m long ramp inclining to the bows for this test. This first take off may well have been from a warship, but it was done by civilians.
The first purely miltary use of an aircraft from a warship took place in the Battle of Skagerrak on 31st May 1916 when a British seaplane scouted out the German line. The plane did have to be set down in the water to take off, but this was the first attempt to equip warships with "far-seeing eyes". Even though the first effective aircraft carriers were introduced, the responsible navy office was still interested in planes that could take off from small areas of a ship, especially heavy and light cruisers and battleships. For take off, all navies used a catapult driven by air pressure. The first German warships to have such apparatus were the three light cruisers of the Königsberg class. From 1934, each of these had one catapult and two floatplanes.
The aircraft designer Heinkel was heavily involved in the development and building of catapult apparatus. The first Heinkel apparatus was successfully tested in the 1920s on warships of the Imperial Japanese Navy.
This picture shows a He 60 biplane. The aircraft in the background is probably a Ju 33 made by Junkers. The photo was taken from a cruiser of the Königsberg class.

Katapultanlage auf dem Schlachtschiff GNEISENAU. Während des Startvorgangs wurden die Scheinwerferstände abgesenkt.

Catapult on the battleship GNEISENAU. The search-light platform was lowered during taking off.

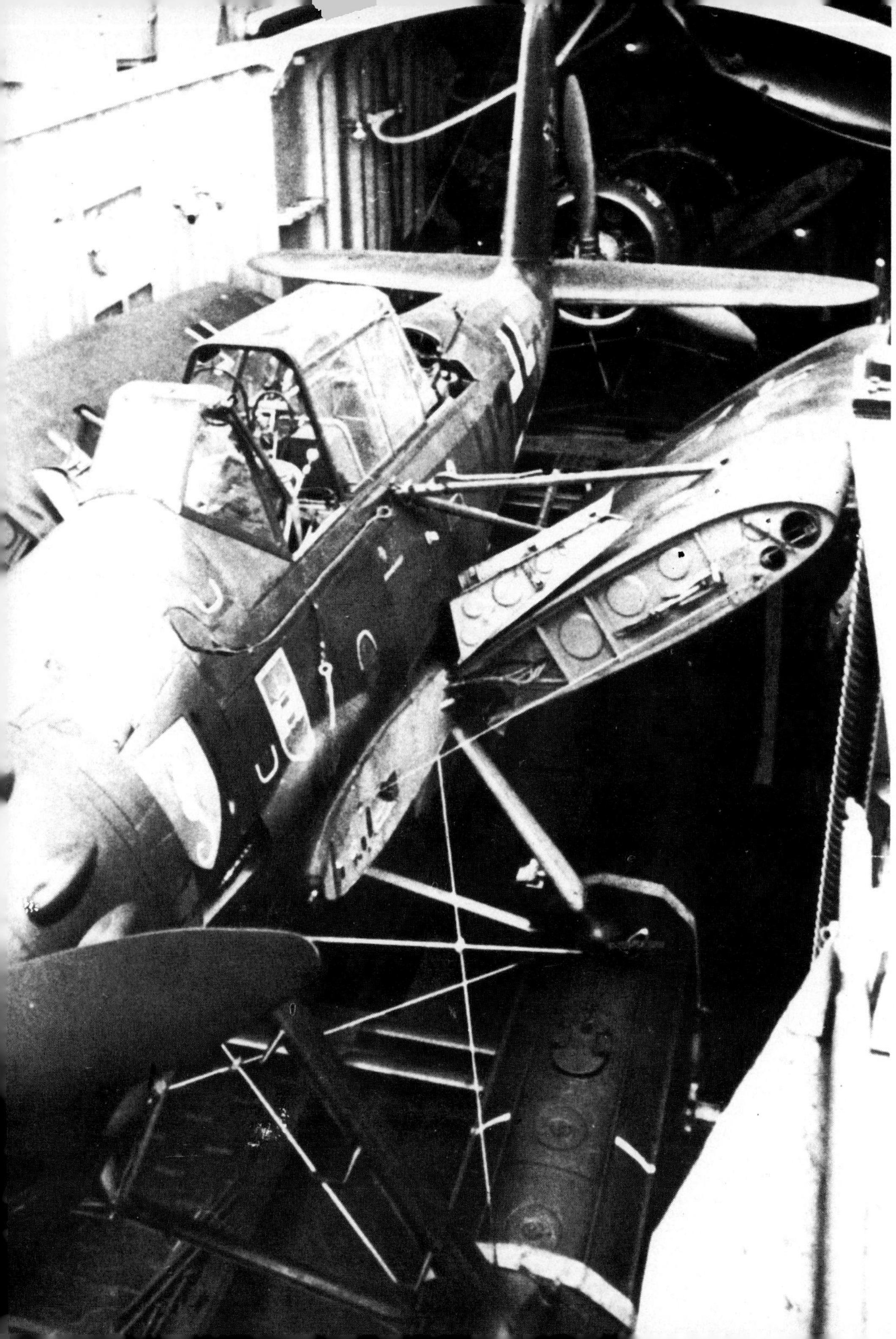

Den größten Einheiten der Deutschen Kriegsmarine standen Bordflugzeuge mit Katapultanlagen zur Verfügung, und zwar erhielten die

- Leichten Kreuzer ab 1934/35 je zwei Bordflugzeuge, (EMDEN ohne)
- Panzerschiffe ebenfalls je zwei Bordflugzeuge mit je einem Katapult,
- Schwere Kreuzer je drei Bordflugzeuge mit ebenfalls je einem Katapult,
- Schlachtschiffe der Scharnhorst-Klasse je vier Bordflugzeuge mit anfänglich zwei, später je einem Katapult,
- Schlachtschiffe der Bismarck-Klasse je sechs Bordflugzeuge mit je einem Doppelkatapult.

Auf den Schlachtschiffen sowie den Schweren Kreuzern wurden Bordflugzeuge teilweise in Bereitschaftshangars untergebracht, andere zur Reserve in demontiertem Zustand mitgeführt.

Nachfolgend eine Beschreibung des Flugbetriebes und der dazugehörigen technischen Einrichtungen auf den Schweren Kreuzern HIPPER und PRINZ EUGEN. Die Flugzeughalle befindet sich zwischen dem Schornstein und dem Großmast. Hier konnten zwei Bordflugzeuge untergebracht werden. Die Abmessungen der Halle betragen in der Breite 5,50 Meter bei einer Länge von ca. 22 Metern. Sie reicht über zwei Decks mit einer Höhe von ca. 4,80 Metern. Der Hangar kann beiderseits vom Mitteldeck aus betreten werden. Aus Platzgründen können die Flugzeuge – Ar(ado) - 196 – nur mit seitlich und nach hinten beigeklappten Tragflächen abgestellt werden. (Siehe Abbildung auf dieser Seite). Die Halle wird so geöffnet, indem ein Teil der Abdeckung nach achtern aus in Richtung des Großmastes geschoben wird. Bei HIPPER werden die schräg angeordneten Seitenwände der Flugzeughalle weggeklappt. Das Flugzeug kann dann hydraulisch angehoben werden (siehe nebenstehende Abbildung).

The larger units of the German Navy all had planes on board with catapults and these were allocated as follows:

- *Light cruisers from 1934/35, two planes each.*
- *Armoured ships also two planes with one catapult.*
- *Heavy cruisers three planes with one catapult.*
- *Battle cruisers of the Scharnhorst class four planes with at first two, then later one catapult.*
- *Battleships of the Bismarck class six planes with one double catapult.*

On both the battleships and the heavy cruisers some of the planes were kept ready in the hangars. Others were carried in store in parts.
Below is a description of the use of aircraft and the equipment on the heavy cruisers HIPPER and PRINZ EUGEN:
The aircraft hangar was placed between the funnel and main mast. Two shipbourne planes could be stored in it. The dimensions of the hangar were 5.50 m wide by about 22 m long. It rose over two decks with a height of about 4.80 m. The hangar could be reached from both sides of the middle deck. Due to lack of space, the aircraft – Arado 196s – could only be towed with the wings folded up to the rear. The hangar was opened in such a way that part of the cover was pushed in the direction of the main mast. On the HIPPER the sloped side walls of the hangar were folded away. The plane was then lifted out hydraulically.

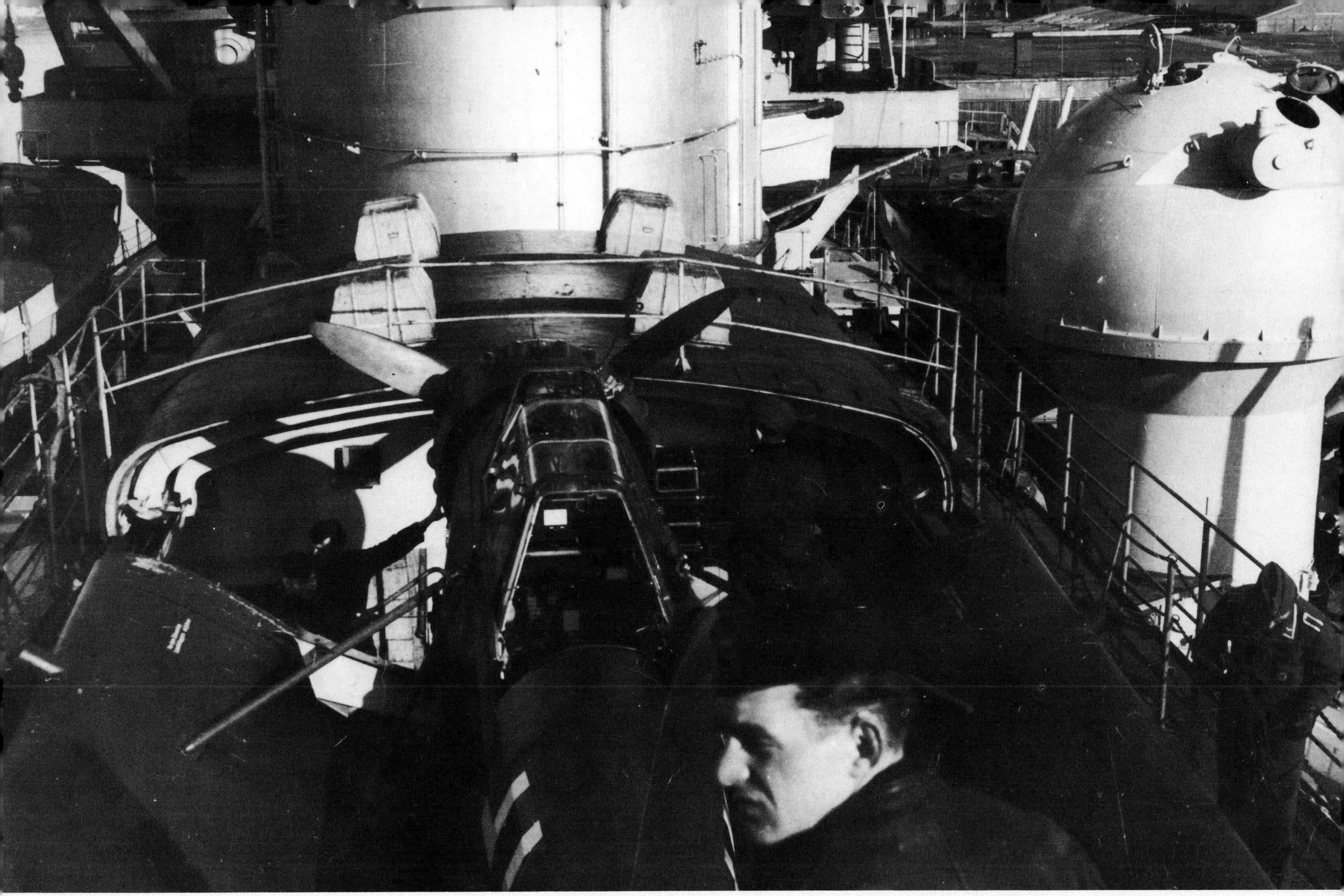

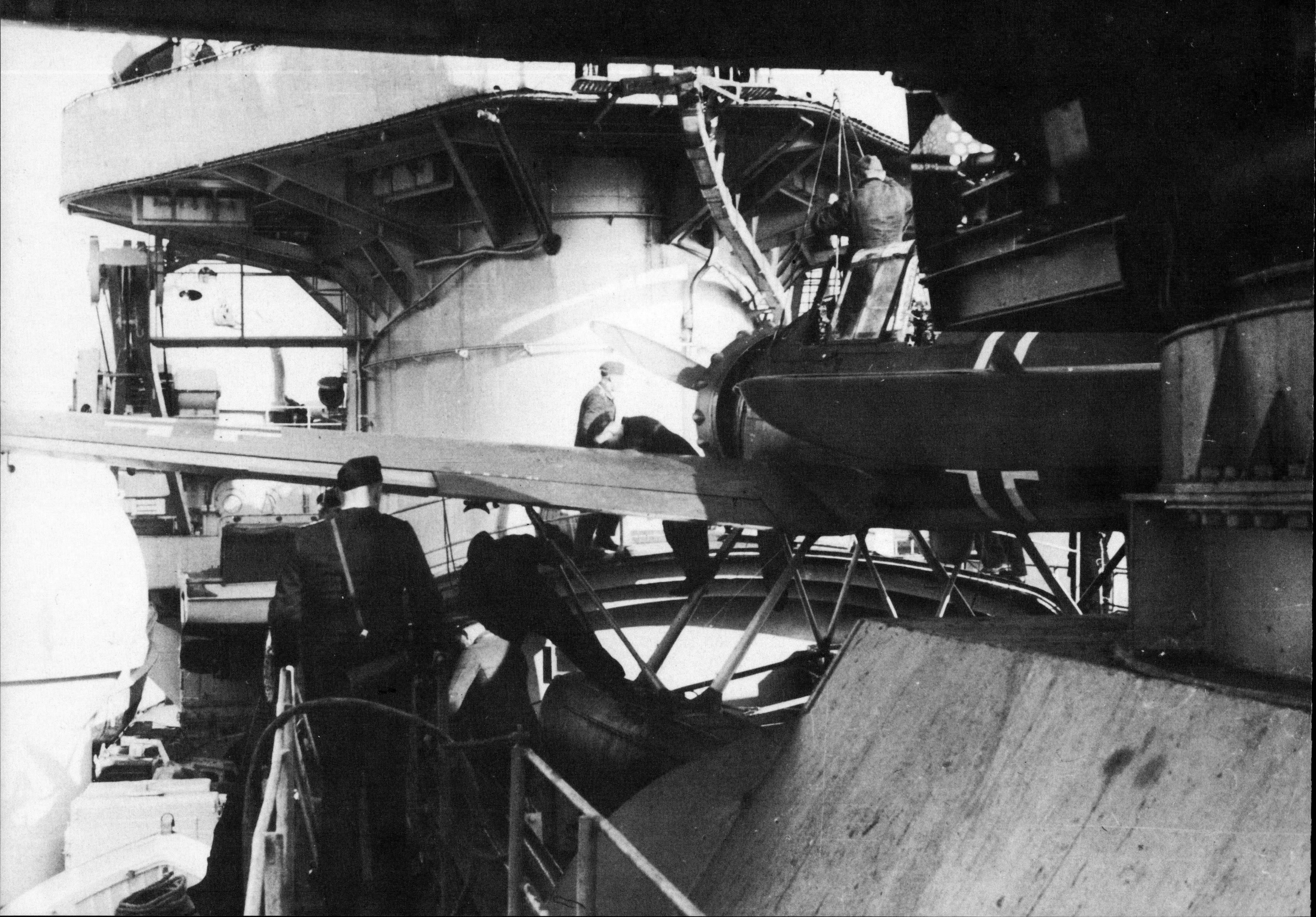

Vorherige Seiten:
Die Tragflächen der "Arado" sind aufgeklappt. Gerade wird das Ladegeschirr angebracht, um das Flugzeug aus der Halle herauszuheben. Die linke Abbildung verdeutlicht Einzelheiten des Schleuderunterbaus. Der Bb-Bordkran hat die Maschine jetzt so weit angehoben, daß sie auf das Katapult gesetzt werden kann (PRINZ EUGEN). Um das Bordflugzeug aus der Halle freizubekommen, muß die Flugzeugschleuder in eine Position um 90 Grad zur Schiffsachse gedreht werden.

Previous page:
The wings of the "Arado" folded up. The loading device is just being connected so that the plane can be lifted out of the hangar. The picture left shows details of the catapult frame. The crane has lifted the machine far enough for it to be loaded onto the catapult (PRINZ EUGEN). To get the plane clear of the hangar, the catapult has to be turned 90° to the axis of the ship.

Links:
Erst in dieser Position (Werftaufnahme – PRINZ EUGEN) wird das Flugzeug aus Sicherheitsgründen betankt und startklar gemacht. Das Flugbenzin wird durch Rohrleitungen von Unterwasserzellen im Achterschiff zur Schleuder gedrückt. Die Abbildung macht deutlich, daß das Flugzeug auf ein Katapultgestell aufgesetzt ist. Zusammen mit dem Flugzeug wird es fast explosionsartig bis zum Endpunkt der Katapultmaschine gerissen. Für den Startvorgang selbst steht der "Arado" auf der Schiene der Flugzeugschleuder eine Strecke von insgesamt 14 Metern zur Verfügung. Um einen sicheren Start zu gewährleisten, muß die Maschine mit einem Abfluggewicht von bis zu 3.730 kp auf dieser kurzen Strecke auf eine Geschwindigkeit von ca. 130 km/h, das sind ca. 36,1 m/sec, beschleunigt werden.

Left:
Only in this position, for safety reasons, the plane can be fueled and made ready for take-off. (Shipyard photo of PRINZ EUGEN). The airplane fuel is pumped through a series of pipes by batteries below the waterline from astern to the catapult. The picture shows clearly how the plane was placed on the catapult device. Together with the plane it was thrown almost like an explosion to the end of the catapult machine. For take-off, the "Arado" had a 14 m length of rail. To achieve a safe take-off, the plane had to have a take-off weight of up to 3,730 kp at a speed of about 130 km/h. For this short distance, it accelerated about 36.1 m/s.

Das Flugzeug ist aufgetankt und aufmunitioniert. Die Katapultanlage hat in den Wind gedreht. Die Maschine ist jetzt startbereit.
Das Staffelzeichen an der Rumpfvorderseite – ein silbernes Seepferdchen auf blauem Grund – weist aus, daß die Maschine zur Bordfliegerstaffel 196 gehört. Diese Luftwaffeneinheit war in Wilhelmshaven stationiert.

The plane is fueled and loaded with ammunition. The catapult is turned towards the wind. The machine is now ready for take-off.
The flight marking is on the front of the fuselage. It is a silver sea horse on a blue field, and indicates that the machine is part of Shipboard Flight 196. This Luftwaffe unit was stationed in Wilhelmshaven.

Der Pilot und der Beobachter sind zwischenzeitlich an Bord der "Arado" gegangen. Die Abbildung zeigt die "Arado" Bruchteile von Sekunden, bevor sie sich von dem Katapultgestell löst. Danach wird sie aufgrund des Eigengewichtes einen leichten Bogen zur Wasseroberfläche hin beschreiben, ehe sie schließlich aufsteigen kann.

The pilot and observer have meanwhile climbed aboard the "Arado". The photo shows the "Arado" split seconds before it was thrown from the catapult. Because of its weight, it then fell in a curve towards the water before it could begin to climb under its own power.

Die beiden Abbildungen vermitteln einen guten Eindruck über die Startanlage eines Schweren Kreuzers (PRINZ EUGEN). Auf dem oberen Bild ist die Katapult-Schiene bereits ausgeschwenkt. Das Bordflugzeug ist auf das Startgestell aufgesetzt worden, und die Besatzung macht sich abflugbereit. Seitlich an der Katapult-Schiene erkennt man einen der Preßluftbehälter, die die erforderliche Energie für den Startvorgang liefern, ferner den Drehkranz des Katapult-Unterbaus mit den notwendigen Bedienungselementen, die von Luftwaffenangehörigen bedient werden.
Die untere Abbildung stellt die Verlängerung der oberen dar. Beide machen deutlich, wie wenig Platz der gesamten Katapultanlage zur Verfügung steht.

Both pictures give a good idea of the take-off apparatus of a heavy cruiser (PRINZ EUGEN). The picture above shows the catapult rails already turned out. The plane has been placed upon the catapult and the crew is preparing it for take-off. At the side of the catapult rails is the bottle of compressed air which provided the power for the take-off. Also to be seen is the turntable of the catapult substructure with its operating attachments which were operated by Luftwaffe personnel.
The lower picture continues on from that above. Both show clearly how little room there was for the catapult equipment.

Photo on page 69:
The battleships BISMARCK and TIRPITZ had, except of course for aircraft carriers, the most comprehensive and numerous aircraft apparatus that have ever been seen on a warship. In the centre of the picture on the right, the double catapult with the take-off equipment which telescoped out for the take-off procedure can be seen. With this apparatus, the planes could take off to port as well as to starboard. When not in use, the catapult was lowered (see illus.) and covered with the deck plates. Astern of it was the large hangar with planes ready for use. The door is half open. Four planes could be stored in it. On both sides of the funnel there was another hangar which is not shown here. The crane visible on the port side of the funnel is also to be found on starboard. The two cranes clearly for the aircraft complete the picture.

Die Linienschiffe SCHLESWIG-HOLSTEIN (Vordergrund) und SCHLESIEN nach ihrem großen Umbau im Jahre 1927. Diese beiden Großkampfschiffe wurden gebaut, als die Prinzipien der Nelsonschen Flottentaktik noch gültig waren. Bereits zu Beginn des Ersten Weltkrieges waren sie veraltet. Gleichwohl verblieben sie noch im Flottenbestand der Kaiserlichen Marine, der Reichsmarine und der Deutschen Kriegsmarine. In der Zeit von etwa 1926 bis 1933 waren sie die beiden einzigen großen Einheiten, die Deutschlands Anspruch auf Seegeltung vertraten.

Ships of the line SCHLESWIG-HOLSTEIN (foreground) and SCHLESIEN after their major refit in 1927. Both these warships were built when the principles of Nelson's tactics were still used. Even at the start of the First World War, they were old-fashioned. Nevertheless, they were kept operational in the Imperial Navy, in the Reich Navy and in the German Navy.
From around 1926 to 1933, they were the last two major warships wich kept Germany's flag flying on the high seas.

Schlachtschiff Bismarck

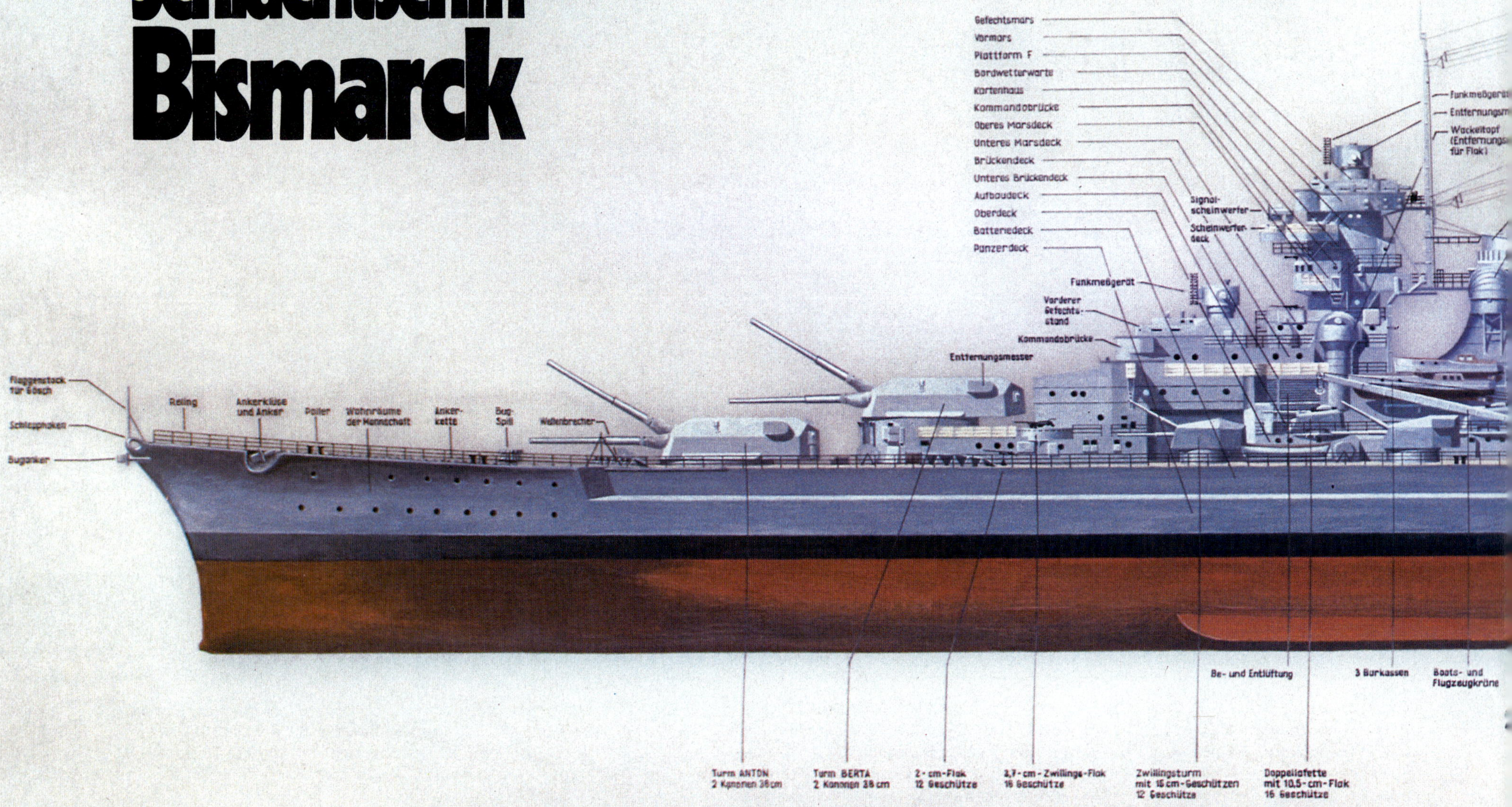

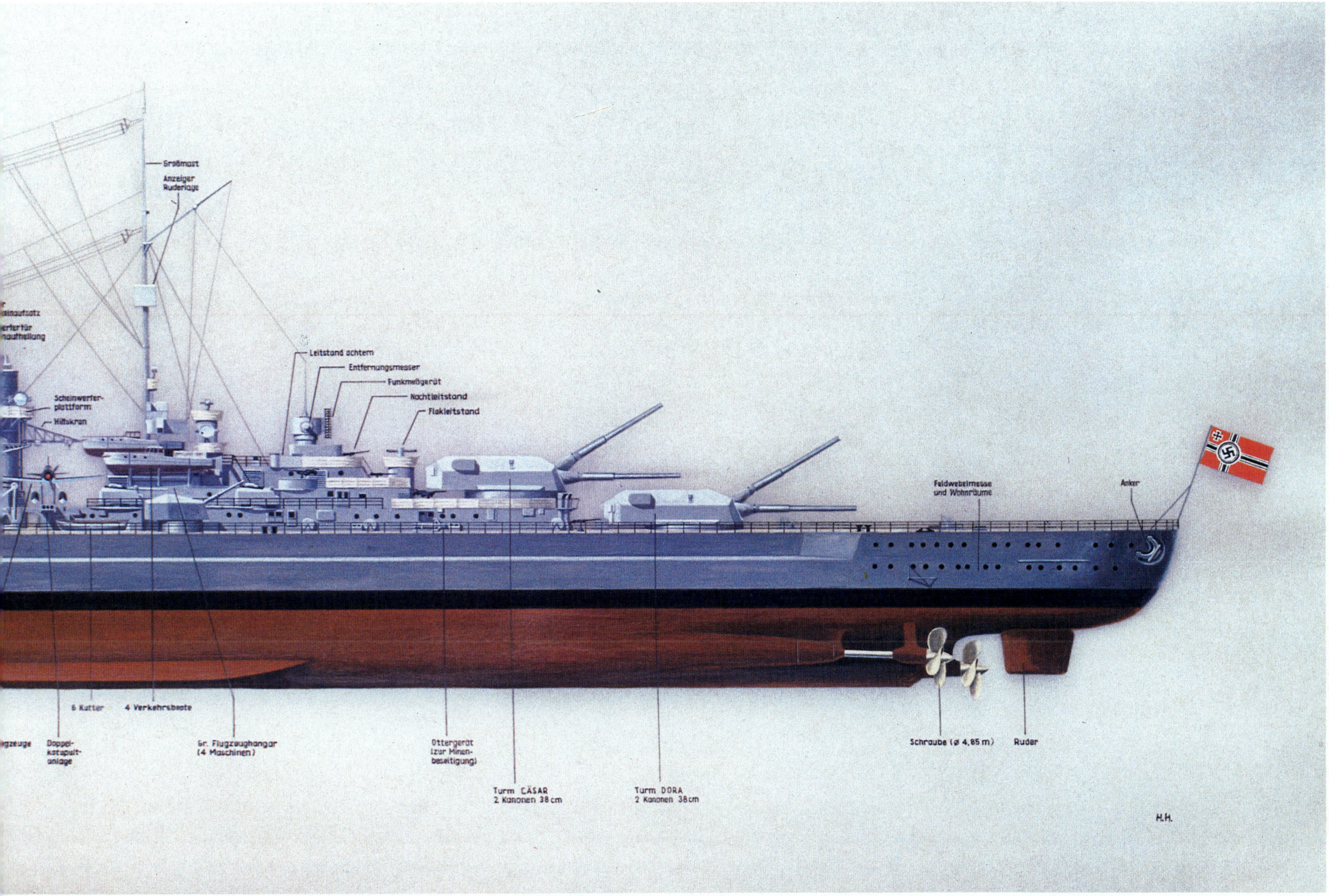

Großmast
Anzeiger Ruderlage
Scheinwerferplattform
Hilfskran
Leitstand achtern
Entfernungsmesser
Funkmeßgerät
Nachtleitstand
Flakleitstand
Feldwebelmesse und Wohnräume
Anker
6 Kutter
4 Verkehrsboote
Doppel-katapult-anlage
Gr. Flugzeughangar (4 Maschinen)
Ottergerät (zur Minen-beseitigung)
Turm CÄSAR 2 Kanonen 38 cm
Turm DORA 2 Kanonen 38 cm
Schraube (ø 4,85 m)
Ruder
H.H.

Schlachtschiff TIRPITZ in einem norwegischen Fjord.

The battleship TIRPITZ in a Norwegian fjord.

Die Schlachtschiffe BISMARCK und TIRPITZ verfügten, abgesehen von Flugzeugträgern, über die umfangreichsten und aufwendigsten Flugeinrichtungen, die je auf Kriegsschiffen untergebracht worden waren. In der Mitte der rechten Abbildung erkennt man den Doppelkatapult mit dem Startgestell, der für den Startvorgang teleskopartig ausgezogen wird. Auf dieser Anlage können die Bordflugzeuge sowohl zur Steuerbord- als auch zur Backbordseite hin gestartet werden. In ungenutztem Zustand wird die Schleuder versenkt (obere Abbildung) und mit Flurplatten abgedeckt. Achterlich davon befindet sich die große Bereitschaftsflugzeughalle. Das Tor ist halb geöffnet. In der Halle können vier Flugzeuge untergebracht werden. Jeweils an beiden Seiten des Schornsteins befindet sich ein weiterer Flugzeugraum, der hier jedoch nicht abgebildet ist. Der sichtbare Arbeitskran an der Backbordseite des Schornsteins steht ebenfalls an der Steuerbordseite. Die beiden auffälligen Boots-/Flugzeugkräne vervollständigen das Bild.

DIE DEUTSCHE KRIEGSMARINE UND IHRE SEEFLUGZEUGE

Ungeachtet der Versailler Bestimmungen war bereits die Reichsmarine bemüht, eigenes Marineflieger-Personal auszubilden und eigenes Fluggerät zu entwickeln. Anfang der 30er Jahre standen ihr – und dem entsprechenden Personal – schon die ersten Kampfflugzeuge inoffiziell zur Verfügung. Mit der Erklärung der Wehrhoheit am 16. März 1933 nahmen die ersten Marinefliegerabteilungen dann ihren Betrieb auf. Jetzt wurden auch die vorher in Dienst gestellten Leichten Kreuzer der K-Klasse mit Katapultanlagen nachgerüstet.

Die Selbständigkeit der Marineluftwaffe blieb nicht von langer Dauer. Nach dem Motto "Alles, was fliegt, gehört mir" war Hermann Göring von Anfang an bemüht, den Marinefliegeranteil unter seinen Einfluß zu bringen. Mit Unterstützung Adolf Hitlers gelang es ihm, im Januar 1939 bei dem Obersten Befehlshaber der Marine eine Dienststelle des General der Luftwaffe einzurichten; und am 11. Februar desselben Jahres wurden alle selbständigen Fliegerabteilungen von Marine und Heer an die Luftwaffe abgegeben. Von da ab unterstand das Fluggerät sowie das fliegende - und das Wartungspersonal an Bord der Kriegsschiffe der Luftwaffe. Das äußere Merkmal ihrer Zugehörigkeit zu dieser Teilstreitkraft war das Tragen der Luftwaffenuniform. Lediglich die Beobachter, zugleich in der Funktion der Funker, waren zur Luftwaffe abkommandierte Seeoffiziere. Diese konnten von der Schiffsführung in den Borddienst mit einbezogen werden.

Während des Zweiten Weltkrieges wurde deutlich, daß sich die Erwartungen hinsichtlich der Wirkung der Bordflugzeuge nicht erfüllten. So war z. B. ein Schiff, wenn es keine Fahrt mehr hatte, während des Anbordnehmens von gewasserten Bordflugzeugen äußerst gefährdet. Außerdem war ihr Einsatz witterungsbedingt begrenzt. So wurde der Bestand von Bordflugzeugen einschließlich Personal im Verlauf des Krieges immer mehr verringert. Von den Leichten Kreuzern KÖLN, NÜRNBERG und LEIPZIG wurden die Katapultanlagen sogar ganz heruntergenommen.

Nachfolgend die wichtigsten Seeflugzeuge, die in größerer Anzahl für die Deutsche Kriegsmarine entwickelt und geflogen worden sind.

Links:
Diese Abbildung zeigt die große Flugzeughalle auf der BISMARCK, in der vier Ar 196 untergebracht werden konnten. Hier konnten die Flugzeuge auch gewartet und in flugfertigen Zustand (bis auf das Auftanken) gebracht werden.
Das Teleskopkatapult war unsichtbar unter die Decksplatten abgesenkt.

THE GERMAN NAVY AND ITS SEAPLANES

In contravention of the Treaty of Versailles, the Reich Navy trained men for a naval air arm and developed its own planes. At the beginning of 1930s, it, and the necessary personal, already had its first planes – unofficially. With the rescinding of military restrictions on March 16th, 1933, the first naval air units were formed. The light cruisers of the K class which had been in service already were equipped with a catapult apparatus. The independence of the Naval Air Arm did not last long. With the motto "Everything that flies belongs to me", Hermann Göring wanted right from the beginning to bring the Naval Air Arm under his influence. Supported by Hitler, he succeeded. In January 1939, a position for a Luftwaffe general was created in the Supreme Command of the Navy. On 11th February, all independent air sections in both the Army and the Navy were handed over to the Luftwaffe. From then onwards, the machines, the air crews and even the support personnel on board a warship were part of the Luftwaffe. The obvious sign of their allegiance to this arm was the wearing of Luftwaffe uniforms. Even the observers working as radio operators were naval officers attached to the Luftwaffe. They could be included in shipboard duties by the commander of the ship.

During the Second World War it became apparent that the expected effectiveness of the shipboard aircraft was not attained. For example, a ship was put at risk when taking aboard a landed seaplane if it did not have any more speed. Furthermore, its use was restricted by the seasons. The numbers of planes and crew were gradually reduced during the course of the year. On the light cruisers KÖLN, NÜRNBERG and LEIPZIG, the catapult apparatus was removed.

The following are the most important seaplanes which were developed for and flown by the German Navy in large numbers.

Left:
The picture shows the large hangar on the BISMARCK in which four Arado 196s could be stored. The aircraft in it could be prepared ready to fly (except for fueling).
The telescopic catapult was lowered out of sight under the deck plates.

Heinkel He 59
Die He 59 wurde zunächst als Fernaufklärer und mittelschwerer Bomber entwickelt. Als der Doppeldecker Anfang der 30er Jahre erschien, war er den Anforderungen des modernen Luftkrieges nicht mehr gewachsen. Gleichwohl blieb der Typ mit einigen Modifizierungen noch in den Weltkrieg hinein im Bestand der fliegenden Verbände und wurde wegen guter Flugeigenschaften als Transportflugzeug, insbesondere jedoch als Seenotrettungsflugzeug, genutzt. Als Seenotrettungsflugzeug wurde die He 59 ohne Abwehrbewaffnung geflogen.

Heinkel He 59
The He 59 was first developed as a reconnaissance plane and medium heavy bomber. When the biplane made its appearance at the beginning of the 1930s, it was not suitable for the requirements of modern air warfare. In spite of that, this model was used with a few alterations in the World War as a transport plane because of its good handling and especially as an air/sea rescue plane. As such, the He 59 had no defensive armament.

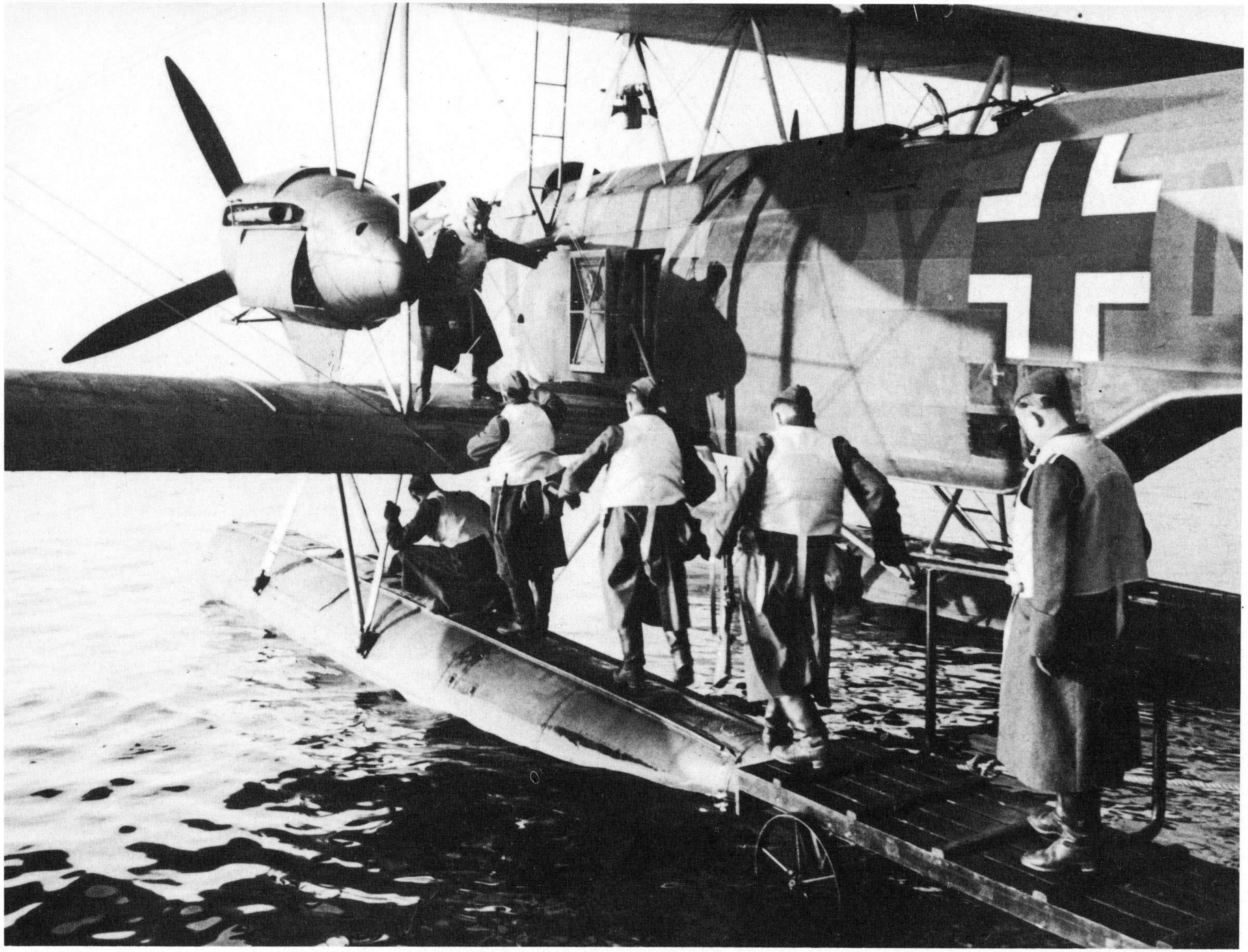

Hier begeben sich gerade sechs Luftwaffenangehörige an Bord einer He 59. Offensichtlich soll ein Personentransport durchgeführt werden, denn die vorgesehene Besatzung besteht sonst aus einem Piloten in einem

- offenen Führersitz,
- einem Navigator, gleichzeitig Schütze in einer offenen Bugkanzel (A-Stand)
- einem Funker/Schützen in dem erkennbaren, ebenfalls offenen rückwärtigen Stand. Die Lafette mit dem MG 15 ist deutlich zu sehen (B-Stand),
- einem ausschließlichen Schützen in dem ebenfalls sichtbaren unteren Stand (C-Stand). Das 7,9 mm MG ist in eine Linsenlafette eingebaut. Dieser Stand war häufig nicht besetzt, da die Maschinen in der Regel so tief flogen, daß die Waffe ohnehin nicht eingesetzt werden konnte.

Six Luftwaffe personnel are climbing on board a He 59. Apparently, it is being used as a passenger plane because the normal crew consisted of a pilot in an open cockpit, a navigator/gunner in an open cockpit (A-Stand), a radio operator/gunner in the likewise open cockpit to be seen at the rear. The carriage with the MG 15 is quite clear (B-Stand) and a gunner in the lower cockpit (C-Stand). The 7.9 mm MG is mounted in a bubble fitting. This position was usually not occupied as the plane was often flown so low that the gun could not be used.

Heinkel He 60
Ausschließlich für die Bedürfnisse der Deutschen Reichsmarine wurde die He 60 entwickelt und gebaut. Dieser Doppeldecker stand ebenfalls Anfang der 30er Jahre zur Verfügung. Die He 60 war die Erstausstattung, die als Bordflugzeuge bei der Deutschen Kriegsmarine Verwendung fand. Sie wurde hauptsächlich als Aufklärungsflugzeug eingesetzt. Zur Zeit der Einführung war der Typ aufgrund fehlender Kampfkraft und mangelnder Flugleistung bereits veraltet. Da jedoch kein anderes Bordflugzeug zur Verfügung stand, mußte die He 60 beibehalten werden, ehe sie 1939 durch die Ar 196 ersetzt werden konnte. Danach blieb die He 60 jedoch im Bestand der Luftwaffe und fand als Übungsflugzeug der Seeflieger bis zur Aussonderungsgrenze Verwendung. Der teilweise mit Stoff bespannte Doppeldecker hat zwei Mann Besatzung, die in offenen Sitzen hintereinander sitzen. Dem Beobachter kann zur Abwehr ein MG 15 mitgegeben werden.

Heinkel He 60
The He 60 was developed and built exclusively for the use of the German Navy. This biplane was also available for use at the beginning of the 1930s. It was also the first plane used on board ships of the German Navy. It was mainly used for reconnaissance. When introduced, this model was already out-of-date due to lack of fitting power and insufficient performance. But as no other shipboard plane was available, the He 60 had to be retained until it could be replaced by the Arado 196 in 1939. The He 60 however remained in service in the Luftwaffe and was used as a trainer for naval pilots until selection. This biplane, partially covered with canvas, had a two-man crew sat one behind the other in open seats. The observer had a MG 15 for defence.

GA DX

"Arado" Ar 196
Im Jahr 1939 wurde die Ar 196 bei der Luftwaffe eingeführt. Sie sollte zunächst nur als Standard-Bordflugzeug für Aufklärungszwecke verwendet werden. Aufgrund ihrer starken Offensivbewaffnung von 20 mm MG FF in den Flügeln und einem 7,9 mm MG 17 auf der Rumpfoberseite hinter der NACA-Verkleidung, sowie Mitnahmemöglichkeit für zwei 70 kp Bomben und der Wasserungseigenschaften eignete sich die Ar 196 jedoch auch ausgezeichnet zur U-Bootaufklärung und Bekämpfung sowie für Geleitschutzaufgaben. Zwei Ar 196 gelang 1940 die Kaperung des leicht beschädigten britischen U-Boots SEAL im Kattegatt.
Insgesamt wurden in den Jahren 1939 bis einschließlich 1943 435 Einheiten gebaut. Die Ar 196 war damit das meistgebaute deutsche Seeflugzeug. Die Abbildung auf der vorhergehenden Seite macht sämtliche Einzelheiten klar erkennbar: Der hintere Teil des Rumpfes war mit Stoff bespannt. Zusätzlich zu der bereits genannten Bewaffnung stand dem Beobachter zur rückwärtigen Verteidigung noch ein 7,9 mm MG 81 Z (Zwilling) zur Verfügung.

Arado Ar 196
In 1939, the Ar 196 was introduced into the Luftwaffe. It was at first only used as the standard shipboard reconnaissance plane. Because of its heavy offensive armament, two 20 mm MGs in the wings and one 7.9 mm MG 17 on the top of the fuselage behind the NACA cover together with the capacity to carry 70 kg bombs, along with its sea landing capability, the Ar 196 was especially suitable for submarine reconnaissance and attacking them as well as for escort duties. Two Ar 196s managed to seize the slightly damaged British submarine SEAL in Kattegatt in 1940.
A total of 435 were built between 1939 and 1943 inclusive. Thus the Ar 196 was the German seaplane built in largest numbers. The picture on the previous page shows a number of details. The rear sections of the fuselage were covered with canvas. In addition to the armament mentioned above, the observer had a rearward firing 7.9 mm MG 81 Z.

Eine Ar 196 (PRINZ EUGEN) kurz nach dem Aufsetzen auf dem Wasser. Mit eigener Kraft ist das Flugzeug unter den Kran geschwommen. Der Beobachter sitzt jetzt auf dem Kabinendach und befestigt den Ladehaken des Krans in einer in dem Flugzeugschwerpunkt angebrachten Aufhängevorrichtung.

An Ar 196 (PRINZ EUGEN) shortly after landing at sea. Under its own power, the plane has swum underneath the crane. The observer is sitting on the roof of the cabin and is fixing the hook of the crane onto an attachment fitted into the centre of gravity of the plane.

Auf eine Beziehung der Kriegsmarine zur Luftwaffe sollte noch eingegangen werden, obwohl es hierbei um Flugzeugmuster geht, die im ursprünglichen Sinn nichts mit der Deutschen Kriegsmarine zu tun hatten. Es handelte sich hierbei um die Flugboote, die in der Regel für Aufklärungsaufgaben der Luftwaffe entwickelt und gebaut worden waren. Häufig genug kam es vor, daß diese Flugboote zum Seenotdienst eingesetzt werden mußten. Sei es, daß ärztliche oder technische Nothilfe geleistet werden mußte; häufig geschah das über weite Entfernungen und z. T. unter schwierigsten Wetterbedingungen. Hierbei wurde den Flugbootbesatzungen höchste navigatorische Fähigkeiten abverlangt. Die obere Aufnahme vermittelt nur annähernd einen Eindruck davon. Beide Bilder entstanden im Jahr 1942 in nördlichen Gewässern und zeigen, wie U-Boote des Typs VII von Flugbooten des Musters BV (Blohm & Voss) 138 versorgt werden. Die untere Aufnahme wurde in einem norwegischen Fjord aufgenommen.
Die BV 138 verfügte über eine Besatzung von sechs Mann. Drei Junkers Jumo 205 D flüssigkeitsgekühlte Sechszylinder-Reihenmotoren mit 3 x 700 PS Startleistung verliehen dem Flugboot eine Vmax von 275 km/h. Die Eindringtiefe betrug max. 2.500 km.

A link between the Navy and Luftwaffe had yet to be accomplished although here it is a question of aircraft pattern wich originally had nothing to do with the German Navy. It is a case here of flying boats which were usually developed and built for the Luftwaffe. Often enough, these flying boats were used for sea rescues. It was often the case that medical or technical assistance had to be taken over long distances, sometimes in poor weather and so the highest navigational skills were demanded of the flying boat crews. The picture above gives only a vague impression of this. Both photos were taken in 1942 in the northern waters and they show how submarines of Type VII were supplied by flying boats such as the Blohm & Voss 138. The lower photo was taken in a Norwegian fjord.
The BV 138 had a crew of six. It was powered by three Junkers Jumo 205 D liquid cooled six cylinders inline engines with a take-off power of 3 x 700 hp giving it a top speed of 275 km/h. Its maximum range was 2,500 km.

TECHNISCHE ANGABEN DER FLUGZEUGMUSTER IN TABELLARISCHER ÜBERSICHT

Typ	Triebwerk Baumuster	Triebwerk Leistung PS	Abmessungen b (m)	Abmessungen l (m)	Abmessungen h (m)	Abmessungen F (m^2)	Gewichte Gl (kp)	Gewichte G (kp)	Flugleistungen Vmax (km/h)	Flugleistungen Vsteig (m/min)	Flugleistungen RW (km)	Flugleistungen H (m)	Militärische Ausrüstung
He 59 W	BMW 6 6,0 ZU	2 x 660	23,7	17,4	7,1	153,2	6.215	9.000	220 bei 0 m	225	1.750	3.500	3 x 7,9 mm MG 15
He 60	BMW 6 6,0 ZU	1 x 660	13,5	11,5	5,3	56,2	2.775	3.400	240 bei 0 m	327	950	5.000	ggf. 1 x 7,9 mm MG 15
Ar 196 A	BMW 132 K	1 x 900	12,4	11,0	4,45	28,4	2.990	3.730	310 bei 4.000 m	300	1.070	7.020	2 x 20 mm MG FF; 1 x 7,9 mm MG 17; 1 x 7,9 mm MG 81 Z; 2 x 70 kp Bomben

Erläuterungen zu den Bezeichnungen:

Gl = Leergewicht
G = Abfluggewicht
Vmax = Höchstgeschwindigkeit in . . . m Höhe
Vsteig = Steiggeschwindigkeit in Bodennähe
F = Flügelfläche

TECHNICAL DETAILS OF THE AIRCRAFT TYPES IN TABULAR FORM

Model	Power plant Engines	Power plant Performance (HP)	Dimensions (in metres) width	Dimensions (in metres) length	Dimensions (in metres) height	Dimensions (in metres) aera	Weight empty (kp)	Weight take off (kp)	Performance Max. (km/h)	Performance Climbing (m/min)	Performance Range (km)	Performance Ceiling (m)	Armament
He 59 W	*BMW 6 6.0 ZU*	*2 x 660*	*23.7*	*17.4*	*7.1*	*153.2*	*6,215*	*9,000*	*220 at sea level*	*225*	*1,750*	*3,500*	*3 x 7.9 mm MG 15*
He 60	*BMW 6 6.0 ZU*	*1 x 660*	*13.5*	*11.5*	*5.3*	*56.2*	*2,775*	*3,400*	*240 at sea level*	*327*	*950*	*5,000*	*1 x 7.9 mm MG 15 (according to use)*
Ar 196 A	*BMW 132 K*	*1 x 900*	*12.4*	*11.0*	*4.45*	*28.4*	*2,990*	*3,730*	*310 at 4.000 m*	*300*	*1,070*	*7,020*	*2 x 20 mm MG FF, 1 x 7.9 mm MG 17, 1 x 7.9 mm MG 81 Z, 2 x 70 kp bombs*

Die ADMIRAL SCHEER im Sommer 1938 kurz nach ihrem Einsatz in spanischen Gewässern, wo sie sich an der internationalen Seekontrolle beteiligte.

THE POCKET BATTLESHIPS OF THE GERMAN NAVY

The pocket battleship DEUTSCHLAND was the first large warship ordered by the Reich Navy in 1928. Its design required intensive studies as the Versailles Treaty only allowed a maximum displacement of 10,000 tons, but it would need the greatest fighting power. When the DEUTSCHLAND was launched on 19th May 1931 from the Deutsche Werke in Kiel, she was political dynamite. The mere intention to build this ship caused arguments in the Reichstag (parliament), the so-called "pocket battleship debates". Large sections of the people were against building new ships because of the critical social situation. By taking advantage of the possibilities provided by the Washington Agreement, the new battleship was designed and built.

Abroad, the new type of ship was disregarded at first and laughed off as a "pocket" battleship. It was however soon generally recognized that a new type of ship had been created here. In May 1937, when exercising international sea control in Spanish waters during the Spanish Civil War, the DEUTSCHLAND was attacked by two Republican bombers. This attack caused 37 facilities on the ship and thus the DEUTSCHLAND was the first warship of the German Navy to become involved in a military conflict.

DIE PANZERSCHIFFE DER DEUTSCHEN KRIEGSMARINE

Panzerschiff DEUTSCHLAND war das erste große Kriegsschiff, das nach dem Ersten Weltkrieg im Jahre 1928 von der Reichsmarine in Auftrag gegeben wurde. Umfangreiche Studien waren vorangegangen, denn entsprechend den Versailler Bestimmungen durfte eine Wasserverdrängung von 10.000 Tonnen nicht überschritten, jedoch sollte ein Höchstmaß an Kampfkraft erreicht werden.

Als die DEUTSCHLAND am 19. Mai 1931 bei den Deutschen Werken in Kiel vom Stapel lief (siehe Abbildung), hatte sie bereits für politischen Zündstoff gesorgt. Die Absicht, dieses Schiff zu bauen, führte im Reichstag zu heftigen Auseinandersetzungen, den sogenannten "Panzerkreuzerdebatten". Wegen der kritischen sozialen Situation in Deutschland wurde dieser Neubau von großen Teilen der Bevölkerung abgelehnt.

Unter Ausnutzung der Möglichkeiten, die die Washingtoner Vereinbarungen zuließen, wurde das neue Panzerschiff nach der Formel – schneller als Schlachtschiffe und kampffähiger als Kreuzer – entworfen und gebaut.

Das führte zur Anwendung neuer Techniken im Kriegsschiffbau und zwar wurden u. a. als Antriebe erstmalig Großdiesel verwendet und in großem Stil die Möglichkeiten der elektrischen Schweißung ausgenutzt.

Im Ausland wurde dieser neue Schiffstyp zunächst kaum beachtet und als "Westentaschen-Schlachtschiff" abqualifiziert. Bald jedoch wurde allgemein anerkannt, daß hier ein Schiffstyp geschaffen worden war, der im Schiffbau neue Maßstäbe setzte. Panzerschiff DEUTSCHLAND sollte das erste deutsche Kriegsschiff sein, das vor dem Zweiten Weltkrieg Verluste an Menschenleben hinnehmen mußte. In Ausübung der internationalen Seekontrolle in spanischen Gewässern während des spanischen Bürgerkrieges wurde die DEUTSCHLAND im Mai 1937 von zwei republikanischen Bombenflugzeugen angegriffen. Diesem Angriff fielen 31 Bordmitglieder zum Opfer. Die DEUTSCHLAND war damit auch das erste Kriegsschiff der Deutschen Kriegsmarine, das in kriegerische Auseinandersetzungen verwickelt wurde.

So zeigte sich die DEUTSCHLAND im Jahr 1937 während ihres Einsatzes im spanischen Bürgerkrieg. Zur Identifizierung sind die Türme mit schwarz-weiß-roten Fliegersichtzeichen markiert worden. Von jetzt ab bis Anfang 1941 wird die DEUTSCHLAND im Zusammenhang mit Werftliegezeiten ihr Aussehen verändern, und zwar werden die 8,8 cm Flak Doppellafetten gegen 10,5 cm Flak Doppellafetten ausgetauscht, wird der Vorsteven angeschrägt, erhält der Schornstein einen hohen abgeschrägten Schornsteinaufsatz und wird auf die Haube des Entfernungsmeßgerätes über dem Röhrenmast ein Funkmeßstand aufgesetzt.
Kurz nach Beginn des Zweiten Weltkrieges, Anfang 1940, fällt auch die Entscheidung, die DEUTSCHLAND in ADMIRAL LÜTZOW (folgend LÜTZOW genannt) umzubenennen. Diese Maßnahme war politisch motiviert und so zu verstehen, daß der Prestigeverlust, ein Kriegsschiff mit dem Namen DEUTSCHLAND zu verlieren, politisch untragbar sein würde. Ab diesem Jahr wird die LÜTZOW als Schwerer Kreuzer geführt.

This is how the DEUTSCHLAND looked in 1937 when being used in the Spanish Civil War. The turrets are marked with black-white-red air identification markings. From then until the beginning of 1941 when in dock, the appearance of the DEUTSCHLAND underwent a number of alterations including the replacing of the double-mounted 8.8 cm AA guns with 10.5 cm double-mounted AA guns, the front of the prow was curved, the funnel received a curved cover and a radio measuring platform was added on the hood of the range-finders above the mast. Just after the beginning of the Second World War, early in 1940, it was decided to rename the DEUTSCHLAND as ADMIRAL LÜTZOW (hereafter LÜTZOW). This was politically motivated in that the loss of prestige in loosing a warship with the name DEUTSCHLAND was politically unacceptable. From that year, the LÜTZOW was used as a heavy cruiser.

11. April 1940 – Die LÜTZOW befindet sich in bewegungslosem und manövrierunfähigem Zustand. Der Kreuzer war durch das britische U-Boot SPEARFISH torpediert worden. Der verhängnisvolle Treffer ließ das Achterschiff abknicken, dadurch gingen Ruder und Schrauben verloren. Erst nach Stunden treffen Boote der 17. U-Jagd- und der 19. Minensuchflottille ein, die den Schutz der LÜTZOW übernehmen. Gerade werden Vorkehrungen getroffen, um das schwer angeschlagene Kriegsschiff nach Kiel abzuschleppen.
Die LÜTZOW befand sich ohne Geleitschutz auf dem Rückmarsch von Oslo durch den Skagerrak, nachdem sie gemeinsam mit BLÜCHER am Norwegenunternehmen "Weserübung" teilgenommen hatte.
Die Abbildungen zeigen, daß der Kreuzer bereits mit dem Funkmeßstand ausgerüstet ist.

11th April 1940 – The LÜTZOW was incapable of moving or turning. The cruiser had been torpedoed by the British submarine SPEARFISH. This disastrous hit broke off the stern of the ship removing the rudder and propeller. Only some hours later did the 17th Anti-Submarine and 19th Minesweeper Flotillas arrive and took over the protection of the LÜTZOW. Only then were precautions taken to tow the heavily damaged warship to Kiel. The LÜTZOW had lacked any escorts on the return voyage through the Skagerrak from Oslo after having taken part in the "Weserübung" together with the BLÜCHER. This picture shows that the cruiser already has the radio measuring platform fitted.

Panzerschiff DEUTSCHLAND/Schwerer Kreuzer LÜTZOW

Stapellauf 19. Mai 1931 Deutsche Werke Kiel
in Dienst gestellt 1. April 1933

Haupteinsätze:

August 1939	Von Wilhelmshaven aus lief Ende August 1939 die DEUTSCHLAND in den Nordatlantik. Dort auf Wartestellung bis Oktober 1939. Anschließend Handelskrieg; drei Schiffe wurden versenkt.
15. Dezember 1939	Rückkehr nach Wilhelmshaven.
7. April 1940	Unternehmen "Weserübung". Durch den Kaiser-Wilhelm-Kanal kommend, trat die LÜTZOW in Kiel zur Kriegsschiffgruppe 5.
8. April 1940	Marsch durch den Großen Belt.
9. April 1940	Erreichen des Oslofjords. In der Droebak-Enge wurde die BLÜCHER vernichtet. Die LÜTZOW, die auch in den Kampf um die Enge eingegriffen hatte, erhielt drei Treffer, die vorübergehend die Gefechtsbereitschaft einschränkten. Nach Ausfall der BLÜCHER führte der Kommandant der LÜTZOW die Gruppe 5.
10. April 1940	Einlaufen in Oslo. Noch am gleichen Tage nachmittags ging die LÜTZOW von Oslo zurück nach Horten, um die Schäden der Artillerietreffer beheben zu lassen, wurde aber nach Kiel zurückbeordert und lief ohne Geleitschutz aus.
11. April 1940	Torpedotreffer des britischen U-Bootes SPEARFISH. Die LÜTZOW verlor beide Schrauben und das Ruder. Manövrierunfähig. Das Schiff wurde von der herbeigerufenen 17. U-Jagdflottille und 19. Minensuchflottille abgeschleppt und erreichte am 13. April 1940 Kiel. Werftreparatur. Anfang 1941 wieder einsatzbereit.
Juni 1941	Am 12. Juni 1941 lief die LÜTZOW zum Torpedoschießen im Drontheimfjord aus Kiel aus. Anschließend war der Durchbruch in den Atlantik geplant. Ein einzelnes britisches Torpedoflugzeug – für ein eigenes Flugzeug gehalten – erzielte am 13.6.1941 auf der Höhe von Egersund auf LÜTZOW einen Treffer, der zum Abbruch der Unternehmung führte. LÜTZOW ging in die Werft.
Mai 1942	Nach Norwegen verlegt; zunächst Lofjord (Drontheimfjord), Anfang Juni 1942 Bogenbucht (Narvik).
Juni 1942	Bei einem Einsatz auf einen englischen Geleitzug mit der TIRPITZ und weiteren Flottenstreitkräften hatte die LÜTZOW Grundberührung im Sandtorgstraumen bei Storboenfeuer (Tjeldsund) mit Wassereinbruch. Von der Bogenbucht in den Lofjord verlegt.
August 1942	Nach Kiel zur Reparatur.
Dezember 1942	Nach der Werftliegezeit Ausbildung in der Ostsee und im Dezember 1942 nach Nordnorwegen in die Bogenbucht, dann in den Kafjord (Altafjord) verlegt.
30. Dezember 1942	Mit ADMIRAL HIPPER und 6 Zerstörern ostwärts der Bäreninseln Angriff auf britischen Geleitzug. Der Verband wurde in ein Gefecht mit der Geleitsicherung, den britischen Kreuzern JAMAICA, SHEFFIELD und dem britischen Zerstörer ACHATES verwickelt. Die ACHATES wurde beschädigt, desgleichen ADMIRAL HIPPER. Zerstörer FRIEDRICH ECKOLDT vernichtet. LÜTZOW keine Schäden. Der B.d.K. brach das Gefecht ab.
September 1943	Bis September 1943 keine größeren Aufgaben. Am 25. September 1943 in die Heimat verlegt. 1. Oktober 1943 an Gotenhafen, von dort nach Libau verlegt zur Überholung an der Werft.
Februar 1944	Ab Februar 1944 Kadettenausbildung.
September 1944	Vorstoß im Flottenverband mit dem Ziel Aalands-Inseln. Abholen von mit deutschen Truppen belegten Transportdampfern.
Oktober 1944	Mit PRINZ EUGEN, Zerstörern und Torpedobooten Einsatz zur Unterstützung des Heeres, Küstenbeschießungen bei Memel und Sworbe.
November 1944	In den Gewässern vor der Halbinsel Sworbe.
Dezember 1944 bis März 1945	Auch weiterhin Einsatz zur Unterstützung des Heeres bei Memel, Elbing und Danzig; zeitweilig Flaggschiff der Kampfgruppe Thiele.
April 1945	Rückmarsch Hela – Swinemünde.
16. April 1945	In der Mellineinfahrt bei Swinemünde vor Anker. Britischer Bombenangriff. Mehrere Treffer. Das Schiff sank, blieb aber auf ebenem Kiel auf Grund liegen. Achterer 28-cm-Turm und Flak, beschränkt auch Mittelartillerie, einsatzbereit.
28. April 1945	Als die einzige noch klare Leckpumpe und damit das letzte E-Werk ausfiel, wurde auf Befehl des Befehlshabers der Festung Swinemünde die 28-cm-Munition auf die russische Dievenow-Stellung verschossen.
4. Mai 1945	Schweres Feuer an Bord. Nur noch wenige Geschütze waren einsatzbereit. Das Schiff wurde gesprengt.

Das Wrack der LÜTZOW wurde von den Russen gehoben und im September 1947 abgeschleppt. Wahrscheinlich verschrottet.

War History & Whereabouts

Battleship DEUTSCHLAND/Heavy Cruiser LÜTZOW

Launched on 19th May 1931 in the Deutsche Werke in Kiel
Commissioned on 1st April 1933

Main Actions:

August 1939	*The DEUTSCHLAND left Wilhelmshaven at the end of August 1939 for the North Atlantic. Laid in wait until October 1939. Then sunk three ships in the blockade.*
15th December 1939	*Returned to Wilhelmshaven.*
7th April 1940	*Operation "Weserübung". The LÜTZOW joined 5th Squadron in Kiel after passing through the Kiel Canal.*
8th April 1940	*Sailed through the Great Belt.*
9th April 1940	*Reached the Oslo Fjord. The BLÜCHER was destroyed in the Droebak Narrows. The LÜTZOW, which also participated in the battle for the Narrows, was hit three times which largely reduced the battle capabilities. After the BLÜCHER pulled out, the commander of the LÜTZOW led 5th Squadron.*
10th April 1940	*Entered Oslo. At noon of the same day, the LÜTZOW left Oslo for Horten for the repairs made necessary by the hits but was ordered back to Kiel and sailed without any escort.*
11th April 1940	*Hit by a torpedo from the British submarine SPEARFISH. The LÜTZOW lost both propellers and her rudder, becoming incapable of manoeuvring. The ship was taken in tow by the 17th Anti-Submarine and 19th Minesweeper Flotillas and reached Kiel on 13th April 1940. She underwent repairs in dock and was ready for action early in 1941.*
June 1941	*On 12th June, the LÜTZOW sailed from Kiel for the Drontheim Fjord for torpedo practice. Afterwards, it was planned to break out into the Atlantic. A sole British torpedo bomber – mistaken for a German plane – scored a hit on the LÜTZOW in the Eger Sound on 13th June. This hit led to the operation being cancelled. The LÜTZOW went into dock.*
May 1942	*Transferred to Norway, firstly to the Lo Fjord (Drontheim Fjord), then from the beginning of June to the Bow Bight (Narvik).*
June 1942	*During a raid on a British convoy with the TIRPITZ and other naval forces, the LÜTZOW hit a sandbank near Storboenfeuer (Tjeld Sound) and took on water. Moved from the Bow Bight to the Lo Fjord.*
August 1942	*Returned to Kiel for repairs.*
December 1942	*After having been in dock, training in the Baltic and then, in December 1942, moved to northern Norway to the Bow Bight, then to the Kaa Fjord (Alta Fjord).*
30th December 1942	*Attacked British escorts east of the Bear Islands along with the ADMIRAL HIPPER and six destroyers. This squadron became involved in a battle with the British cruisers JAMAICA and SHEFFIELD and the destroyer ACHATES. The ACHATES was damaged, as was the ADMIRAL HIPPER. The destroyer FRIEDRICH ECKOLDT was sunk. LÜTZOW was not damaged. Naval Command broke off the engagement.*
September 1943	*No important tasks until September 1943. On 25th September, returned home, then on 1st October to Gotenhafen and from there to Libau to be refitted in the dock.*
February 1944	*Used for training cadets.*
September 1944	*Went with other ships to the Aaland Islands to collect transports with German soldiers on board.*
October 1944	*Along with PRINZ EUGEN, destroyers and torpedo boats, bombarded the coast at Memel and Sworbe in support of the army.*
November 1944	*In the waters near the Sworbe peninsula.*
December 1944 – March 1945	*Further use in support of the army at Memel, Elbing and Danzig. For a time, flagship of the Thiele Squadron.*
April 1945	*Sailed back from Hela to Swinemünde.*
16th April 1945	*Anchored in the Mellin entrance at Swinemünde. British airraid. Several hits. The ship sank, but came to rest on her kiel. The stern 28 cm turret and AA guns along with some of the medium guns were still in working order.*
28th April 1945	*When the last pump and with the last generator broke down, the commander of the fortress of Swinemünde ordered that all the 28 cm ammunition should be fired on the Russian Diefenov position.*
4th May 1945	*Large fire on board. Only a few guns left in working condition. The ship was scuttled. The wreck of the LÜTZOW was raised by the Russians and towed away in September 1947. It was probably broken up for scrap.*

Die offizielle Bildunterschrift verlautet hierzu: "1933, Reichskanzler Adolf Hitler geht an Bord der neuen DEUTSCHLAND".
Adolf Hitler identifizierte sich insbesondere mit "seinen" großen Kriegsschiffen. Sie galten ihm als Repräsentanten nationalsozialistischer Politik und sollten gleichzeitig seinen Anspruch auf internationale politische Anerkennung demonstrieren. Er beeinflußte deshalb auch nachhaltig die Flottenaufrüstungen mit Großkampfschiffen, bevor er 1943 durch einen Befehl alle schweren Einheiten außer Dienst stellen ließ.

The official caption of this picture was:
"1933, Reichs Chancellor Adolf Hitler going on board the new DEUTSCHLAND".
Adolf Hitler liked to be identified particularly with "his" large warships. To him, they represented National Socialist politics and, at the same time, demonstrated his wish for international political recognition. That is why he continually influenced naval rearmament with a preference for capital ships before, in 1943, he ordered the withdrawal from service of all heavy units.

Schlachtschiff GNEISENAU
Die Schlachtschiffe werden wohl für immer Gegenstand der Erörterungen von Historikern und Marinefachleuten bleiben. Dem Eindruck solcher Abbildungen kann sich auch der Laie nicht entziehen. Kein anderes Kriegsinstrument als ein Schlachtschiff vermittelt und beinhaltet so viel politisches und militärisches Durchsetzungsvermögen. Dessen ungeachtet haben Schlachtschiffe nie die Rolle gespielt, die ihnen aufgrund der enormen finanziellen und technologischen Investitionen zugestanden hätte. Die spektakulären Einsätze – Schlachtschiff gegen Kriegsschiff – vermögen nicht darüber hinwegzutäuschen, daß diese Großkampfschiffe mehr politische Prestige- als militärische Entscheidungsträger waren. Schlachtschiffe beschlossen die kurze Phase ihrer Beteiligung in den Kriegsmarinen im wesentlichen als Geschützplattformen zur Bekämpfung von Landzielen und zum Schutz großer Flugzeugträger-Kampfgruppen.

Battleship GNEISENAU
The battleships will always be a subject of discussion by historians and naval experts. Even the layman cannot fail to be impressed by such pictures. No other instrument of war than a battleship conveyed and contained the capability of so much political and military achievement. Despite that, battleships have never played the role they should have considering the financial and technological investment put into them. The spectacular battles between battleship and battleship should not hide the fact that these capital ships were more of a political prestige bearer than a military decision maker. For the short time that they were used in the German Navy, they were deployed mainly as gun platforms for engaging land targets and for protecting aircraft carrier squadrons.

Bereits etwa ein Jahr nach ihrer Indienststellung begab sich die EMDEN auf ihre erste große Auslands-Ausbildungsreise. Sie war das aktivste Schulschiff, das unter deutscher Flagge fuhr. Insgesamt absolvierte die EMDEN acht große Auslandsfahrten, die sie durch alle Weltmeere führte. Sie leistete damit nicht nur einen wichtigen Beitrag zur Ausbildung des Offiziersnachwuchses, sondern auch zur völkerverbindenden Idee.

About a year after being commissioned, the EMDEN went on her first overseas training voyage. She was the most active training ship under the German flag.
In all, the EMDEN completed eight long overseas voyages, which covered every ocean in the world. They not only played an important part in training future officers, but also in bringing the nations together.

Das zweite Schiff dieses neuen Typs war die ADMIRAL SCHEER. Sie lief im Mai 1933 bei der Reichsmarinewerft in Wilhelmshaven vom Stapel. Bereits ab Mitte des Jahres 1936 beteiligte sie sich genau wie die DEUTSCHLAND gemeinsam mit Großbritannien, Frankreich und Italien an der internationalen Seekontrolle.
Wie die Abbildung auf der folgenden Seite zeigt, unterscheidet sich die SCHEER zunächst grundlegend von der DEUTSCHLAND durch den mächtigen abgestumpften Turmmast mit der wuchtigen Drehhaube des Entfernungsmeßgerätes darüber. Dieser Aufbau, der Elemente von Brücke und Gefechtsmast vereinigt, soll von nun an mitbestimmend sein für die Architektur aller großen deutschen Kriegsschiffe. Allerdings beeinflußte das hohe Gewicht der Turmaufbauten der SCHEER ungünstig das Toppgewicht. Dies führte dazu, daß anläßlich einer großen Werftüberholung im Jahr 1940 die SCHEER einen Röhrenmast mit den gleichen Merkmalen wie die DEUTSCHLAND/LÜTZOW erhielt. Überhaupt hatte sich während des Krieges das äußere Erscheinungsbild der SCHEER der LÜTZOW sehr stark angenähert. Wichtigstes Unterscheidungsmerkmal blieb jedoch nach wie vor die unterschiedliche Anordnung des Flugzeugkatapults: Bei der SCHEER befand es sich hinter dem Schornstein und bei der LÜTZOW zwischen Röhrenmast und Schornstein.
Die Abbildung auf dieser Seite zeigt ADMIRAL SCHEER im Januar/Februar 1942 auf ihrem Verlegungsmarsch nach Drontheim in norwegische Gewässer. Ein Vergleich dieser und der Abbildung auf der folgenden Seite macht die wesentlichen schiffbaulichen Änderungen deutlich. Seit 1940 wird die SCHEER genau wie die LÜTZOW offiziell zu den Schweren Kreuzern gezählt.

The second ship of this new type was the ADMIRAL SCHEER. She was launched in May 1933 from the Reich Naval Dock in Wilhelmshaven. From the middle of 1936, together with the DEUTSCHLAND, she participated in the international sea control along with Great Britain, France and Italy.
As the picture on the opposite page shows, the main difference between the SCHEER and the DEUTSCHLAND was the large, short tower mast with its heavy turning hood over the range-finder. This design, combining elements of the bridge and fighting mast, was, from then onwards, going to be a pattern for the architecture of all the large German warships. However, the weight of the tower superstructure on the SCHEER affected the centre of gravity. Because of this, the refit of 1940 replaced it with a tubular mast on the DEUTSCHLAND/LÜTZOW. In general, during the course of the war, the appearance of the SCHEER became similar to the LÜTZOW. The most important difference still was the different positions of the aircraft catapult. On the SCHEER it was behind the funnel, whereas on the LÜTZOW it was between the mast and funnel.

The picture on this page shows ADMIRAL SCHEER in January/February 1942 in Norwegian waters sailing to Drontheim. A comparison of this and the picture on the following page clearly show the major differences in construction.
From 1940, the SCHEER, just like the LÜTZOW, was officially counted as a heavy cruiser.

Kriegseinsätze und Verbleib

Panzerschiff/Schwerer Kreuzer ADMIRAL SCHEER

Stapellauf 1.4.1933 Reichsmarinewerft Wilhelmshaven
in Dienst gestellt 12.11.1934

Haupteinsätze:

September 1939	Bei Kriegsausbruch lag das Panzerschiff ADMIRAL SCHEER auf Schillig-Reede und konnte erst beim ersten Luftangriff der Engländer auf Wilhelmshaven eine Vickers-Wellington abschießen.
Winter 1939/40	Werftliegezeit (Turmmast durch Röhrenmast ersetzt, Klippersteven vorgeschuht u. a. m.)
Juli/September 1940	Erprobung in der Ostsee.
23. Oktober 1940	Auslaufen aus Gotenhafen zum Kreuzerkrieg in Übersee (27.10. 1940 ab Brunsbüttel).
31. Oktober 1940	Dänemarkstraße passiert.
5. November 1940	Morgens das brit. Kühlschiff MOPAN (5.389 BRT), einen Alleinfahrer, versenkt. Abends traf ADMIRAL SCHEER auf den Geleitzug HX 84, der von Halifax nach England fuhr und aus 37 Handelsschiffen und dem Hilfskreuzer JERVIS BAY bestand. Der Schwere Kreuzer griff den Geleitzug auf der Höhe 52° 45' N, 32° 13' W an, wobei der Hilfskreuzer hartnäckigen Widerstand leistete und so dem Gros der Handelsschiffe Gelegenheit zum Entkommen gab. Es wurden außer dem Hilfskreuzer JERVIS BAY (14.164 BRT) versenkt: britisches Turbinenschiff MAIDAN (7.908 BRT), brit. D. TREWELLARD (5.201 BRT), brit. D. KENBANE HEAD (5.225 BRT), brit. Turbinenschiff BEAVERFORD (10.042 BRT) und das brit. Motorschiff FRESNO CITY (4.955 BRT), drei weitere Handelsschiffe mit zusammen 27.844 BRT wurden beschädigt.
November 1940	Während ADMIRAL SCHEER am 12.11.1940 aus dem Tanker EUROFELD bunkerte, trafen sich am 14.11. 1940 auf 22° N, 46° 20' W der Schwere Kreuzer mit seinem Troßschiff NORDMARK.
24. November 1940	Südostwärts der Bermudas wurde das britische Motorschiff PORT HOBART (7.448 BRT) versenkt.
1. Dezember 1940	Die brit. D. TRIBESMAN (6.242 BRT) wurde 900 sm westlich von Barthurst gestellt und versenkt.
14. Dezember 1940	Zweites Zusammentreffen mit dem Troßschiff NORDMARK.
16. Dezember 1940	Der Äquator wurde auf Südkurs passiert.
18. Dezember 1940	An diesem Tage wurde das brit. Kühlschiff DUQUESA (8.651 BRT) mit 14,5 Millionen Eiern und ca. 3.000 tons Fleisch gekapert. Das Schiff wurde zunächst Prise und versorgte u. a. die Hilfskreuzer THOR und PINGUIN, das Troßschiff NORDMARK, Prisen und Blockadebrecher. Es wurde später im Februar vom Hilfskreuzer PINGUIN versenkt.
26. Dezember 1940	Im Quadrat "Andalusien" (15° S, 18° W) trafen sich ADMIRAL SCHEER, Hilfskreuzer THOR, Hilfskreuzer PINGUIN, das Troßschiff NORDMARK, die EUROFELD und die DUQUESA;
9. – 12. Januar 1941	ADMIRAL SCHEER suchte vergeblich nach dem Truppengeleitzug WS 5 A, der bereits am 24.12.1940 von dem Schweren Kreuzer ADMIRAL HIPPER vergeblich angegriffen wurde.
17. Januar 1941	Der norwegische Tanker SANDEFJORD (8.038 BRT) wurde gestellt und als Prise nach Bordeaux entlassen, wo er auch wohlbehalten eintraf.
20. Januar 1941	An diesem Tage wurden versenkt der holl. D. BARNEVELD (5.597 BRT) und der brit. Frachter STANPARK (5.103 BRT).
24. – 28. Januar 1941	Erneutes Treffen ADMIRAL SCHEER im Quadrat "Andalusien" mit THOR und NORDMARK, ADMIRAL SCHEER ergänzte Öl und gab Gefangene an die NORDMARK ab.
3. Februar 1941	Es wurde das Kap der guten Hoffnung mit Ostkurs passiert.
14. Februar 1941	Auf der Höhe 13° S, 64° O trafen sich ADMIRAL SCHEER, Hilfskreuzer ATLANTIS, die beiden Atlantis-Prisen SPEYBANK und KETTY BRÖVIG und der deutsche Frachter TANNENFELS (Hansa-Linie), der als Blockadebrecher von Massaua nach Bordeaux unterwegs war.
20. Februar 1941	Im Nordausgang des Mozambique-Kanals versenkte ADMIRAL SCHEER den griechischen Frachtdampfer GREGORIOS (2.546 BRT) und kaperte den brit. Turbinentanker BRITISH ADVOCATE (6.994 BRT). Letzterer erreichte mit Prisenbesatzung wohlbehalten Nantes.
21. Februar 1941	Versenkung des kanadischen Frachtdampfers CANADIAN CRUISER von 7.178 BRT. ADMIRAL SCHEER erhielt Ende Februar 1941 per Funk Befehl zur Rückkehr in die Heimat.
22. Februar 1941	Wenige Stunden nach der Versenkung des indonesischen Dampfers RANTAUPANDJANG (2.542 BRT) wurde ADMIRAL SCHEER in 8° 30' S, 51° 35' O vom Bordflugzeug des brit. leichten Kreuzers GLASGOW gesichtet. Jagd auf SCHEER durch Flugzeugträger HERMES, schwere Kreuzer CANVERRA, AUSTRALIA und SHROPSHIRE, sowie die leichten Kreuzer GLASGOW, CAPETOWN und EMERALD.
3. März 1941	Passieren des Kaps der guten Hoffnung auf Westkurs.
9. – 10. März 1941	Drittes Treffen im Quadrat "Andalusien" mit dem Troßschiff NORDMARK und den Hilfskreuzern PINGUIN und KORMORAN.
11. – 24. März 1941	In dieser Zeit traf ADMIRAL SCHEER nacheinander mit den deutschen Frachtern PORTLAND und ALSTERUFER zusammen. ALSTERUFER fuhr zu dieser Zeit als Versorger.
15. März 1941	Der Äquator wurde auf Nordkurs passiert.

27. März 1941	Durchbruch durch die Dänemarkstraße.	
30. März 1941	Bergen erreicht.	
1. April 1941	ADMIRAL SCHEER lief in Kiel ein. Gesamterfolg:	
	14 Schiffe versenkt mit	84.027 BRT
	2 Schiffe aufgebracht und als Prise nach Frankreich beordert	15.032 BRT
	Hilfskreuzer JERVIS BAY versenkt	14.164 BRT
	zusammen	113.223 BRT

September bis Oktober 1941	Während dieser Zeit gehörte ADMIRAL SCHEER zur sogenannten Baltenflotte, die bei den Aalands-Inseln einen etwaigen Durchbruch der sowjetischen Ostseeflotte zur Internierung nach Schweden verhindern sollte. Die Russen unternahmen einen solchen Versuch nicht.
Januar/Februar 1942	ADMIRAL SCHEER wurde im Rahmen der Flottenkonzentration in norw. Gewässern nach Drontheim verlegt.
Mai 1942	Neuer Liegeplatz Bogenbucht bei Narvik.
Juli 1942	Unter Führung des B.d.K. mit zwei Kampfgruppen Angriff auf den Konvoi PQ-17 im Nordmeer. ADMIRAL SCHEER bildete zusammen mit der LÜTZOW und sechs Zerstörern eine Gruppe. Rückruf des Verbandes, da sich der Konvoi aufgelöst hatte. Unterseeboote und Flugzeuge konnten in der Zeit vom 3. bis 5.7.1942 zwei Drittel der Frachter versenken.
16. – 31. August 1942	Von Narvik aus lief ADMIRAL SCHEER mit 3 Unterseebooten (und Zerstörergeleit bis zur Bäreninsel) in die Karasee aus (Operation "Wunderland"). Am 25.8.1942 wurde der russische Eisbrecher ALEXANDER SIBIRJAKOW bei der Belucha-Insel versenkt. Port Dickson wurde am 27.8.1942 beschossen und dort Landanlagen, der Eisbrecher TAYMIR und der Tanker VALERIAN KUIBISCHEW beschädigt. Der Tanker explodierte später. Rückkehr der SCHEER nach Narvik.
November 1942	ADMIRAL SCHEER nach Deutschland entlassen. Das Schiff traf am 11.11.1942 in Kiel ein.
Januar 1943	Verlegung von Kiel nach Wilhelmshaven, dort längere Werftliegezeit. Anschließend trat ADMIRAL SCHEER als Ausbildungsschiff zum Ausbildungsverband der Flotte mit Hauptstützpunkt in Gotenhafen.
Oktober 1944	Erst im Oktober 1944 wurde das Schiff wieder aktiv eingesetzt.
November 1944 – Februar 1945	Am 22. und 23. November 1944 erfolgte der erste Ostsee-Einsatz des Schiffes bei Sworbe. Weitere ähnliche Einsätze zur Unterstützung und Entlastung des Heeres folgten.
März 1945	Landbeschießung bei Dievenow und Swinemünde. Da die Rohre ausgeschossen waren, wurde ADMIRAL SCHEER zur Reparatur nach Kiel befohlen. In Pillau Aufnahme von ca. 200 Verwundeten und 800 Flüchtlingen.
April 1945	In der Nacht vom 9. zum 10. April 1945 wurde der Schwere Kreuzer in Kiel von Bomben getroffen und kenterte. Das Wrack, das unter Spreng- und Trümmerschutt begraben war, wurde ab Juli 1946 verschrottet.

War History & Whereabouts

Battleship/Heavy Cruiser ADMIRAL SCHEER

Launched 1st April 1933 in the Reich Naval Dockyard in Wilhelmshaven
Commissioned 12th November 1934

Main Actions:

September 1939	*On the outbreak of war, ADMIRAL HIPPER laid off the Schilling Roads and shot down a Wellington bomber in the first British airraid on Wilhelmshaven.*
Winter 1939/40	*In dock. The tower mast was replaced by a tubular mast, a clipper prow was added, etc.*
July/September 1940	*Trials in the Baltic.*
23rd October 1940	*Left Gotenhafen for the cruiser war overseas (27th October 1940 passed Brunsbüttel).*
31st October 1940	*Passed the Denmark Street.*
5th November 1940	*Sunk the stray British refrigerator ship MOPAN (5,389 t) that morning. That evening, ADMIRAL SCHEER came across Convoy HX 84 which was sailing from Halifax to England. It consisted of 37 merchantmen and the auxiliary cruiser JERVIS BAY. The heavy cruiser attacked the convoy at 52° 45' N, 32° 13' W and the auxiliary cruiser put up a determined fight, giving the main body of the convoy an opportunity to escape. Other than the JERVIS BAY, the following ships were sunk: MAIDAN (7,908 t), TREWELLARD (5,201 t), KENBANE HEAD (5,225 t), BEAVERFORD (10,042 t), FRESNO CITY (4,955 t). Another three merchantmen totalling 27,844 t were damaged.*
November 1940	*On 12th November, the ADMIRAL SCHEER refueled from the tanker EUROFELD and on 14th November met its supply ship NORDMARK at 22° N, 46° 20' W.*
24th November 1940	*Sank the British ship PORT HORBART (7,448 t) south-east of the Bermudas.*
1st December 1940	*Located and sank the TRIBESMAN (6,242 t) 900 nautical miles west of Bathurst.*
14th December 1940	*Met the supply ship NORDMARK again.*
16th December 1940	*Crossed the Equator on a southly course.*
18th December 1940	*The British refrigerator ship DUQUESA (8,651 t) was captured with its cargo of 14.5 million eggs and about 3,000 tons of meat. The ship was taken as a prize and used to supply other ships including the auxiliary cruisers THOR and PINGUIN and the supply ship NORDMARK, prizes and blockade breakers. Later, in February 1941, it was sunk by the auxiliary cruiser PINGUIN.*

26th December 1940	*At the "Andalusia" point (15° S, 18° W), ADMIRAL SCHEER met the auxiliary cruiser THOR and PINGUIN, the supply ship NORDMARK, the EUROFELD and the DUQUESA.*
9th – 12th January 1941	*ADMIRAL SCHEER tried without success to intercept the Troop Convoy WS 5 A which had already been attacked by the ADMIRAL HIPPER on 24th December 1940, also without success.*
17th January 1941	*The Norwegian tanker SANDEFJORD (8,038 t) was captured and sent to Bordeaux as a prize where it arrived intact.*
20th January 1941	*Sank the Dutch steamer BARNEVELD (5,597 t) and the British freighter STANPARK (5,103 t).*
24th – 28th January 1941	*A further meeting at "Andalusia" between ADMIRAL SCHEER, THOR and NORDMARK. ADMIRAL SCHEER refueled and passed prisoners over to the NORDMARK.*
3rd February 1941	*The Cape of Good Hope was passed, going on an easterly course.*
14th February 1941	*At 13° S, 64° E, ADMIRAL SCHEER met the auxiliary cruiser ATLANTIS, the two prizes taken in the Atlantic SPEYBANK and KETTY BRÖVIG and the German freighter TANNENFELS (Hansa Line) which was en route from Massaua to Bordeaux as a blockade breaker.*
20th February 1941	*At the northern end of the Mozambique Channel, ADMIRAL SCHEER sunk the Greek freighter GREGORIOS (2,546 t) and captured the British tanker BRITISH ADVOCATE (6,994 t). The latter got to Nantes intact with a prize crew.*
21st February 1941	*Sank the Canadian freighter CANADIAN CRUISER (7,178 t). ADMIRAL SCHEER was ordered by radio at the end of February to return home.*
22nd February 1941	*A few hours after sinking the Indonesian steamer RANTAU-PANDJANG (2,542 t), ADMIRAL SCHEER was sighted by a shipbourne plane from the British light cruiser GLASGOW at 8° 30' S, 51° 35' E. SCHEER hunted the aircraft carrier HERMES, heavy cruisers CANBERRA, AUSTRALIA and SHROPSHIRE and light cruisers GLASGOW, CAPE TOWN and EMERALD.*
3rd March 1941	*Passed the Cape of Good Hope on a westerly course.*
9th – 10th March 1941	*Third meeting at "Andalusia" with the supply ship NORDMARK and the auxiliary cruisers PINGUIN and KORMORAN.*
11th – 24th March 1941	*ADMIRAL SCHEER met the German freighters PORTLAND and ALSTERUFER. ALSTERUFER passed over supplies.*
15th March 1941	*The equator was passed on a northerly course.*
27th March 1941	*Passed through the Denmark Street.*
30th March 1941	*Reached Bergen.*
1st April 1941	*ADMIRAL SCHEER ran into Kiel. The record of her success was: Sunk – 14 ships totalling 84,027 t, 2 ships captured and sent to France as prizes totalling 15,032 t, auxiliary cruiser JERVIS BAY sunk, 14,164 t. Grand total 113,223 t.*
September – October 1941	*ADMIRAL SCHEER was part of the so-called Baltic Fleet which was waiting around the Aaland Islands for any attempted break-through by the Russian fleet to be interned in Sweden. The Russians made no attempt to do so.*
January – February 1942	*ADMIRAL SCHEER was transferred to Drontheim as part of the concentration of naval forces in Norwegian waters.*
May 1942	*Positioned in the Bow Bight near Narvik.*
July 1942	*Under the command of the B.d.K., two squadrons attacked Convoy PQ-17 in the Arctic Ocean. ADMIRAL SCHEER together with the LÜTZOW and six destroyers formed one squadron. The squadrons were recalled as the convoy had broken up. U-boats and aircraft sank two-thirds of the freighters from 3rd to 5th July.*
16th – 31st August 1942	*ADMIRAL SCHEER along with 3 U-boats (and a destroyer escort as far as the Bear Islands) to the Cara Sea (Operation "Wunderland"). On 25th August, sank the Russian ice-breaker ALEXANDER SIBIRYAKOV off Belucha Island. Bombarded Port Dickson and its port facilities on 27th August, damaging the ice breaker TAYMIR and the tanker VALERIAN KUIBISHEV. Later, the tanker exploded. SCHEER returned to Narvik.*
November 1942	*ADMIRAL SCHEER was sent to Germany, arriving in Kiel on 11th November.*
January 1943	*Transferred from Kiel to Wilhelmshaven. Went into dock. Afterwards, ADMIRAL SCHEER used as training ship in the Training Section of the Fleet. Main base Gotenhafen.*
October 1944	*Only now the ship was sent back into action.*
November 1944 – February 1945	*On 22nd and 23rd November 1944, used in the Baltic at Sworbe. Further such use to support and relieve the army.*
March 1945	*Bombardments at Diefenov and Swinemünde. As the barrels were worn out ADMIRAL SCHEER was ordered to Kiel for repairs. At Pillau, took on board about 200 wounded and 800 refugees.*
April 1945	*During the night of 9th to 10th April, the heavy cruiser suffered hits from bombs and capsized. The wreck, buried under rubble was broken up from July 1946.*

ADMIRAL GRAF SPEE lief als letztes Schiff dieser Serie am 30. Juni 1934 bei der Reichsmarinewerft in Wilhelmshaven vom Stapel. Sie unterschied sich von der jungen SCHEER hauptsächlich durch die unterschiedliche Anzahl und die Ausführung der an den Seiten des Turmmastes angebrachten Brückennocken und Plattformen.
Fünf Jahre später wird die GRAF SPEE durch ihre Aktivitäten im Handelskrieg im südlichen Atlantik und das schwere Seegefecht im Gebiet der La Plata-Mündung in die Seekriegsgeschichte eingehen.

ADMIRAL GRAF SPEE, the last ship in this series, was launched on 30th June 1934 from the Reich Naval Dockyard in Wilhelmshaven. She differed from the early SCHEER mainly by the different number and type of notches and platforms on the tower mast. Five years later, the GRAF SPEE went down in naval history through her activities in the war of merchant ships in the South Atlantic and especially in the Battle of the River Plate.

Kriegseinsätze und Verbleib

Panzerschiff ADMIRAL GRAF SPEE

Stapellauf 30.6.1934, Reichsmarinewerft Wilhelmshaven
in Dienst gestellt 6.1.1936

Haupteinsätze:

August 1939 — Am 21. August 1939 lief das Panzerschiff ADMIRAL GRAF SPEE aus Wilhelmshaven mit dem Ziel Südatlantik aus. Die SPEE führte bis Ende September 1939 noch keinen Kreuzerkrieg, vielmehr hielt sich das Panzerschiff vom 11.9. bis 25.9.1939 in einem abgelegenen Seegebiet des Südatlantiks, rund 900 sm ostwärts Bahia, auf.

September 1939 — Ab 29. September 1939 erhielt ADMIRAL GRAF SPEE von der Skl. Erlaubnis zur Führung des Handelskrieges. Als erstes Schiff wurde vor Pernambuco am 30.9.1939 der brit. D. CLEMENT (5.051 BRT) angehalten und versenkt.

Oktober 1939 — Auf der Dampferroute Kapstadt – Freetown wurde aufgebracht: Am 5.10.1939 brit. D. NEWTON BEACH (4.651 BRT), am 7.10.1939 brit. D. ASHLEA (4.222 BRT), am 10.10.1939 brit. D. HUNTSMAN (8.196 BRT) und am 22.10.1939 brit. MS. TREVANION (5.299 BRT).
NEWTON BEACH und HUNTSMAN wurden zunächst von einem Prisenkommando besetzt und erst am 8.10. bzw. 17.10. 1939 versenkt.

November 1939 — ADMIRAL GRAF SPEE hielt sich vom 4. bis 19.11.1939 im Indischen Ozean auf und versenkte am 15.11.1939 das brit. MS. AFRICA SHELL von 706 BRT.

Dezember 1939 — Wieder im alten Operationsgebiet konnte das Panzerschiff noch folgende Erfolge verbuchen:
Am 2.12.1939 brit. D. DORIC STAR (10.086 BRT) und am 3.12.1939 brit. Kühlschiff TAIROA (7.983 BRT).
25,5° S, 24,5° W fand am 6.12.1939 das letzte Treffen der SPEE mit seinem Troßschiff ALTMARK (Kapitän Dau) statt. Insgesamt hatte die SPEE neunmal ihren Betriebsstoff aus Vorräten des Flottentroßschiffes ergänzt (erstmals am 1.9.1939). Um seine Absicht, in die Heimat zurückzukehren, zu tarnen, unternahm Kpt. z. S. Langsdorff einen Vorstoß nach Südwesten zum La Plata. Es sollte so eine Verlegung ums Kap Horn in den Pazifik vorgetäuscht werden. Am 7.12.1939 wurde der brit. D. STREONSHALH (3.895 BRT) angehalten und versenkt.

13. Dezember 1939 — ADMIRAL GRAF SPEE wurde von dem brit. schweren Kreuzer EXETER, dem brit. leichten Kreuzer AJAX und dem neuseeländischen leichten Kreuzer ACHILLES gestellt. In dem sich entwickelnden Gefecht wurde die EXETER schwer beschädigt, aber auch ACHILLES, AJAX und die SPEE erhielten Treffer. Das Panzerschiff lief Montevideo zur Reparatur an, jedoch war eine Instandsetzung in der gestellten Frist nicht möglich.

17. Dezember 1939 — Auslaufen aus Montevideo um 18.15 Uhr. Der Kommandant versenkte das Schiff in der La Plata-Mündung am 17.12.1939, 19.52 Uhr.

Insgesamt hatte das Panzerschiff 9 Handelsschiffe mit zusammen 50.089 BRT versenkt.

War History & Whereabouts

Battleship ADMIRAL GRAF SPEE

Launched on 30th June 1934 from the Reich Naval Dockyard at Wilhelmshaven
Commissioned 6th January 1936

Main Actions:

August 1939 — *On 21st August 1939, ADMIRAL GRAF SPEE left Wilhelmshaven for the South Atlantic. No raids until September. From 11th to 25th September, she stayed in and off the beat area of sea around 900 nautical miles east of Bahia.*

September 1939 — *On 26th September, the ADMIRAL GRAF SPEE was given permission to attack merchant ships. Her first victim was the British steamer CLEMENT (5,051 t), stopped and sunk off Pernabuco on 30th September.*

October 1939 — *The following ships were seized on the trade route from Cape Town to Freetown: 5th October – British steamer NEWTON BEACH (4,651 t); 7th October – British steamer ASHLEA (4,222 t); 10th October – British steamer HUNTSMAN (8,196 t); 22nd October – British merchantman TREVANION (5,299 t). NEWTON BEACH and HUNTSMAN were boarded by a prize crew and were sunk later, on 8th and 17th October.*

November 1939 — *ADMIRAL GRAF SPEE was in the Indian Ocean from 4th to 19th November, sinking one British merchantman AFRICA SHELL (706 t) on 15th November.*

December 1939 — *Returning to her former area of operations, the SPEE booked the following successes: 2nd December – British steamer DORIC STAR (10,086 t); 3rd December – British refrigerator ship TAIORA (7,983 t); 6th December – last meeting of SPEE with her supply ship ALTMARK (Captain Dau) at 25.5° S, 24.5° W. 7th December – The British steamer STREONSHALN (3,895 t) was stopped and sunk.*

13th December 1939 — *ADMIRAL GRAF SPEE was cornered by the British heavy cruiser EXETER, the British light cruiser AJAX and the New Zealand light cruiser ACHILLES. In the following battle, the EXETER was badly damaged, as was the ACHILLES and AJAX and the SPEE too was hit. She went into Montevideo for repairs, but could not be brought to a satisfactory condition in the time allowed.*

17th December 1939 — *Left Montevideo at 18.15 hrs. Scuttled in the La Plata estuary at 19.52 hrs. In all, she had sunk nine merchant ships totalling 50,089 t.*

DIE SCHWEREN KREUZER DER DEUTSCHEN KRIEGSMARINE

Anläßlich der Abrüstungskonferenz in Washington im November 1921 wurde der Bau von Großkampfschiffen reglementiert. Das Rüstungspotential der seefahrenden Nationen verlagerte sich daher auf einen neuen Schiffstyp, der in analoger Anwendung des Wortes dann Washington-Kreuzer genannt wurde.
Die Schweren Kreuzer sind somit das Ergebnis einer politischen Entscheidung. Deutschland hatte zunächst keinen Anteil daran, holte dann aber schnell auf. Innerhalb von zwei Jahren, nämlich von August 1935 bis 1937 erfolgte die Kiellegung von fünf Schweren Kreuzern. Es handelte sich hierbei um zwei Typenserien, die Blücher-Klasse mit dem Schwesterschiff ADMIRAL HIPPER und die Prinz Eugen-Klasse mit den Schwesterschiffen SEYDLITZ und LÜTZOW.

Die Abweichungen zwischen den beiden Serien waren gering. Die beiden letztgenannten Schweren Kreuzer wurden nie fertiggestellt. Die LÜTZOW wurde in halbfertigem Zustand 1940 an die UdSSR verkauft. Die Absicht, die SEYDLITZ in einen Flugzeugträger umzurüsten, konnte wegen der veränderten Kriegslage nicht realisiert werden.
Aufgrund bilateraler Flottenabkommen mit Großbritannien im Jahr 1935 hatten sich beide Länder Beschränkungen auferlegt. So sollte die Standardverdrängung nicht über 10.000 ts hinausgehen. Zusätzliche militärische Forderungen führten dann jedoch dazu, daß das Schiffsgewicht um ca. 40 Prozent erhöht werden mußte.
Mit dem Bau der Schweren Kreuzer verfolgte die Deutsche Kriegsmarine die Absicht, ein Kampfschiff zu schaffen, das stärker sein sollte als der gleiche Schiffstyp anderer Marinen und bis zu gewissen Grenzen die Aufgabe von Großkampfschiffen übernehmen konnte.
Im Zusammenhang mit der Schiffsbeschreibung der Schweren Kreuzer PRINZ EUGEN und ADMIRAL HIPPER verweisen wir auch auf deren Abschnitte in diesem Buch.

Die Abbildung auf dieser Seite zeigt die BLÜCHER im Herbst 1939 wenige Wochen nach ihrer Indienststellung in der Kieler Förde. Die BLÜCHER hat bereits den sichelförmigen Atlantiksteven und die abgeschrägte Schornsteinkappe erhalten. Bei den Probefahrten schränkte der vorher gerade Steven die Seefähigkeit ein, und die Rauchgase aus dem vorher geraden Schornstein beeinflußten nachteilig die Feuerleiteinrichtungen im Vormars.

This picture on this page shows the BLÜCHER in autumn 1939 only a few weeks after she was commissioned in the Kiel Firth. The BLÜCHER already had the scythe-shaped Atlantic prow and the sloped funnel cover. On her trials, the prow in its earliest straight form reduced her sea performance and the straight funnel hindered fire control from the foremast.

THE HEAVY CRUISERS OF THE GERMAN NAVY

As a result of the conference on disarmament in Washington in November 1921, the construction of capital ships was regulated. The armament potential of the seafaring nations thus shifted to a new type of ship which became known as the "Washington Cruiser".
The heavy cruisers were therefore the result of a political decision.
At first, Germany did not participate in this, but soon caught up. In a mere two years, that is from August 1935 to 1937, the kiels of five heavy cruisers were laid. These were two classes, the Blücher Class with her sister ship ADMIRAL HIPPER and the Prinz Eugen Class with her sister ships SEYDLITZ and LÜTZOW.
The differences between the two classes were minimal. The last two cruisers mentioned were never completed. The LÜTZOW was sold to Russia in 1940 only half completed. It had been intended to convert the SEYDLITZ into an aircraft carrier, but because of the war, this was not accomplished.
On the basis of the bilateral agreement of 1935 on naval strength with Great Britain, both cruisers had set restrictions. The standard displacement was not to exceed 10,000 tons. Additional military requirements led to the ship's weight being increased by around 40 percent.
By building these heavy cruisers, the German Navy intended to build warships not only more powerful than the same type of ships in other navies, but also, within certain limits, capable of taking over the tasks of capital ships.
Together with the description of the heavy cruisers PRINZ EUGEN and ADMIRAL HIPPER, we also refer to the other sections of this book.

War History & Whereabouts

Heavy Cruiser BLÜCHER

Launched on 8th June 1937 in the Deutsche Werke in Kiel
Commissioned on 20th September 1939

Main Actions:

September 1939 – April 1940 — *Training*

April 1940 — *Preparations in Swinemünde for operation "Weserübung". Took army units on board. BLÜCHER, LÜTZOW and EMDEN together with torpedo boats ALBATROS, MÖWE and KONDOR, the 1st R-Flotilla and two armed whalecatchers formed Warship Squadron 5. The commander of this squadron, Counter-Admiral Kummetz, boarded the BLÜCHER on which the intended Commanding Admiral of Norway, Admiral Boehn, was also.*

9th April 1940 — *Warship Squadron 5 reached the Oslo Fjord. The Squadron tried to press on to Oslo without delay. Resistance was not expected, but at 5.20 (Central European Time), in the narrowest part of the fjord, the fortress of Oskarborg opened fire on the leading ship of the Squadron, the cruiser BLÜCHER. The ship was heavily damaged, receiving hits to the superstructure and being set alight on the upper deck. After two hits from the torpedoes of a Norwegian land-based torpedo battery, the BLÜCHER sank at 7.23. The Squadron's commanders transferred to the LÜTZOW.*

Kriegseinsätze und Verbleib

Schwerer Kreuzer BLÜCHER

Stapellauf 8.6.1939 Deutsche Werke in Kiel
in Dienst gestellt 20.9.1939

Haupteinsätze:

September 1939 – April 1940 — Ausbildung

April 1940 — Bereitstellung in Swinemünde zum Unternehmen "Weserübung". Übernahme von Heereseinheiten. BLÜCHER bildete mit LÜTZOW, EMDEN, den Torpedobooten ALBATROS, MÖWE und KONDOR, der 1.·R-Flottille und zwei bewaffneten Walfangbooten die Kriegsschiffgruppe 5. Der Führer dieser Gruppe, Konteradmiral Kummetz, schiffte sich auf dem Kreuzer BLÜCHER ein, auf dem sich u. a. auch der als Kommandierende Admiral in Norwegen vorgesehene Admiral Boehm befand.

9. April 1940 — Die Kriegsschiffgruppe 5 erreichte den Oslofjord. Der Verband versuchte unverzüglich nach Oslo durchzustoßen. Widerstand wurde kaum erwartet, jedoch eröffnete um 5.20 Uhr MEZ in der engsten Stelle des Fjordes, der Dröbakenge, die Festung Oskarborg das Feuer auf das Spitzenschiff des Verbandes, den Kreuzer BLÜCHER. Das Schiff wurde schwer beschädigt; es erhielt Treffer in die Aufbauten und brannte am Oberdeck. Nach 2 Torpedotreffern einer norwegischen Landtorpedobatterie sank die BLÜCHER um 7.23 Uhr MEZ. Die Führung der Kriegsschiffe ging auf den Kommandanten der LÜTZOW über.

Der Schwere Kreuzer ADMIRAL HIPPER (folgend immer nur HIPPER genannt)
- einmal in seinem Aussehen im Sommer 1939 (folgende Doppelseite) in deutschen Gewässern und
- im Februar 1941 vor Brest.

Bereits Ende 1939 hatte dieser Schwere Kreuzer genau wie die BLÜCHER den ausfallenden Vorsteven und eine Schornsteinkappe erhalten. Anläßlich einer Reparatur- und Werftliegezeit im Frühjahr 1940 wurde der alte Großmast gegen einen stärkeren Großmast ausgetauscht. Auf dem neuen Großmast war ein Beobachtungsstand aufgesetzt, der den Beobachtungsbereich des Kriegsschiffes für die vorgesehenen Atlantikunternehmen vergrößern sollte. Diese Mastform hatte sich offensichtlich nicht bewährt, denn später wurde sie wieder von Bord genommen. Schließlich ist die Drehhaube des Entfernungsmeßgerätes höher geworden, um die Antenne des Funkmeßgerätes aufnehmen zu können.

The heavy cruiser ADMIRAL HIPPER (now referred to as the HIPPER):
- *As she appeared in summer 1939 (double page following) in German waters.*
- *Outside Brest in February 1941.*

As early as the end of 1939, this heavy cruiser, like BLÜCHER, had the sloped prow and the funnel cover. During a refit in dock in spring 1940, the old main mast was swapped for a stronger one. An observation post was added on the new mast which was designed to provide the increased vision needed for the envisaged Atlantic operation. This type of mast was apparently inadequate as it was later removed. Finally, the turning cover on the range finder has become larger in order to cover the antenna on the range finder.

Diese Aufnahmen entstanden am 12./13. April 1940, unmittelbar nachdem die HIPPER in Wilhelmshaven eingelaufen war. Die Abbildungen vermitteln Einzelheiten der Beschädigungen, die am 8. April durch die Kollision mit dem britischen Zerstörer GLOWWORM entstanden waren. Die Zerstörungen wirkten über ca. ein Drittel der gesamten Steuerbordseite des Schiffsrumpfes und sogar noch über die Deckskante hinaus, wobei u. a. auch der vordere Torpedorohrsatz in Mitleidenschaft gezogen wurde. Während die Beschädigungen im Bereich des Seitenpanzers, wie die untere Abbildung zeigt, verhältnismäßig unbedeutend waren, erwiesen sie sich unterhalb des Panzerschutzes und zugleich unterhalb der Wasserlinie als äußerst schwerwiegend, denn hier wurde die Schiffsaußenhaut über eine Länge von etwa 40 Metern aufgerissen. Dadurch konnten ca. 500 t Wasser in den Schiffsrumpf eindringen. Die Abbildung verdeutlicht, wie die GLOWWORM an dem Panzerschutz der HIPPER zunächst abgerutscht ist und dann immer tiefer unter den Rumpf der HIPPER gedrückt wurde.
Die Abbildung zeigt auch Einzelheiten der Seitenpanzerung. Im Bereich des Rumpfwulstes (Mittelschiff) wird die 80 mm starke Panzerung von dem Wulst weitgehend überdeckt. Im Bereich des Vor- und Achterschiffs wurde die Panzerung in unterschiedlicher Stärke auf die Außenhaut des Schiffsrumpfes aufgebracht und zwar nicht, wie vermutet werden könnte, durch Schweißung sondern durch Nietung.

These pictures were taken on 12th and 13th April 1940 directly after the HIPPER had docked in Wilhelmshaven. They show details of the damage which occurred after the collision with the British destroyer GLOWWORM on 8th April. The damage affected over one third of the entire starboard of the hull and even affected the decks, damaging the front torpedo tubes and other areas. Although the damage to the side armour, as the lower picture shows, was relatively unimportant, it turned out to be extremely problematic being below the armour protection and, at the same time, below the waterline, a tear in the ship's outer skin of around 40 metres in length, 500 tons of water could flow into the hull of the ship through it. It is clear from the picture how the GLOWWORM slid along the armour plate of the HIPPER, pressing deeper and deeper into the hull.
The picture also shows details of the side armour. Around the bulge in the hull amidships 80 mm thick armour is covered by the bulge. At the bow and astern, armour of different thickness was fixed on top of the skin of the ship's hull, but not, as it is often thought, by welding, but by riveting.

Kriegseinsätze und Verbleib

Schwerer Kreuzer ADMIRAL HIPPER

Stapellauf 6.2.1937 Blohm & Voss, Hamburg
in Dienst gestellt 29.4.1939

Haupteinsätze:

Bis Januar 1940	Ausbildung und Erprobung.
6. April 1940	Unternehmen "Weserübung". ADMIRAL HIPPER übernahm ein Gebirgsjägerregiment in Cuxhaven-Steubenhöft.
7. April 1940	Bereitstellung bei Helgoland mit vier Zerstörern als Kriegsschiffgruppe 2.
8. April 1940	ADMIRAL HIPPER unterstützte die Zerstörer BERND VON ARNIM und HANS LÜDEMANN im Gefecht mit dem britischen Zerstörer GLOWWORM, der von ADMIRAL HIPPER vernichtet wurde. Kollision mit dem Wrack.
9. April 1940	Die Gruppe erreichte Drontheim um 5.25 Uhr.
10. April 1940	ADMIRAL HIPPER lief aus Drontheim aus und erreichte Wilhelmshaven am 12. April 1940.
April – Juni 1940	Reparatur und Werftliegezeit in Wilhelmshaven.
4. Juni 1940	Mit GNEISENAU, SCHARNHORST und 4 Zerstörern Vorstoß in den Seeraum von Harstad (Operation "Juno"). ADMIRAL HIPPER und die 4 zugeteilten Zerstörer versenkten den Truppentransporter ORAMA, den Tankdampfer OILPIONEER sowie den U-Bootjäger JUNIPER.
25. Juli – 9. August 1940	Auslaufen zum Handelskrieg zwischen dem Nordkap und Spitzbergen. Rückkehr nach Wilhelmshaven. Ein Dampfer wurde versenkt.
30. November 1940	Auslaufen zum Handelskrieg in den Nordatlantik.
6./7. Dezember 1940	Durchbruch durch die Dänemarkstraße.
24./25. Dezember 1940	Geleitzug W.S. 5 A 700 sm westlich Cap Finisterre angetroffen. Gefecht mit dem britischen schweren Kreuzer BERWICK und Zerstörern. Der britische Kreuzer wurde erheblich beschädigt, desgl. zwei Handelsschiffe, von denen eins mit 6.078 BRT sank.
27. Dezember 1940	Einlaufen in Brest und bis Ende Januar 1941 Werftüberholung.
1. Februar 1941	Auslaufen aus Brest zu neuem Kreuzerkrieg im Atlantik.
11. Februar 1941	Einzelfahrer versenkt.
12. Februar 1941	Morgens in 37° 12' N, 21° 20' W griff ADMIRAL HIPPER den Convoy S.L.S. 64 (19 aus Freetown kommende große Handelsschiffe ohne Kriegsschiffgeleit) an und versenkte nach eigenen Beobachtungen 14 Schiffe. Wegen Brennstoffmangels mußte der Kreuzer die Aktion abbrechen und nach Brest zurücklaufen. Dort eingetroffen 14.2.1941.
März 1941	Rückkehr nach Deutschland. Am 15.3.1941 ab Brest, am 23.3.1941 Dänemarkstraße passiert. Am 28.3.1941 in Kiel eingetroffen.
April bis Ende 1941	Umbauten und Werftliegezeit.
19. März 1942	Von Brunsbüttel trat ADMIRAL HIPPER die Fahrt in die Fjorde bei Drontheim an und ankerte am 21.3.1942 neben der TIRPITZ.
Juli 1942	Operation "Rösselsprung", Angriff auf den Convoy PQ 17. 5.7.1942 Vorstoß von TIRPITZ, HIPPER, SCHEER, 7 Zerstörern und 2 Torpedobooten vom Altafjord aus in das Eismeer. Keine Berührung mit dem Konvoi, jedoch bewirkte die Operation, daß die Geleitsicherung die zu schützenden Handelsschiffe verließ, so daß durch Unterseeboote und Flugzeuge zwei Drittel des Konvois vernichtet werden konnten.
10. September 1942	HIPPER, SCHEER, KÖLN und Zerstörer verlegten von Narvik zum Altafjord.
September und November 1942	Ende September und Anfang November 1942 unternahm ADMIRAL HIPPER je eine Minenunternehmung mit Zerstörern in der Barents-See. Ein russischer Tanker wurde vernichtet.
30. Dezember 1942	Unter Führung von V.Adm. Kummetz liefen ADMIRAL HIPPER (Flaggschiff), LÜTZOW und 6 Zerstörer vom Altafjord zum Angriff auf den Konvoi JW 51 B aus. Der Angriffsplan auf den Konvoi sah einen Zangenangriff vor, wobei ADMIRAL HIPPER mit 3 Zerstörern von NW, LÜTZOW gleichfalls mit 3 Zerstörern von Süden den nach Osten steuernden Konvoi angreifen sollten.
31. Dezember 1942	ADMIRAL HIPPER griff in 73°N, 29°O den Konvoi an. ADMIRAL HIPPER versenkte den Minensucher BRAMBLE und beschädigte den Zerstörer ACHATES. Die Kreuzer SHEFFIELD und JAMAICA griffen die Hipper-Gruppe an und versenkten den Zerstörer FRIEDRICH ECKOLDT. Während des Kampfes der Hipper-Gruppe war die LÜTZOW mit ihren 3 Zerstörern von Süden an den Konvoi herangekommen, beschädigte aber nur einen Frachter. Kurz vor Mittag brach V.Adm. Kummetz das Gefecht ab. ADMIRAL HIPPER hatte einen Treffer erhalten, der die Bordwand durchschlagen hatte.
Februar – März 1943	ADMIRAL HIPPER und KÖLN verlegten von Norwegen in die Ostsee.
1. April 1943	Außer Dienst gestellt und in Pillau aufgelegt.
März 1944	ADMIRAL HIPPER wieder in Dienst gestellt.
Herbst 1944	Bedingt gefechtsbereit und als Ausbildungsschiff verwendet.
30. Januar 1945	ADMIRAL HIPPER lief mit 1.530 Flüchtlingen an Bord aus Gotenhafen zur Reparatur nach Kiel aus.
3. April 1945	Bombentreffer, im Dock der Deutschen Werke, Kiel.
3. Mai 1945	ADMIRAL HIPPER wurde im Dock der Deutschen Werke selbst gesprengt. Später von den Engländern in der Heikendorfer Bucht abgesetzt. 1948/49 abgebrochen.

Heavy Cruiser ADMIRAL HIPPER

Launched 6th February 1937 by Blohm & Voss, Hamburg
Commissioned 29th April 1939

Main Actions:

To January 1940	*Training and trials.*
6th April 1940	*Operation "Weserübung". ADMIRAL HIPPER took a mountain regiment on board in Cuxhaven-Steubenhöft.*
7th April 1940	*Took up positions off Heligoland with four destroyers, forming Warship Squadron 2.*
8th April 1940	*ADMIRAL HIPPER supported the destroyers BERND VON ARNIM and HANS LÜDEMANN in action against the British destroyer GLOWWORM. The latter was totally destroyed by the ADMIRAL HIPPER but she collided with the wreck.*
9th April 1940	*The Squadron reached Drontheim at 5.25*
10th April 1940	*ADMIRAL HIPPER left Drontheim and reached Wilhelmshaven on 12th April 1940.*
April – June 1940	*Repairs in dock at Wilhelmshaven.*
4th June 1940	*Along with GNEISENAU, SCHARNHORST and four destroyers, participated in a raid in the area of Harstad (Operation "Juno"). ADMIRAL HIPPER and the four attacked destroyers sunk the troop transport ORAMA, the tanker OIL PIONEER and the submarine hunter JUNIPER.*
25th July 1940	*At sea between the Northern Cape and Spitzbergen in the trade*
9th August 1940	*war. Returned to Wilhelmshaven. Sank one merchantman.*
30th November 1940	*Put to sea for the Battle of the Atlantic.*
6th – 7th December 1940	*Broke out through the Straits of Denmark.*
24th – 25th December 1940	*Attacked Escort W.S. 5 A 700 nautical miles west of Cape Finisterre. Fought with the British heavy cruiser BERWICK and destroyers. The British cruiser was severely damaged along with two merchantmen, one of which, 6,078 tons sank.*
27th December 1940	*Entered Brest and refitted in dock until the end of January 1941.*
1st February 1941	*Left Brest for the battle in the Atlantic.*
11th February 1941	*That morning at 37° 12' N, 21° 20' W, ADMIRAL HIPPER attacked Convoy S.L.S. 64 (19 large merchantmen coming from Freetown without any warship escort), sinking, according to its own sightings, 14. Due to lack of fuel, the cruiser had to break off the action and return to Brest. She arrived there on 14th February 1941.*
March 1941	*Returned to Germany. Left Brest on 15th March 1941, passed the Straits of Denmark on 23rd March 1941. Arrived in Kiel on 28th March 1941.*
April – End 1941	*Conversions in dock.*
July 1942	*Operation "Rösselsprung", attack on Convoy PQ 17.*
5th July 1942	*Raid by TIRPITZ, HIPPER, SCHEER, seven destroyers and two torpedo boats into the Arctic Ocean from the Alta Fjord. No contact with the convoy, but the operation was effective in that the escort left the convoy allowing it to be attacked by U-boats and aircraft which sunk two-thirds of it.*
10th September 1942	*HIPPER, SCHEER, KÖLN and destroyers transferred from Narvik to the Alta Fjord.*
September and November 1942	*At end of September and the beginning of November 1942, ADMIRAL HIPPER along with some destroyers laid mines in the Barents Sea. 1 Russian tanker was sunk.*
30th December 1942	*Under the command of Vice-Admiral Kummetz, ADMIRAL HIPPER (Flagship), LÜTZOW and six destroyers left the Alta Fjord to attack convoy JW 51 B. The plan of attack was to make a pincer manoeuvre, ADMIRAL HIPPER and three destroyers from the north-west. LÜTZOW and the other three destroyers from the south, attacking the convoy which was going east.*
31st December 1942	*ADMIRAL HIPPER attacked the convoy at 73° N, 29° E, sinking the mine-seeker BRAMBLE and damaging the destroyer ACHATES. The British cruiser SHEFFIELD and JAMAICA attacked the HIPPER and her squadron, sinking the destroyer FRIEDRICH ECKOLDT. During the battle with the HIPPER and her squadron, the LÜTZOW with her three destroyers, coming from the south, reached the convoy but only damaged one freighter. Just before midday, Kummetz broke off the battle. ADMIRAL HIPPER had suffered one hit which had penetrated the side of the ship.*
February – March 1943	*ADMIRAL HIPPER and KÖLN were transferred from Norway to the Baltic.*
1st April 1943	*Withdrawn from service and laid up in Pillau.*
March 1944	*ADMIRAL HIPPER recommissioned.*
Autumn 1944	*Prepared for action and used as a training ship.*
30th January 1945	*With 1,530 refugees on board, the ADMIRAL HIPPER left Gotenhafen for repairs in Kiel. The ship that preceded her, the WILHELM GUSTLOFF, was torpedoed by a Russian submarine and sank. Because of the danger from the submarine, ADMIRAL HIPPER could do nothing to help. Instead, she proceeded westwards and got to Kiel without further incident.*
3rd April 1945	*Hit by a bomb.*
3rd May 1945	*ADMIRAL HIPPER was blown up in the dock of the Deutsche Werke. She was later moved to the Heikendorf Bight by the British and broken up in 1948/49.*

Der PRINZ EUGEN war gerade gemeinsam mit SCHARNHORST und GNEISENAU am 13. Februar 1942 der Kanaldurchbruch gelungen. Zum Zeitpunkt, als diese Aufnahme entstand, war gerade etwas mehr als eine Woche vergangen. Zusammen mit ADMIRAL SCHEER und drei Zerstörern befand sich die PRINZ EUGEN auf dem Marsch durch die norwegischen Schären zum Drontheimfjord. Die deutsche Marineleitung beabsichtigte, mit dieser Verlegung deutsche Unterwasserkampfschiffe zu verstärken. Doch am 23. Februar 1942 lief die PRINZ EUGEN zusammen mit vier anderen Booten dem britischen U-Boot TRIDENT vor die Rohre, das vor dem Fjord auf der Lauer lag. Das Torpedo traf das Achterschiff des Schweren Kreuzers, so daß es es auf eine Länge von ca. 14 Meter abknickte. Die Ruderanlage wurde dabei zerstört. Mit den Werkstattmitteln des Marinestützpunktes in Drontheim schuf man dann provisorisch die Voraussetzungen für eine Überführung zu einer Werft mit Dockmöglichkeiten in Deutschland. Unter dem Decknamen "Zauberflöte" wurde der Schwere Kreuzer schließlich nach Kiel überführt, wo er trotz schwerer Luftangriffe durch Torpedoflugzeuge und Hochbomber sicher am 18. Mai 1942 einlief.

The PRINZ EUGEN along with the SCHARNHORST and GNEISENAU successfully broke through the English Channel on 13th February 1942. This photograph was taken just over a week later. The PRINZ EUGEN together with the ADMIRAL SCHEER and three destroyers were on their way to the Drontheim Fjord through the Norwegian skerries. The German Naval Command was intending to re-inforce the German ocean-going warships with this movement of forces, but on 23rd February 1942, the PRINZ EUGEN along with the other four ships ran into the British submarine TRIDENT, which was lying in wait before the fjord, torpedoes ready. One stuck the stern of the heavy cruiser in such a way that about 14 metres of it was broken off. The rudder was therefore destroyed. With the tools available at Drontheim, temporary repairs were made so that the heavy cruiser could sail to a harbour in Germany with proper dock facilities. Under the code-name "Zauberflöte" ("Magic Flute"), she was transferred to Kiel, where, despite air attacks by torpedo planes and high altitude bombers, she arrived safely on 18th May.

In diesem Zustand zeigte sich die PRINZ EUGEN im Spätherbst 1944, nachdem sie bereits mit ca. 2.000 Schuß ihrer schweren Artillerie in die erbitterten Landkämpfe gegen sowjetische Heeresverbände eingegriffen hatte.
Das Aussehen der PRINZ EUGEN blieb während des gesamten Krieges im wesentlichen unverändert. Lediglich auf die Drehhaube des Entfernungsmeßgerätes im Vormars wurde ein Funkmeßstand aufgesetzt und die Scheinwerfer beiderseits des Schornsteins durch zwei 2 cm Flak in Vierlingslafette ersetzt; wie überhaupt die Flakbewaffnung im Laufe des Krieges stark zugenommen hatte. Ungeachtet ihres strapazierten Aussehens vermag die Abbildung noch die Eleganz und Ausgewogenheit dieses architektonisch gelungenen Schiffes auszudrücken.

This is how the PRINZ EUGEN appeared in late autumn 1944 after she had fired about 2,000 rounds from her main armament in the bitter land fighting against the Soviet armies. The appearance of the PRINZ EUGEN remained largely unaltered during all of the war. All that was changed were the turning hood on the range finder on the foremast which had a radio measuring platform added on it and the searchlights on both sides of the funnel which were replaced by two 2 cm AA guns on quad mountings; the AA weaponry was increased throughout the war on all units of the German Navy.
Despite its worn appearance, this picture shows the elegance and balance of this architecturally well-designed ship.

Kriegseinsätze und Verbleib

Schwerer Kreuzer PRINZ EUGEN

Stapellauf 22.8.1938 Germania-Werft, Kiel
in Dienst gestellt 1.8.1940

Haupteinsätze:

Juli 1940	Noch nicht in Dienst gestellt, erhielt PRINZ EUGEN bei britischen Luftangriffen am 1. und 2.7.1940 je einen Bombentreffer bei der Germania-Werft.
August 1940 – April 1941	Ausbildung und Übungen aller Art.
23. April 1941	Grundminentreffer im Fehmarn-Belt.
18. Mai 1941	Von Gotenhafen ausgelaufen, um zusammen mit der BISMARCK in den Atlantik durchzubrechen.
21. Mai 1941	Beide Schiffe ankerten südlich von Bergen im Korsfjord und ergänzten Öl. Hierbei wurden sie von der britischen Luftaufklärung entdeckt. Noch am Abend des gleichen Tages liefen beide Schiffe wieder aus.
23. Mai 1941	Um 08.22 Uhr (MEZ) sichtete der britische Schwere Kreuzer SUFFOLK die deutschen Schiffe nordwestlich von Island im nördlichen Teil der Dänemarkstraße. Rund eine Stunde später stieß die NORFOLK zur SUFFOLK. Beide britischen Schiffe hielten mit dem deutschen Verband Fühlung. Kurzer erfolgloser Schußwechsel zwischen BISMARCK und NORFOLK. In der Nacht verloren die britischen Kreuzer für zweieinhalb Stunden die Fühlung. PRINZ EUGEN setzte sich vor die BISMARCK.
24. Mai 1941	Um 03.47 Uhr (MEZ) hatte SUFFOLK wieder Radarkontakt mit den deutschen Schiffen. 06.53 – 07.13 Uhr (MEZ). Gefecht mit dem britischen Schlachtkreuzer HOOD und dem britischen Schlachtschiff PRINCE OF WALES unter Viceadmiral Holland. Um 07.00 Uhr explodierte und sank die HOOD auf 63° 20' N, 31° 50' W. Beide deutschen Schiffe hatten bei Beginn des Gefechts das Feuer auf HOOD eröffnet. Soweit feststellbar, erzielte PRINZ EUGEN den ersten Treffer des Gefechts, weitere 5 bis 6 Treffer gingen auf Konto der BISMARCK. Nach Vernichtung der HOOD konzentrierte sich das Feuer der deutschen Schiffe auf PRINCE OF WALES, die 4 Treffer der BISMARCK und 3 Treffer der PRINZ EUGEN erhielt. PRINCE OF WALES brach das Gefecht ab und hielt jedoch, wie auch NORFOLK und SUFFOLK, Fühlung mit dem deutschen Verband. Zwischen 19.00 und 20.00 Uhr verminderte BISMARCK die Fahrt, kurzer Schußwechsel mit den Verfolgern. PRINZ EUGEN wurde vom Flottenchef zum Handelskrieg im Mittelatlantik entlassen.
26. Mai 1941	PRINZ EUGEN ergänzte Öl aus dem Troßschiff SPICHERN.
26. – 29. Mai 1941	Es wurden keine Handelsschiffe gesichtet.
29. Mai 1941	Maschinenschäden zwangen den Kreuzer, Brest anzulaufen. Dort eingetroffen 1.6.1941.

	15.31 Uhr. Vor der Scheldemündung erster Minentreffer auf dem Schlachtschiff SCHARNHORST. GNEISENAU und PRINZ EUGEN liefen weiter. 16.43 Uhr. Aus Harwich kommend griffen fünf brit. Zerstörer in Höhe von Rotterdam den deutschen Verband an. Die deutschen Schiffe konnten alle Torpedos ausmanövrieren.
13. Februar 1942	GNEISENAU und PRINZ EUGEN erreichten um 08.00 Uhr die Elbemündung. Da die beiden Schiffe beschädigt waren, setzte der Verbandschef, V.Adm. Ciliax, seine Flagge auf PRINZ EUGEN. Zum Verband trat der Schwere Kreuzer ADMIRAL SCHEER.
21. Februar 1942	Verschiedene Täuschungsmanöver des Verbandes in der Nordsee zur Irreführung des Gegners. Flugzeuge sichteten um 12.10 Uhr PRINZ EUGEN, ADMIRAL SCHEER und 3 Zerstörer vor der holländischen Küste auf Nordkurs. Fühlung ging verloren. Erst am 22.2.1942 nachmittags konnte die feindliche Aufklärung die Schiffe im Grimstadfjord ausmachen.
23. Februar 1942	Vor dem Drontheimfjord torpedierte das britische Unterseeboot TRIDENT um 07.00 Uhr die PRINZ EUGEN und beschädigte das Schiff schwer.
Februar/März 1942	Ein Teil des Achterschiffes mußte abgeschweißt werden. Notreparatur.
16. – 18. Mai 1942	Überführung nach Kiel (das Schiff fuhr mit eigener Kraft). In der Höhe von Lister griffen britische Torpedoflugzeuge und Bomber im geschlossenen Verband an. Ein Treffer wurde nicht erzielt.
Oktober 1942	PRINZ EUGEN wieder einsatzbereit, blieb zunächst in Heimatgewässern.
Mai 1943	PRINZ EUGEN trat zum Ausbildungsverband der Flotte.
Herbst 1943	Sonderaufgaben (Weiterentwicklung von Waffen und Gerät).
Juni 1944	Aus den Schweren Kreuzern PRINZ EUGEN und LÜTZOW und der 6. Zerstörerflottille wurde eine Kampfgruppe gebildet. Der Kreuzer wurde in der östlichen Ostsee nordwestlich von Utö eingesetzt.
Juli 1941	In der Nacht vom 1. zum 2.7.1941 Bombentreffer im Dock in Brest.
12. Januar 1942	befahl Hitler die Verlegung der Großkampfschiffe GNEISENAU, SCHARNHORST und PRINZ EUGEN von Brest durch den Kanal nach Norwegen zur Abwehr einer dort befürchteten Invasion.
11. Februar 1942	Auslaufen des Verbandes aus Brest war für 20.30 Uhr (MEZ) geplant. Durch Luftangriffe Verzögerung bis 23.45 Uhr.
12. Februar 1942	Um 11.20 Uhr (MEZ) wurde der deutsche Verband durch die feindliche Luftaufklärung ausgemacht. Die Schiffe standen zu dieser Zeit schon in Höhe der Somme-Mündung. 13.19 Uhr Passieren der Straße von Dover. Auch jetzt noch keine feindlichen Angriffe oder Störversuche. 13.25 Uhr erfolgloser Angriff von vier aus Dover kommenden britischen Schnellbooten. 13.45 Uhr erfolgloser Angriff von 6 britischen Torpedoflugzeugen, die alle abgeschossen wurden. Zwischen 16.40 und 19.00 Uhr verschiedene weitere Angriffe von Torpedoflugzeugen und Bombern. Sämtlichen Angriffen war kein Erfolg beschieden.

19. – 20. August 1944	Vorstoß in den Rigaischen Meerbusen und Beschießung von Tukkum.
15. September 1944	Die Kampfgruppe stand in diesen Tagen in voller Stärke in der Aalandsee und erzwang durch ihre Anwesenheit die kampflose Durchfahrt von 6 aus dem Bottnischen Meerbusen kommenden deutschen Frachtern mit schweren Geräten der deutschen Lapplandarmee an Bord.
Oktober 1944	Einsatz zur Unterstützung der zurückgehenden Heeresverbände bei Memel.
15. Oktober 1944	PRINZ EUGEN rammte nördlich von Hela den Leichten Kreuzer LEIPZIG. 14 Stunden waren die Schiffe ineinander verkeilt.
November 1944	Weiterhin Einsatz zur Unterstützung des Heeres.
8. April 1944	Zusammen mit LÜTZOW lief PRINZ EUGEN nach Swinemünde. PRINZ EUGEN lief weiter nach Kopenhagen.
9. Mai 1945	Unter britischen Befehl gestellt.
22. Mai 1945	Zusammen mit NÜRNBERG nach Wilhelmshaven verlegt.
13. Dezember 1945	PRINZ EUGEN den USA zugesprochen und nach Westermünde überführt.
13. Januar 1946	Nach USA ausgelaufen, 22.1.1946 an Boston.
Sommer 1946	Bei Atomversuchen (Bikini-Lagune) leicht beschädigt, aber schwimmfähig, danach bei dem Kwajalein-Atoll verankert, verrottet und gesunken.

War History & Whereabouts

Heavy Cruiser PRINZ EUGEN

Launched 22nd August 1938 from the Germania-Werft in Kiel
Commissioned on 1st August 1940

Main Actions:

July 1940	*Before being commissioned, the PRINZ EUGEN was hit on 1st and 2nd July 1940 by British bombs in the Germania-Werft.*
18th May 1941	*Left Gotenhafen to break out into the Atlantic with the BISMARCK.*
21st May 1941	*Both ships anchored in the Kors Fjord to the south of Bergen and refueled. They were spotted by British air reconnaissance. That evening, they left the fjord.*
24th May 1941	*06.53 to 07.13, battle with the British battle cruiser HOOD and battleship PRINCE OF WALES under Vice-Admiral Holland. At 07.00, the HOOD exploded and sank at 63° 20' N, 31° 50' W. After destruction of the HOOD, the German ships concentrated their fire on the PRINCE OF WALES which suffered four hits from the BISMARCK and three from the PRINZ EUGEN. The PRINCE OF WALES broke off the battle. PRINZ EUGEN was sent off to the Battle of the Atlantic by the Head of the Fleet.*
26th May 1941	*PRINZ EUGEN took on oil from the supply ship SPICHERN.*
26th – 29th May 1941	*No merchant ships sighted.*
29th May 1941	*Engine problems forced the cruiser to head for Brest, arriving there on 1st June 1941.*
July 1941	*Hit by a bomb in dock in Brest during the night of 1st to 2nd July 1941.*
12th January 1942	*Hitler ordered the transfer of the capital ships GNEISENAU, SCHARNHORST and PRINZ EUGEN from Brest through the English Channel to Norway to help the defence against the feared invasion.*
11th February 1942	*The departure of the ships was planned for 20.30 (CET), but this was delayed to 23.45 by an airraid.*
12th February 1942	*At 11.20 (CET), the German ships were spotted by enemy air reconnaissance. By this time, the ships were already in the Somme estuary. At 13.19, they passed through the Straits of Dover without any enemy attacks or interference.* *At 13.25, there was an unsuccessful attack by four British MTBs from Dover. At 13.45, there was an unsuccessful attack by six British torpedo planes all of which were shot down. Between 16.40 and 19,00, there were a number of further attacks by torpedo planes and bombers. None of the attacks was successful.* *At 15.31, in the Schelde estuary, the first hit by a mine on the battleship SCHARNHORST. GNEISENAU and PRINZ EUGEN continued.* *At 16.43, five British destroyers from Harwich attacked the German ships off Rotterdam. The German ships avoided all the torpedoes.*
23rd February 1942	*Outside the Drontheim Fjord, the British submarine TRIDENT torpedoed and heavily damaged the PRINZ EUGEN.*
16th – 18th May 1942	*Transferred to Kiel (the ship went under its own steam). Outside Loster, British torpedo planes and bombers attacked in force. There were no hits.*
October 1942	*PRINZ EUGEN was again made ready for action, but stayed in home waters.*
May 1943	*PRINZ EUGEN was transferred to the training Section of the Fleet.*
October 1944	*Used to support the retiring German armies at Memel.*
15th October 1944	*PRINZ EUGEN rammed the light cruiser LEIPZIG north of Hela. The ships were stuck together for 14 hours.*
November 1944 – April 1945	*Continued to be used in support of the army.*
8th April 1945	*Along with LÜTZOW, PRINZ EUGEN went to Swinemünde,. PRINZ EUGEN went on to Copenhagen.*
9th May 1945	*Placed under British orders.*
22nd May 1945	*Transferred to Wilhelmshaven along with NÜRNBERG.*
13th December 1945	*Handed over to the US and taken to Wesermünde.*
13th January 1946	*Sent to the US, arriving on 22nd January 1946 in Boston.*
Summer 1946	*Slightly damaged during atomic tests in the Bikini Lagoon. Anchored in the Kwajalein Atoll where she rotted and sank.*

Große Flottenparade am 22. August 1938 in der Kieler Bucht. Die Flotte wurde vom Schlachtschiff GNEISENAU als Flottenflaggschiff angeführt (nicht abgebildet), die wenige Monate zuvor in Dienst gestellt worden war.
Die Abbildung zeigt vorn die ADMIRAL GRAF SPEE, dahinter ADMIRAL SCHEER gefolgt von der DEUTSCHLAND und den Leichten Kreuzern. Es war die bis dahin größte Flottenparade der Deutschen Kriegsmarine und umfaßte den gesamten modernen Schiffsbestand an großen Einheiten, der ihr zur Verfügung stand.

Grand Parade of the Fleet in the Kiel Bight on 22nd August 1938. GNEISENAU, commissioned only a few months previously, as flagship (not on the picture), led the fleet. The picture shows ADMIRAL GRAF SPEE at the front and behind her ADMIRAL SCHEER followed by DEUTSCHLAND and the light cruisers. This was the largest ever Fleet Parade of the German Navy.

HAMBURG-AMERIKA LINIE

DIE ARTILLERIEBEWAFFNUNG
Die Schwere Artillerie

Bis etwa zu Beginn des Zweiten Weltkrieges war die Schiffsartillerie der Hauptträger der Waffenwirkung. Die technischen Anstrengungen der Marinekonstrukteure aller Kriegsmarinen waren darauf gerichtet, die Wirkung der Munition ohne Schaden des eigenen Schiffes an das gegnerische Ziel heranzubringen bzw. Treffer durch Abwehrmittel zu verhindern. Diesem Zweck diente letztlich die gesamte Schiffstechnik wie die
- Panzerung,
- Feuerleiteinrichtungen,
- Antriebsmittel,
- Schiffseinrichtungen u. a. m.

Die einzelnen Komponenten mußten optimal aufeinander abgestimmt sein, um für das Schiff die aussichtsreichsten Bedingungen zu schaffen. Eine Überbewertung einer Komponenten, wie z. B. Geschwindigkeit zu Lasten der Panzerung, konnte einen Schiffstyp in seiner militärischen Leistungsfähigkeit, wie sich immer erst im Ernstfall herausstellte, erheblich beeinträchtigen. Die Technik der Schiffe wurde mit immer mehr militärischen Forderungen belastet, und so entwickelten sich aus den zunächst primitiven, schwimmenden Waffenträgern hochkomplizierte, aufwendige Systeme.
Aus der Waffenleistung und Wirkung kann die technologische Fähigkeit einer Generation abgelesen werden. Was die konventionelle Schiffsbewaffnung angeht, so wurde hier im Verlauf des Zweiten Weltkrieges das Machbare erreicht. Das führte schließlich dazu, daß die Kostenwirksamkeit – die Wechselbeziehung zwischen finanziellem Aufwand und militärischem Nutzen – letztendlich zumindest angezweifelt werden mußte. Ohne Frage gehören jedoch die Artillerie-Turmsysteme der Schiffe der Deutschen Kriegsmarine zu den wirkungsvollsten Waffen, die zum Einsatz kamen. Per Definition ist die Schwere Artillerie die Artillerie, bei der Geschoß und Treibladung nur mit mechanischer Unterstützung gehandhabt werden können. Bei der Deutschen Kriegsmarine begann dies bei dem Kaliber 20,3 cm.
Im Folgenden werden die Schiffsartillerie und der Schießbetrieb der Schweren Artillerie anhand von Lichtbildern der Schweren Kreuzer HIPPER und PRINZ EUGEN eingehend dargelegt. Diese Darstellung gilt ebenfalls für den Schweren Kreuzer BLÜCHER und sinngemäß auch für die Schlachtschiffe BISMARCK und TIRPITZ.

ARMAMENT
The Main Armament

Until around the beginning of the Second World War, the ships' guns were the main component of its weaponry. The technical objective of the designers of all warships was to fire the ammunition effectively from one's own ship against those of the enemy without damaging one's own ship as well as to avoid being hit oneself. The whole design of the ship was centred around this, including: armour, fire directional equipment, power plant, ship's equipment, etc.
The ship's whole performance had to be optimal. To place too much worth in one component as, for example, performance instead of armour could considerably reduce the military value of a class of ships. The technology of ships was burdened with more and more military demands and thus from the primitive floating weapon carriers, highly complicated and expensive systems developed. On the following picture, the armament and firing mechanisms of the heavy guns of the heavy cruisers HIPPER and PRINZ EUGEN are shown in detail. The illustration is equally valid for the heavy cruiser BLÜCHER and was similar on the battleships BISMARCK and TIRPITZ.

The turrets were in groups of two forward and astern. One turret was raised about the deck level. From forward to astern, the turrets were designated as follows: A = Anton, B = Berta, C = Cäsar, D = Dora and traversed on turntables.
A rear view of the HIPPER with the pair of turrets astern. This picture was taken on 6th April 1940. The HIPPER has moored in Cuxhaven on the Steubenhöft.

Die artilleristische Ausstattung der einzelnen Kriegsschiffstypen war jeweils so ausgelegt, daß sie vergleichbaren gegnerischen Typen zumindest gewachsen, schwächeren Typen überlegen war. Die deutschen Schweren Kreuzer der Hipperklasse waren mit acht 20,3 cm Geschützen ausgestattet. Dieses Kaliber ist jedoch aufgrund der Washingtoner Verträge von 1922 zustandegekommen. Die Geschütze standen paarweise in Doppeltürmen entlang der Schiffsmittellinie. Die Türme waren zu Turmgruppen zu jeweils zwei Türmen vorne und achtern zusammengefaßt. Davon stand ein Turm überhöht auf dem Aufbaudeck. Von vorn nach achtern trugen die Türme die Unterscheidungsmerkmale: A = Anton, B = Berta, C = Cäsar und D = Dora. Die Geschütztürme bewegten sich auf Drehscheibenlafetten.
Die nebenstehende Aufnahme gibt die Heckansicht der HIPPER mit der hinteren Turmgruppe wieder. Es ist der 6. April 1940. Die HIPPER hat an der Anlegestelle Cuxhaven am Steubenhöft festgemacht. Besatzungsmitglieder stehen in Erwartung der an Bord zu nehmenden Gebirgsjäger, die in wenigen Stunden nach Trondheim in Norwegen gebracht werden sollen.

Das Bild zeigt die gestoppt liegende HIPPER kurz vor dem Einlaufen in Brest im Frühjahr 1941. Gerade wird zwischen dem Schlepper und der HIPPER eine Schleppverbindung hergestellt. Auf dem Bild sind wichtige Einzelheiten zu erkennen, die für die Schiffs- und Artillerieführung wesentlich sind. Die offene Brücke umgibt den vorderen Artillerieleitstand. Die Brücke setzt sich nach steuerbord und backbord in zwei Nocken fort, die fast die volle Schiffsbreite erreichen. Diese Anordnung ermöglicht auch einen Blick nach achtern, was besonders bei Ab- und Anlegemanövern von Vorteil ist. Die Nocken werden bei "Klar Schiff" beigeklappt.
Unmittelbar hinter der offenen Brücke liegt der Schiffsführungsstand für den Friedensbetrieb. An ihn nach achtern angebaut ist der Kommandostand. Das ist die Gefechtsstation der Schiffsführung. Hier sind Panzerungen bis zu einer Stärke von 150 mm angeordnet. Man erkennt eine geöffnete Panzertür, die nur durch einen Kurbelmechanismus bewegt werden kann. Ebenso erkennt man eine geöffnete Tür der Friedenssteuerstelle. Hieraus ergibt sich ein guter Vergleich über die verwendeten Materialstärken. Weiter nach achtern angrenzend liegt der ebenfalls stark gepanzerte vordere Artillerieleitstand. Dies ist in der Regel die Gefechtsstation des vierten Artillerieoffiziers, wenn er während des Tages die Station besetzt. Bei den quadratischen Kästen, die aus den Decken der Stände ragen, handelt es sich um die Köpfe von Peilfernrohren für die Schiffsführung und den ersten Torpedooffizier sowie die Hilfsbeobachter des Artillerieoffiziers. Dieser selbst benutzt einen Zielgeber, dessen kastenförmiger, heller Kopf über dem vorspringenden Vorderteil des Artillerieleitstandes zu erkennen ist. Der Artillerieleitstand wird durch das große, hell gepönte Entfernungsmeßgerät mit sieben Meter Basislänge (7 m Bg) überragt.
Im rechten Winkel zu den Seitenwänden des Artillerieleitstandes sind Windfangwände zu erkennen, in die ein Schott eingebaut ist. Diese Wände trennen die offene Brücke vom Nachtleitstand, der so benannt wurde, weil sowohl an der Steuerbord- als auch an der Backbordseite in splittergeschützten, nach oben offenen Ständen die Richtwert- und optischen Geräte für den nächtlichen Artillerie-, Scheinwerfer- und Torpedoeinsatz installiert waren. Sie wurden auch Nachtzielsäulen genannt. Eines der optischen Geräte ist mit einer Persenning abgedeckt.
Im Marinejargon werden die Stände "Badewannen" genannt.

The HIPPER at a halt just before sailing into Brest in spring 1941 with a line between the tug and the HIPPER. The photo shows a number of details important to ship's navigation and fire control. The open bridge surrounds the fire control platform positioned forward. The bridge continued in two notches, one to port, one to starboard. This layout facilitated a view of astern which was particularly useful in docking manoeuvres. These notches were folded back when the decks were cleared.

Die Abbildung zeigt den erhöhten Turm C auf der PRINZ EUGEN. Der Teil der sichtbaren Panzerung heißt Barbett-Panzerung. Er reicht weit in den Schiffsrumpf bis zum Panzerdeck hinunter und schützt alle Baugruppen, die für den Turmantrieb und die Munitionsversorgung wichtig und auf verschiedenen Plattformen untergebracht sind. Unmittelbar unter dem Turm sitzt die Geschützplattform, die fest mit dem Turmgehäuse verbunden ist und jeweils darunter die Maschinenplattform, die Zwischenplattform I, die Zwischenplattform II, die Kartuschplattform und ganz unten, fast auf dem Schiffsboden, die Geschoßplattform. Diese Plattformen sind etwa auf dem gleichen Niveau wie das Aufbau-, das Ober-, das Batterie-, das Panzer-, das obere und das untere Plattformdeck. Der Turmschacht der Türme B und C, in dem die Plattformen untergebracht sind, hat eine Tiefe von etwa 12 Metern und einen maximalen Durchmesser von etwa 5,50 Metern. Bei den Türmen A und D, die auf dem Oberdeck aufgesetzt sind, entfällt eine Zwischenplattform. Außerdem zeigt die Abbildung die Visierscharten, aus denen heraus das zu bekämpfende Ziel direkt angerichtet werden kann. Aus den abgeschrägten Platten des Turmdaches ragen auf beiden Seiten die Turmsehrohre heraus. Sie stehen der Turmführung zum Beobachten des Gefechtsumfeldes zur Verfügung. Die aus der schrägen Turmdecke seitlich herauskragende Haube beherbergt ein 7 m Bg. Die Schutzklappen werden geschlossen, wenn die Optiken durch Einwirkung von außen und vornherein nicht benutzt werden können. Bei den Türmen A und D hat man wegen ihrer niedrigeren und deshalb spritzwassergefährdeten Anordnung auf den Einbau dieser Bg verzichtet.
Ein 20,3 cm Turm hat ein Gesamtgewicht von rund 262.000 kp, dabei wiegt allein die Geschützwiege 8.600 kp, das Rohr 20.700 kp.
Die Energie für das Schwenken der Türme wird von Elektromotoren geliefert, deren Kraft von einem Ritzel auf den großen Turmdrehkranz übertragen wird. Die anderen kraftabhängigen Baugruppen werden elektrohydraulisch angetrieben.

This picture shows the raised 'C' turret on the PRINZ EUGEN. The part of the visible armour is called "Barbette" armour. It reaches far down into the hull to below the armoured deck and protects all the compartments important for the movement of the turret and ammunition supply positioned on different platforms. Directly below the turret is the gun platform which is fixed to the turret fitment. Under each of them is the machine platform, intermediate platform I, intermediate platform II, the cartridge platform and right below, almost in the ship's hull, the shell platform. These platforms were at about the same level as the superstructure deck, the upper deck, the gun deck, the upper and lower platform decks. The turret shaft of 'B' and 'C' turrets in which the platforms were installed, were about 12 metres deep and had a maximum cross-section of about 5.5 metres. There was no intermediate platform for turrets 'A' and 'C' on the upper deck. Furthermore, this illustration shows the viewfinders from which a direct sighting could be taken. On the sloped plates of the roof of the turret, the periscopes protrude from both sides. The turret commander could use them to look at the battle. The hood on the side of the sloped turret roof is concealing a 7 metres long range finding device. The covers were shut when the optics could not be used due to events outside. This type of range finder was not included on turrets 'A' and 'D' due to their low position and the danger of spray.
A 20.3 cm turret weighed around 262,000 kg, the gun cradle weighed 8,600 kg, the barrel 20,700 kg. The turrets were turned by electric motors whose power was passed on by a pinion on the large turret turntable. The other equipment that needed to be powered was driven electrohydraulically.

The 20.3 cm 'B' turret (HIPPER) was turned in the port fitment. From the centre line of the ship, the turrets could turn upto 145° in each direction, a total of 290°. The elevating system moved the barrels, either individually or in tandem, between -10° and +37°.
A look into one of the two ports of the gun sights gives a good impression of the strength of the turret armour. On the front plate here it is strongest with 160 mm armour.

Der 20,3 cm Turm B (HIPPER) ist in Backbord-Hartlage geschwenkt. Die Türme haben von der Schiffsmitte aus gesehen jeweils einen Schwenkbereich von 145 Grad nach jeder Seite, also insgesamt 290 Grad. Das höhenrichtbare System bewegt die Rohre, einzeln oder gekuppelt, zwischen -10 Grad und +37 Grad.
Der Einblick in eine der beiden Scharten für das Zielfernrohr vermittelt einen guten Eindruck der Mächtigkeit der Turmpanzerung. Hier an der Stirnseite ist sie mit 160 mm am stärksten.
Der Abdichtung der Turmöffnungen bedarf es besonderer Aufmerksamkeit, denn die komplizierten Anlagen im Innern des Turmes können durch eindringendes Seewasser empfindlich gestört werden. Auf See erhält jedes Rohr zusätzlich zu dem Mündungspfropfen (s. Abb.) eine Rohrhose aus Leder oder Segeltuch, die auf der einen Seite am Rohr, auf der anderen Seite am Schartenrand möglichst wasserdicht befestigt wird.

Zwei Innenansichten des Entfernungsmeßplatzes im Turm B oder C von PRINZ EUGEN. Jeweils drei Mann E-Meßpersonal sind für die Bedienung der Entfernungsmesser eingesetzt. Von hier aus können unabhängig von der zentralen Feuerleitung die Entfernungen für das indirekte Richten ermittelt werden. Das wird erforderlich, wenn etwa die zentrale Feuerleitung ausfällt. Die Bedienung der Entfernungsmesser verlangt ausgesuchtes, physisch widerstandsfähiges Personal, dessen Gesundheitszustand während der Bordverwendung ständig ärztlich überwacht wird.

Two inside views of the range finding platform in 'B' or 'C' turret on PRINZ EUGEN. They were operated by a team of three men for each sight. From here, independently of the central fire control, the range for indirect settings could passed on. The crews for the range finders had to be selected, physically strong men whose health was closely monitored by doctors on board.

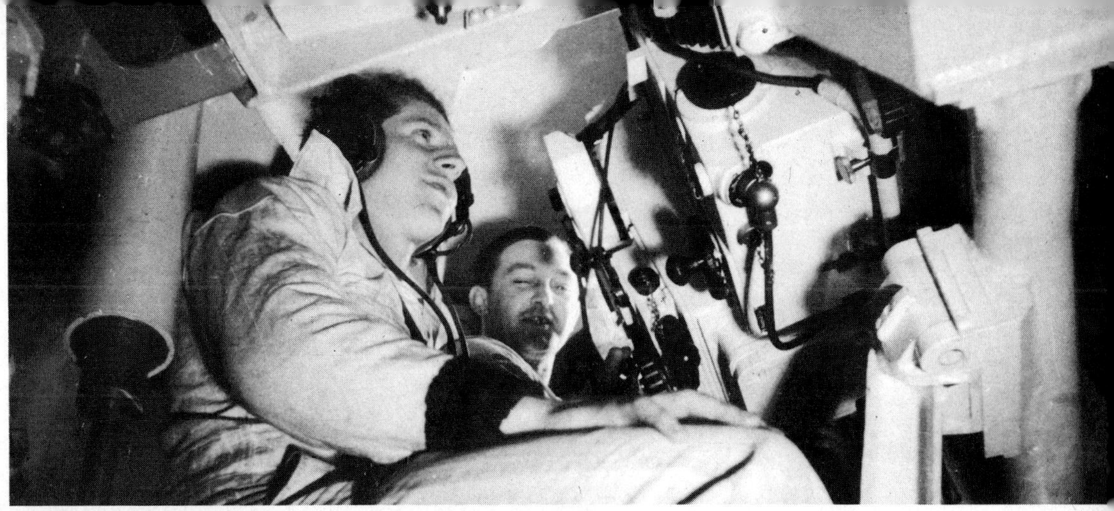

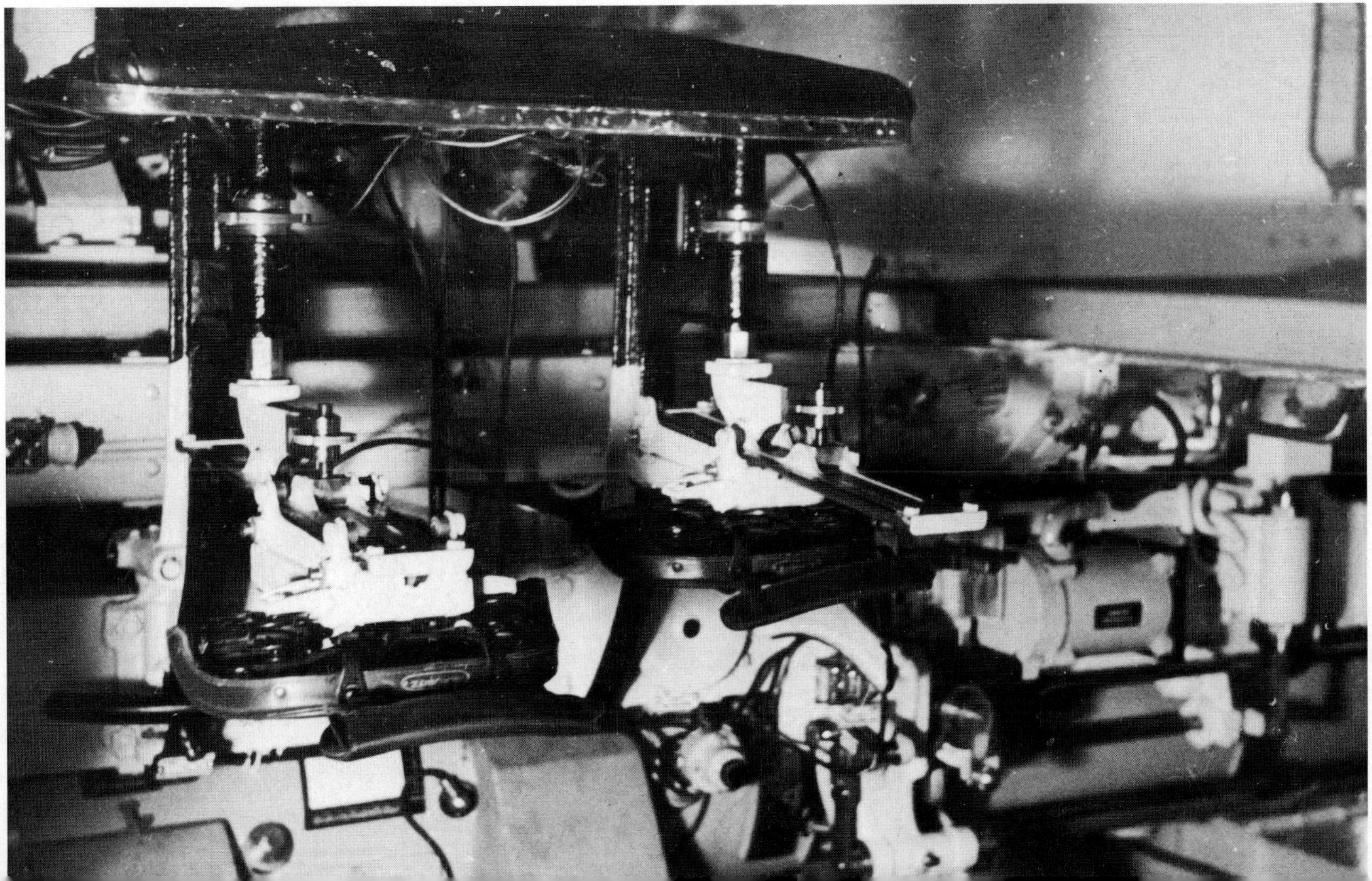

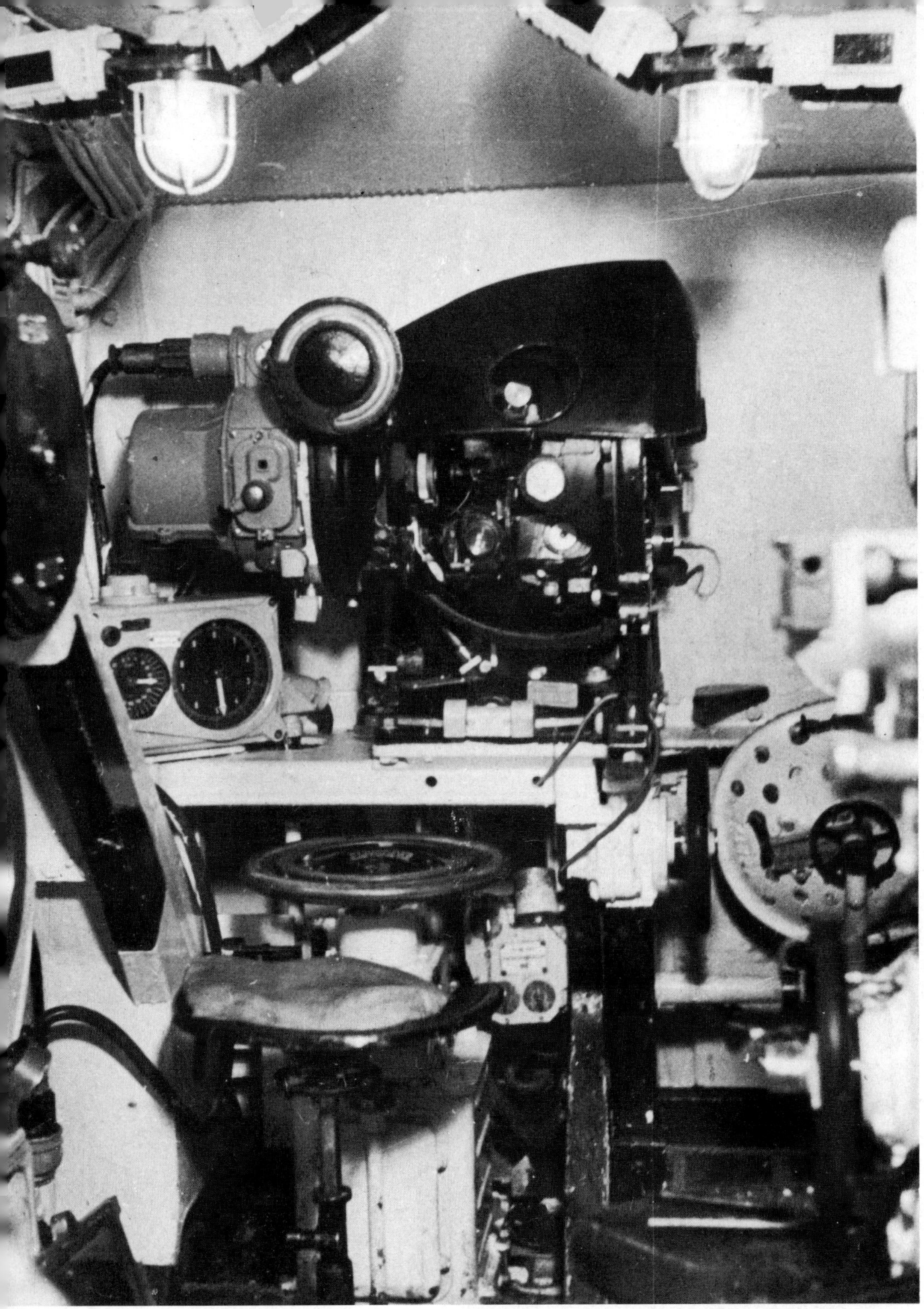

Sind alle anderen Feuerleitmittel ausgefallen, stehen beidseitig der Geschütze noch die Visiereinrichtungen zur Verfügung. Diese werden von einem Geschützführer bedient. Von hier aus können Ziele direkt angerichtet und bekämpft werden. Während man üblicherweise die Geschütze vom Stand, der die Feuerleitung übernommen hat, oder von der Rechenstelle aus abfeuert, so geschieht dies, wenn der Turm unabhängig geführt wird, ausschließlich durch Blasen in den Mundkontakt. Hier befindet sich auch gleichzeitig der Höhenrichtstand für das indirekte Richten. Ein Oberbootsmaat mit Geschützführerausbildung wartet auf das optische Signal zum Feuern. Der Befehl dazu wird vom Turmführer, oder, wenn die Türme in Gruppen feuern, vom Turmgruppenkommandeur erteilt. Der Mundkontakt bietet ein Höchstmaß an Sicherheit. Das unbeabsichtigte Lösen eines Schusses ist praktisch unmöglich.

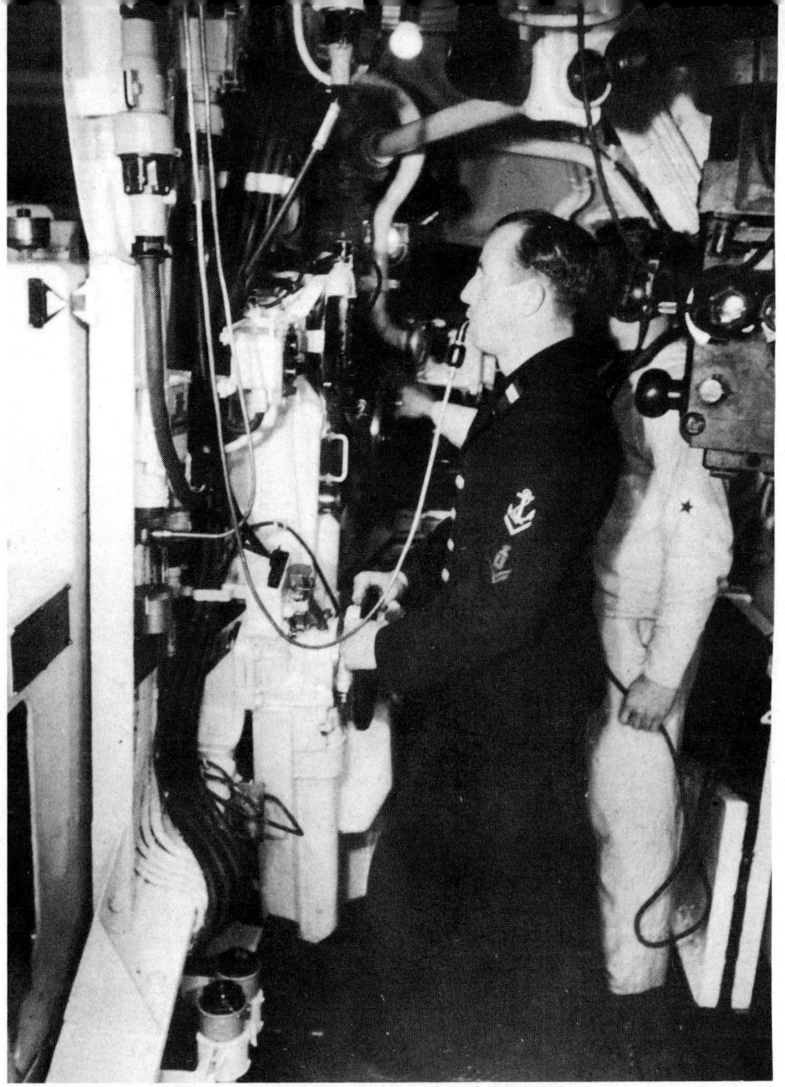

If all fire control devices were out-of-action, then on both sides of the guns there were sights. These were operated by a gunnery officer. From here target could be aimed at and fired at directly. Normally, the guns were fired by the platform that had taken over fire control or from the calculations room, but when the turret was being operated independently, this was done entirely by blowing in the voice tubes. At the same time, the elevating device for indirect fire was situated here. An officer trained in fire control waited for the visual signal to fire.

Ein Oberbootsmaat hat hier seinen Platz am rechten Turmsehrohr eingenommen. Mit diesem optischen Gerät kann das Gefechtsgeschehen beobachtet werden. Sollten alle übergeordneten Feuerleitmittel ausfallen, können die Geschütze von hier aus immer noch eingesetzt werden.
Innerhalb eines Turmes ist der Oberstückmeister, hier ein Portepee Unteroffizier, in der Dienststellung als Turmkommandant, die höchste fachliche Autorität. Er ist für den Zustand des Personals und der Geräte verantwortlich. Trotz des hohen Mechanisierungs- und Automatisierungsgrades der kontinuierlichen Kette von der Zielerfassung bis zur Bekämpfung ist sein Einfluß maßgeblich für die Feuerleistung eines Geschützturmes. Ihm unterstehen 14 Unteroffiziere und 57 Mannschaften, die als Geschützführer, Artilleriemechaniker und Munitionsmänner eingesetzt werden. Insgesamt besteht also eine Turmbesatzung aus 72 Mann, die auf die verschiedenen Turmplattformen verteilt sind. Hierin ist der Turmgruppenkommandeur mit den drei Mann E-Meßpersonal nicht enthalten.

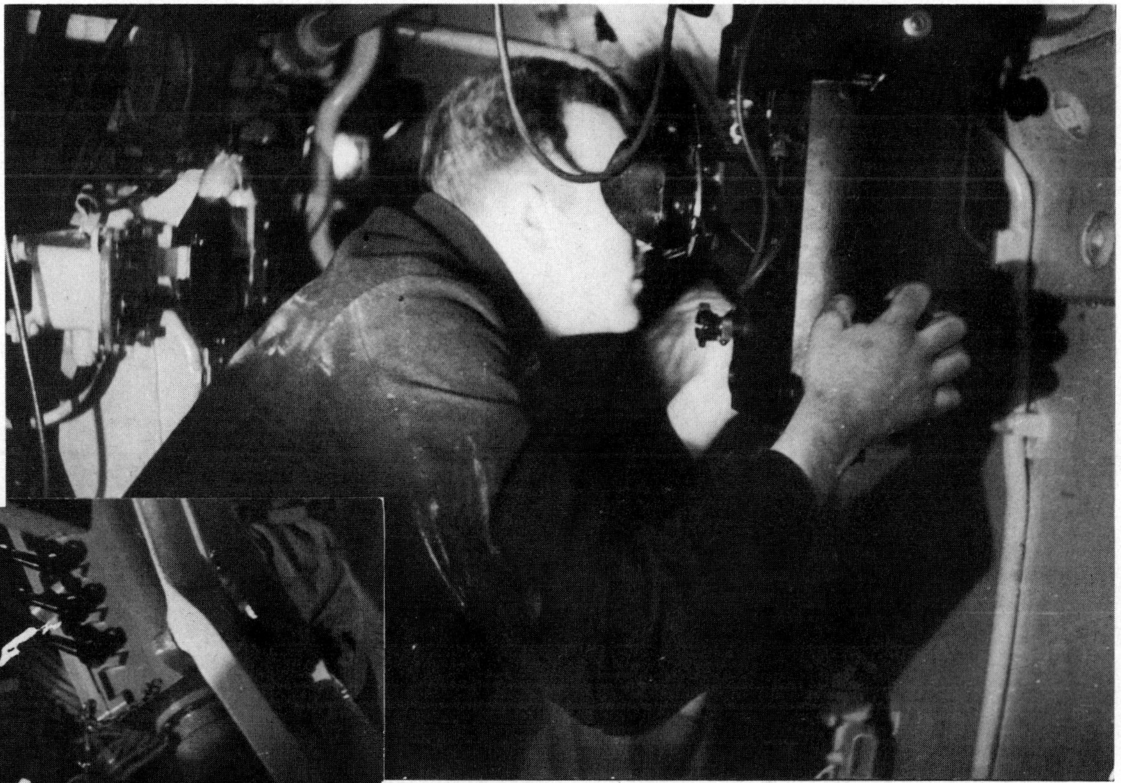

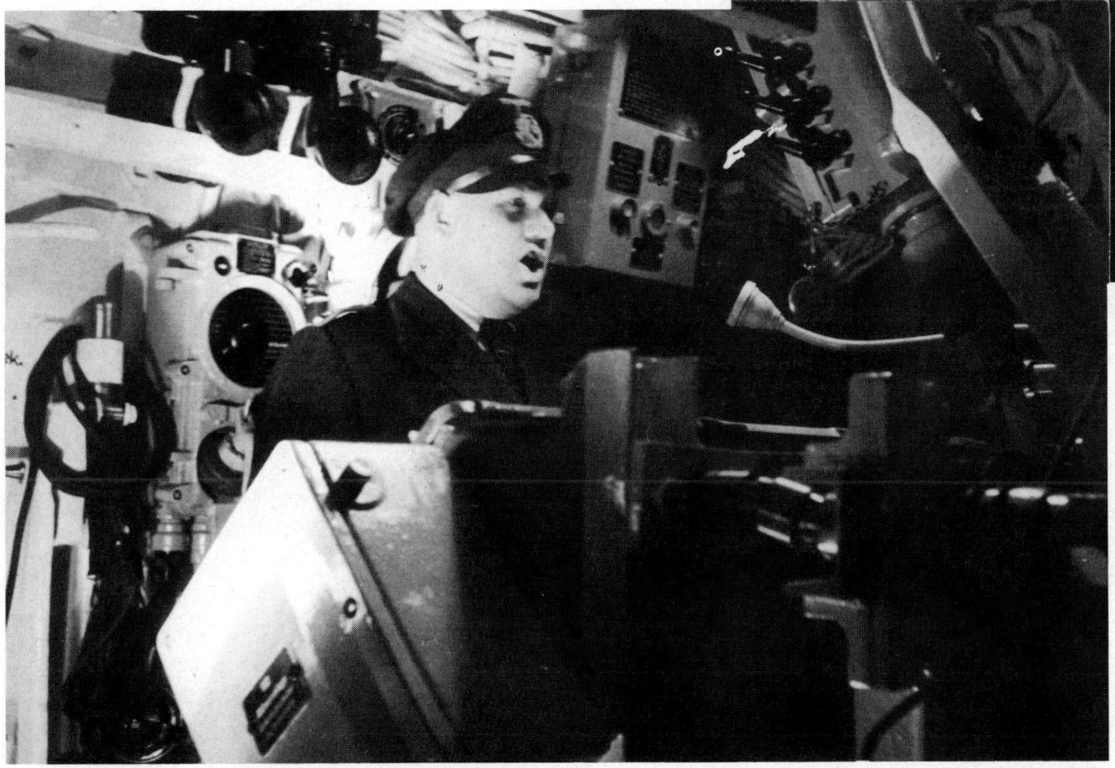

A senior mate has taken his place here on the right turret periscope. The course of the battle can be observed through this optical device. Were all the overriding means of fire control be knocked out, then the guns could still be operated from here. Inside this turret the senior gunnery officer here is a petty officer serving as turret commander, the supreme authority. He is responsible for both the men and the equipment. Despite the high level of mechanisation and automation, the continuous chain from range finding to firing was still greatly influenced by the commander of a gun turret. Below him were 14 petty officers and 57 men whose functions included gun commanders, gun engineers and ammunition carriers. The crew of a turret consisted of 72 men who were distributed over the various turret platforms. The turret commander and the three men operating the range finder are not included in this figure.

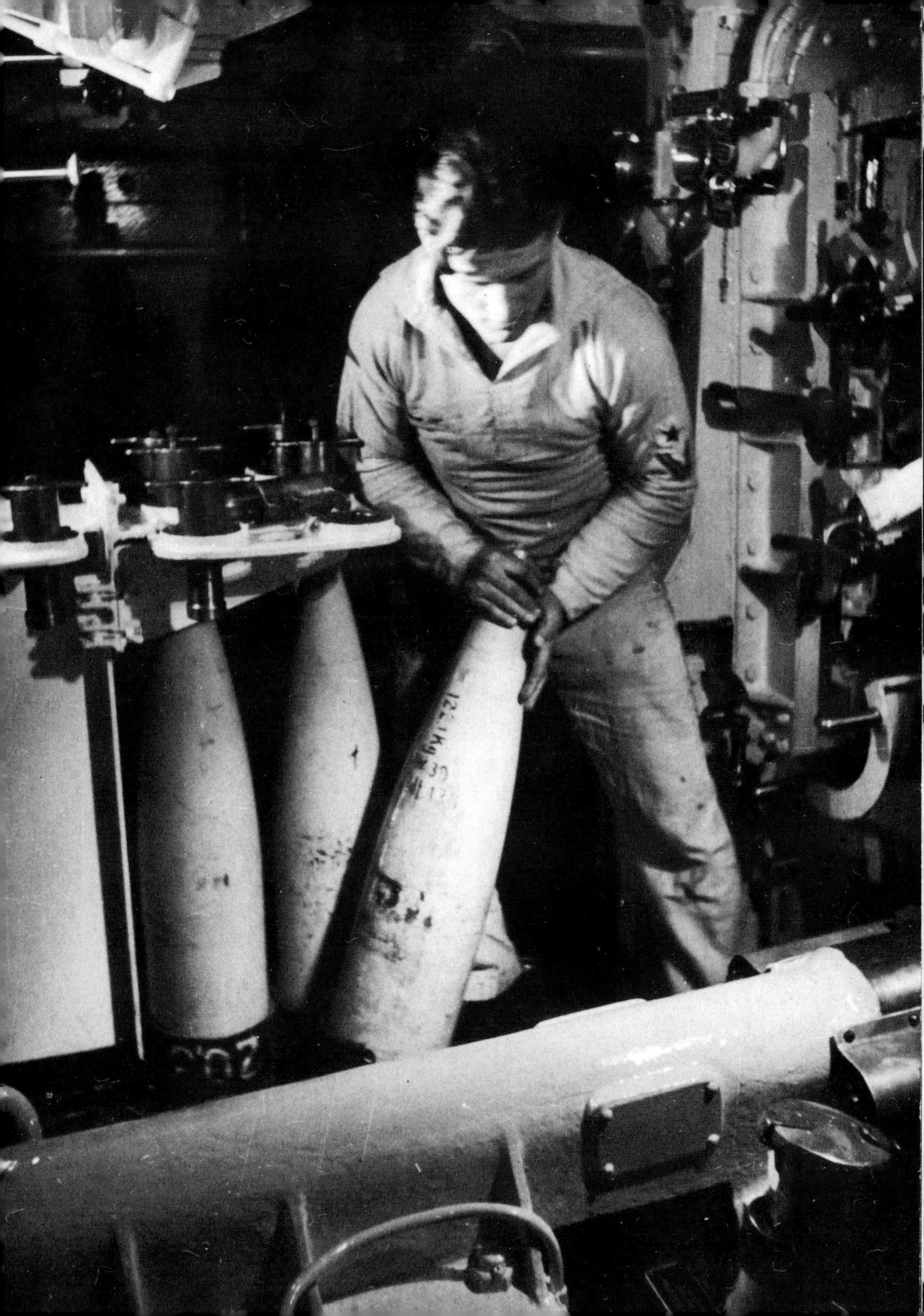

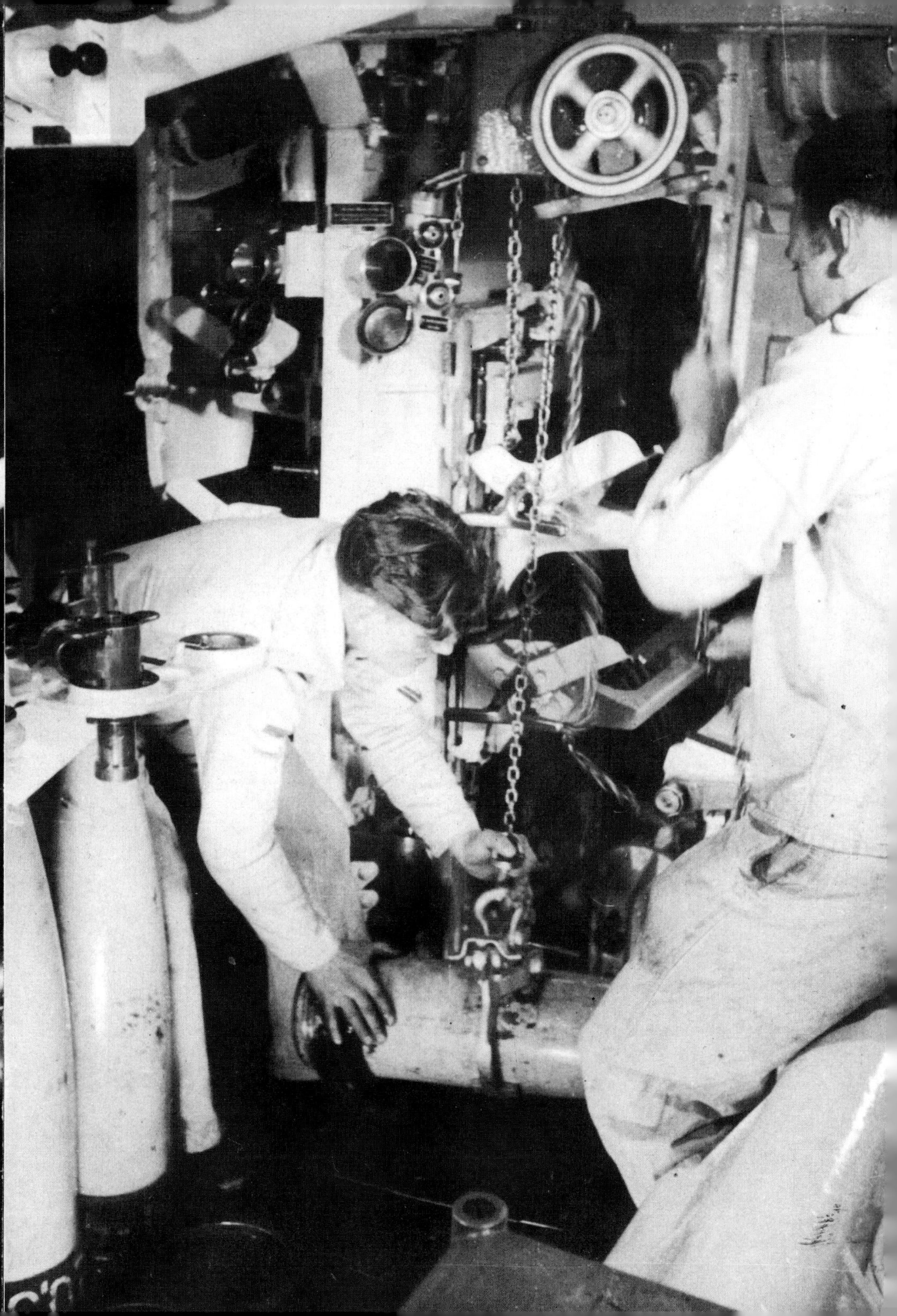

Die nachfolgenden Seiten zeigen die Vorgänge auf der Geschützplattform während des Beladevorgangs eines 20,3 cm Rohres.
Das Geschoß wird dem drehbaren Gestell, in dem die Bereitschaftsmunition aufbewahrt wird, entnommen, mit einem Flaschenzug angehoben und mit einer Laufkatze über die Lademulde transportiert, wo es dann hinter den Verschlußteil ladegerecht hineingelassen wird. Auf die Bereitschaftsmunition wird allerdings in den seltensten Fällen zurückgegriffen. Üblicherweise erfolgt der Transport mit einem Höchstmaß an mechanischer Unterstützung von der Geschoßplattform bis in die Lademulde.

Following pages show the sequence of the events on the gun platform during the loading of a 20.3 cm barrel.
The shell was taken from the turntable on which the emergency ammunition is kept, lifted with a block and tackle and transported over the loading area with a crab. Here, it was then held ready for loading behind the breech. The emergency ammunition was used only on rare occasions. Normally, it was moved from the shell platform into the loading area with a large amount of mechanical assistance.

Die Abbildung gibt einen Einblick in das Innere einer 15 cm-Kasemattgeschützes auf einem Linienschiff. Hier ist der Ladevorgang noch ausschließlich von der manuellen Tätigkeit der Geschützbedienung abhängig.

This picture gives an impression of the inside of a 15 cm turret gun on a ship of the line. Loading here was still done entirely manually by the crew.

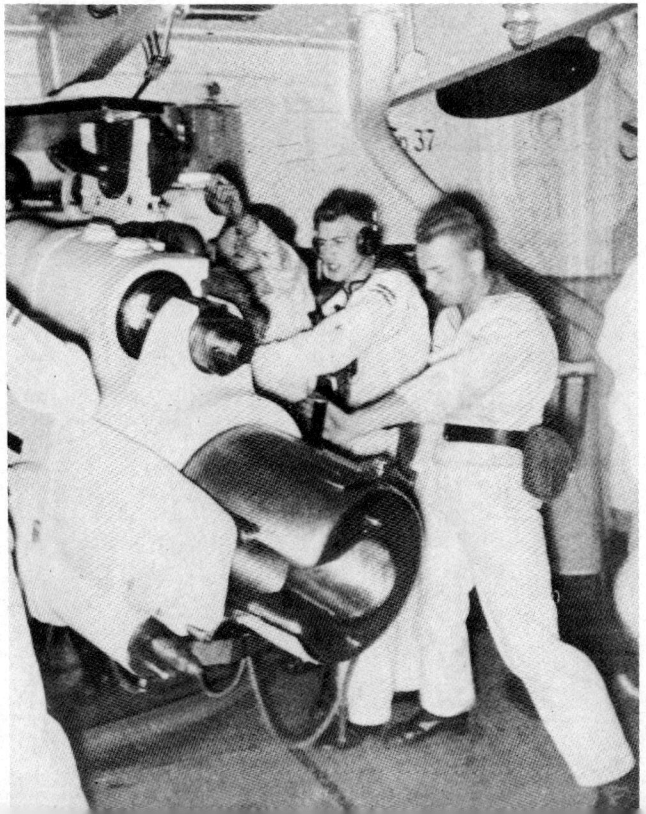

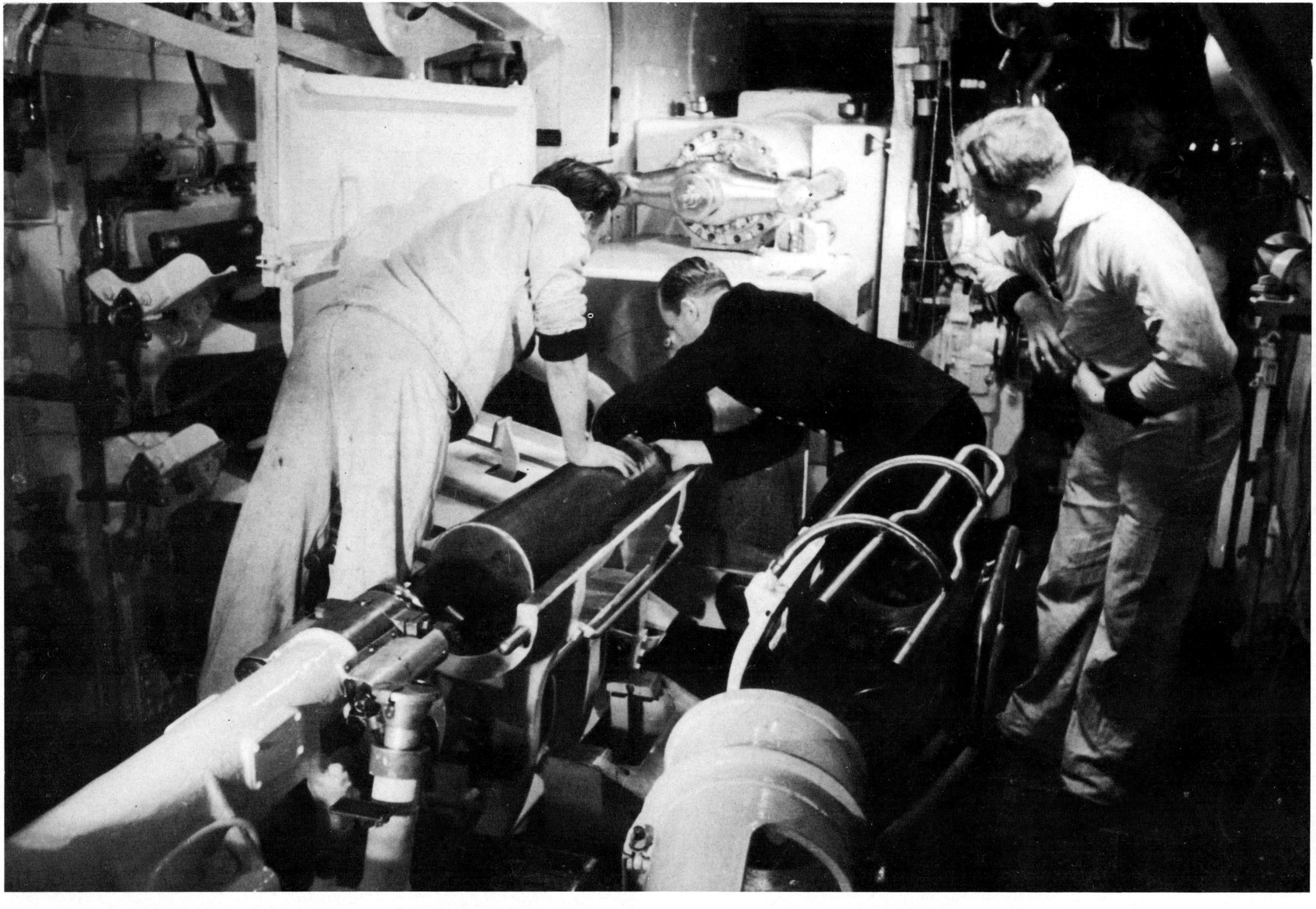

Der Zerstörer, ursprünglich aus dem Gedanken entstanden, als Torpedobootszerstörer eingesetzt zu werden, wurde in zunehmenden Maß in andere Rollen gedrängt. Insbesondere in der Deutschen Kriegsmarine, wo ein Mangel an kampfkräftigen Einheiten herrschte, wurden Zerstörer für alle Kampfaufgaben eingesetzt. Sie waren Hauptträger für Überwasseraufgaben. Die Kriegsmarine ging mit 22 Zerstörern in den Krieg. Insgesamt wurden 42 Zerstörer während des Krieges gebaut.
Die künstlerische Darstellung zeigt Z 31, der nach dem Krieg noch als MARCEAU unter französischer Flagge fuhr. Die Aufstellung und Anzahl der Leichten Flak ist nicht authentisch.

Technische Angaben:

Einsatzverdrängung:	3.691 ts
Länge über alles:	127,0 m
Größte Breite:	12,0 m
Tiefgang:	4,6 m
Leistung:	70.000 PS
Geschwindigkeit:	30,0 kn
Bewaffnung:	3 x 15 cm Seezielkanonen, 1 x 10,5 cm Seezielkanone, 14 x 3,7 cm Flak und 10 x 2 cm Flak und 8 x 53,3 cm Torpedorohre in Vierersätzen.
Besatzung:	bis ca. 330 Mann

The destroyer, originally conceived as a torpedo boat, was increasingly used in other roles. This was especially the case in the German Navy as there was a general lack of battle-worthy units, so the destroyer was used in all battle roles.
The German Navy started the war with 22 destroyers. A total of 42 were built during the course of the war.
The artistic illustration is of destroyer Z 31. After the war, renamed MARCEAU, she sailed under the French flag.
The positions and number of light AA guns are not authentic.

Technical details:

Laden displacement:	*3,691 tons*
Total length:	*127 metres*
Beam:	*12 metres*
Draught:	*4.60 metres*
Performance:	*70,000 horsepower*
Armament:	*3 x 15 cm guns, 1 x 10.5 cm gun, 14 x 3.7 cm AA guns, 8 x 53.3 cm torpedo tubes in quadruple mounts.*
Crew:	*up to 330 men.*

Die Torpedoboote der Raubvogelklasse, die zwischen 1926 und 1928 in Dienst gestellt wurden, gehörten zur ersten neuen Typenserie von Kriegsschiffen, die nach dem Ersten Weltkrieg auf einer deutschen Werft entstanden.
Es waren dies: MÖWE, SEEADLER, GREIF, ALBATROS, KONDOR und FALKE.

Technische Angaben:

Einsatzverdrängung:	1.290 ts
Länge über alles:	88,50 m
Größte Breite:	8,30 m
Tiefgang:	3,70 m
Leistung:	23.000 PS
Geschwindigkeit:	33,00 kn
Bewaffnung:	3 x 10,5 cm Seezielkanonen, 4 x 3,7 cm Flak und (ab 1941) 4 x 2 cm Flak und 6 x 53,3 cm Torpedorohre in Dreiersätzen.
Besatzung:	bis ca. 130 Mann.

The torpedo boat of the Raubvogel Class, which were commissioned between 1926 and 1928 were the first new class of warships to be built in German shipyards after the First World War.
They included:
MÖWE, SEEADLER, GREIF, ALBATROS, KONDOR and FALKE.

Technical details:

Laden displacement:	*1,290 tons*
Total length:	*88.50 metres*
Beam:	*8.30 metres*
Draught:	*3.70 metres*
Performance:	*23,000 horsepower*
Speed:	*33 knots*
Armament:	*3 x 10.5 cm guns, 4 x 3.7 cm AA guns and from 4 x 2 cm AA guns, 6 x 53.3 cm torpedo tubes triples mounted.*
Crew:	*up to 130 men.*

Die letzte Serie von Torpedobooten, die aufgelegt wurden, waren die sogenannten Flotten-Torpedoboote (bis Dezember 1944), von denen insgesamt 15 Einheiten in Dienst gestellt worden sind. Sie wirkten besonders auffällig durch das breit ausgelegte Brückenhaus, das über die gesamte Schiffsbreite reichte. Mit dem Gemälde hat der Künstler T - 23 nachempfunden. Die Aufstellung und die Zahl der Flak ist nicht authentisch.

Technische Angaben:

Einsatzverdrängung:	1.754 ts
Länge über alles:	102,50 m
Größte Breite:	10,00 m
Tiefgang:	3,20 m
Leistung:	29.000 PS
Geschwindigkeit:	32,50 kn
Bewaffnung:	4 x 10,5 cm Seezielkanonen, 4 x 3,7 cm Flak und zahlreiche 2 cm Flak und 6 x 53,3 cm Torpedorohre in Dreiersätzen.
Besatzung:	ca. 210 Mann.

The last series of torpedo boats to be laid down (to December 1944) were the so-called fleet torpedo boats of which a total of 15 units were commissioned. They were particularly distinguished by their wide bridge which reached from one side of the ship to the other. With this painting, the artist has given his impression of the T-23. The positions and numbers of AA guns are not correct.

Technical details:

Laden displacement:	*1,754 tons*
Total length:	*102.50 metres*
Beam:	*10,00 metres*
Draught:	*3.20 metres*
Performance:	*29,000 horsepower.*
Speed:	*32.5 knots.*
Armament:	*4 x 10.5 cm guns, 4 x 3.7 cm AA guns, numerous 2 cm AA guns and 6 x 53.3 cm torpedo tubes in triple mountings.*
Crew:	*Around 210 men.*

Hier eine Darstellung des Minensuchbootes M 24. Von diesem Typ, ständig modifiziert, wurde ein große Anzahl während des ganzen Krieges gebaut. Diese Kriegsschiffe waren die Arbeitspferde der Deutschen Kriegsmarine. Sie sind aus Mangel an speziellen Schiffstypen als Truppentransporter bis hin zur U-Bootbekämpfung eingesetzt worden.

Technische Angaben:

Einsatzverdrängung:	682 ts
Länge über alles:	68,10 m
Größte Breite:	8,70 m
Tiefgang:	2,70 m
Leistung:	3.500 PS
Geschwindigkeit:	18,20 kn
Bewaffnung:	2 x 10,5 cm Seezielkanonen, 2 x 3,7 cm Flak und bis zu 6 x 2 cm Flak.
Besatzung:	84 Mann.

This is an illustration of mine sweeper M42. This model, with constant modifications, was built in large numbers throughout the war. This warship was the work-horse of the German Navy. Due to the lack of specialized shipping, they were used in numerous roles from troop transport to submarine hunter.

Technical details:

Laden displacement:	*682.00 tons*
Total length:	*68.10 metres*
Beam:	*8.70 metres*
Draught:	*2.70 metres*
Performance:	*3,500 horsepower*
Speed:	*18.2 knots.*
Armament:	*2 x 10.5 cm guns, 2 x 3.7 cm AA guns and up to 6 x 2 cm AA guns*
Crew:	*84 men*

Schon vorher ist das Geschützrohr in die 3-Grad-Stellung (Ladestellung) zurückgefahren. Die vorseitige Abbildung zeigt den Zeitpunkt, an dem der Ansetzer die Granate bereits hydraulisch in das Rohr gerammt hat. Die Vorkartusche war dem Fahrstuhl entnommen und manuell durch die Verschlußöffnung geschoben worden. Wegen ihres leichteren Gewichtes kann hier auf hydraulische Unterstützung verzichtet werden. Gerade liegt die Hauptkartusche in der Lademulde, um vom Ansetzer (genau hinter dem Kartuschboden) nachgeschoben zu werden. Danach schließt sich der Keilverschluß hydraulisch mit einem schmatzenden Geräusch. Der hintere Teil des Rohres ist damit gasdicht abgeschlossen. Jetzt wird in den Rechenstellen der Zustand "geladen und gesichert" angezeigt. Der Verschlußmann fährt das Rohr danach durch Knopfdruck in die Feuerstellung. Das Rohr wird entsichert und auch gleichzeitig die Feuerbereitschaft des Turmes hergestellt. Durch optische und akustische Signale ergeht der Feuerbefehl: 'Feuern!'

The gun has already been put into the so-called "B° position" (loading position). The picture on the previous page shows the moment at which the loader has already rammed the shell hydraulically into the barrel. The fuse was taken from the lift and put into the breech opening manually. Hydraulic assistance was not necessary as it was so light. The main charge is in the loading block and is about to be pushed up to it by the loader (directly behind the bottom of the charge). The wedge block then shuts hydraulically with a loud bang. The end of the barrel is thereby sealed completely. The condition "loaded and secured" is then reported to the calculations room. The breech man then pressed a button and moved the barrel into its firing position. The barrel was then made ready to fire and simultaneously the turret was ready to fire. By visual and aural signals, the order to "fire" was given.

Anker in Klüse. Ankerboje mit Leine an der Reling.

Anchor in the hawsehole. Anchor buoy with line on the railing.

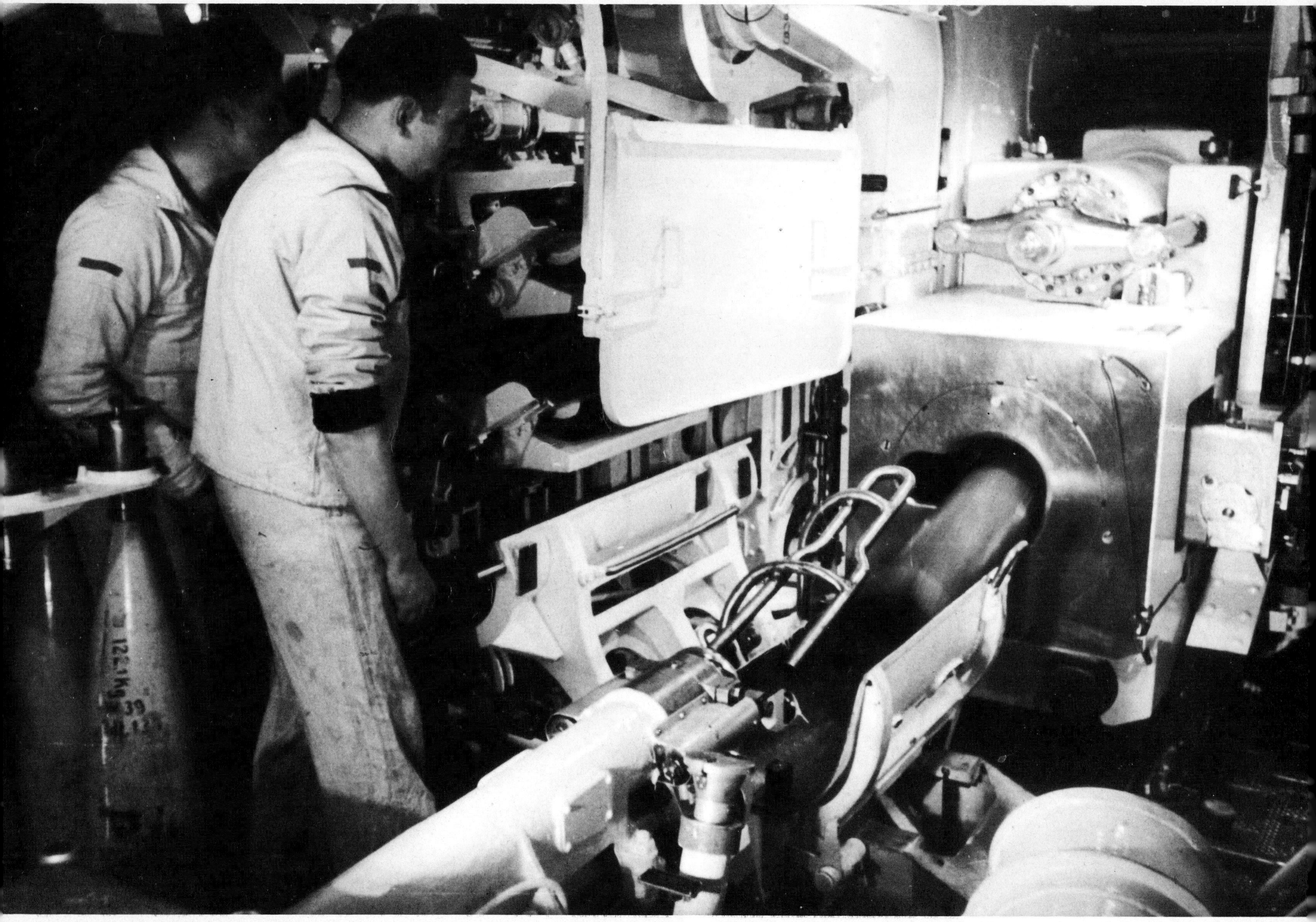

Die Leichte Artillerie

Bei den Beschreibungen der Artillerie soll die Mittelartillerie übergangen werden. Sie diente letztlich dem gleichen Zweck wie die Schwere Artillerie, nämlich der Bekämpfung von Schiffszielen, wobei die Mittelartillerie gegen entsprechend schwächer gepanzerte Schiffsziele eingesetzt wurde. Auf deutschen Kriegsschiffen kamen dafür die Kaliber 15,0 cm und 17,0 cm zum Einsatz. Die Munition für diese Kaliber wurde zwar auch getrennt nach Geschoß und Treibladung gehandhabt, aber hier waren mechanische Ladehilfen noch nicht erforderlich. Auf den Panzer- und Schlachtschiffen der Deutschen Kriegsmarine bestand zwar noch die Dreiteilung zwischen Schwerer, Mittlerer und Leichter Artillerie, aber im Verlauf des Kriegsgeschehens wurde die Mittelartillerie in ihrer Bedeutung gegenüber der Leichten Artillerie immer weiter zurückgedrängt. Bei der Leichten Artillerie waren Geschoß und Treibladung zu einer Patrone zusammengefaßt. Dies und die entsprechend leichtere Bauweise der Waffenanlagen ermöglichten höchste Lade- und Richtgeschwindigkeiten und befähigten die Leichte Artillerie, nachfolgend immer Flak genannt, gleichermaßen zur Bekämpfung von See- und Luftzielen.

Im Laufe des Krieges wurden durch die zunehmende Luftbedrohung die Kriegsschiffe der Deutschen Kriegsmarine in eine immer passivere Rolle gedrängt. Entsprechend vermehrte sich auch die Anzahl der Flak. Verfügte z. B. die PRINZ EUGEN zur Zeit der Indienststellung am 1. August 1940 über nur 32 Rohre der Kaliber 10,5 cm, 3,7 cm und 2 cm, so hatte sich der Bestand bis zum Januar 1945 auf insgesamt 57 Rohre der Kaliber 10,5 cm, 4 cm und 2 cm erhöht.

Auf den deutschen Kriegsschiffen wurden entsprechend ihrer Größe in der Regel Flak der Kaliber 7,9 mm, 2 cm, 3,7 cm, 4 cm, 8,8 cm und 10,5 cm eingesetzt. Bei den nachfolgenden Beschreibungen werden die Flak der Schweren Kreuzer HIPPER und PRINZ EUGEN wieder als Beispiel herangezogen.

Während des Rohrrücklaufs von max. 450 mm wird eine Mechanik in Gang gesetzt, die den massigen Verschlußkeil (beim rechten Rohr nach rechts) öffnet. Eine Kralle greift die Kartusche und wirft sie in die sich zwischen dem Bodenstück und dem Ansetzer befindliche Schwinge. Diese Vorrichtung schwingt nach rechts aus und befördert die Kartusche vor das am rechten Bildrand befindliche Führungsrohr. Durch das Führungsrohr rutscht die Kartusche zum Turmüberhang und fällt durch Klappen auf das Deck. Der beschriebene Lade- und Entladevorgang läuft innerhalb der phantastischen Zeit von ca. 13 Sekunden ab. Mit den Geschützen können Ziele theoretisch bis zu einer Entfernung von 360 Kilometern bekämpft werden. Zum Einsatz kommen: Sprenggranaten mit Kopfzünder gegen leichte, Sprenggranaten mit Bodenzünder gegen leicht gepanzerte und Panzersprenggranaten gegen schwer gepanzerte Ziele. Für Nachtgefechte werden Leuchtgranaten bevorratet.

The Secondary Armament

In this description of the armament, the medium guns are going to be passed over as they were normally used for the same purpose as the main armament, namely for engaging ships, with the medium guns being used for less armoured targets. On German ships, for that purpose, 15 and 17 cm guns were used. The ammunition for these calibres were also handled separately, shell and charge, but no mechanical assistance was necessary. On the battleships of the German Navy, the guns were still divided into three categories – main, medium and light – but during the course of the war, the importance of the medium guns diminished in favour of the light guns. The ammunition of the light artillery was contained in one cartridge, with both shell and charge. That and the lighter construction of the gun emplacements allowed the highest rates of loading and speed of aiming and thus the light guns were used for engaging both air and sea targets. Later, it was called the "Flak".

During the course of the war, the warships of the German Navy were forced into an increasingly passive role by the threat of air attack. As a consequence, the amount of AA guns increased. For example, when commissioned on 1st August 1940, the PRINZ EUGEN had only 32 guns of calibres 10.5 cm, 3.7 cm and 2 cm. By January 1945, this had increased to 57 guns of the calibres 10.5 cm, 4 cm and 2 cm.

The German ships, according to their size, had AA guns of, as a rule, the following calibres: 7.9 mm, 2 cm, 3.7 cm, 4 cm, 8.8 cm, and 10.5 cm. In the following description, the AA guns of the heavy cruisers HIPPER and PRINZ EUGEN are again used as examples.

Picture opposite:

During the recoiling of the barrel which was no more than 450 mm, a mechanism was put into operation which opened the massive breech block. (That of the right barrel was to the right). A claw grasped the cartridge threw it into a swinging arm positioned between the floor and the loader. This device swung to the right and carried the cartridge in front of the tube on the right of the picture. The cartridge slipped through this tube to the turret cover and fell through a flap onto the deck.

The loading and unloading procedure described above lasted the grand total of about 13 seconds. Targets at a range of 360 km could be theoretically engaged.

Ammunition used included

- *Explosive shells with impact fuse against light targets.*
- *Explosive shells with tail fuses against light armoured targets.*
- *Armour penetrating shells against heavily armoured targets.*

Tracer shells were preferred for night-time actions.

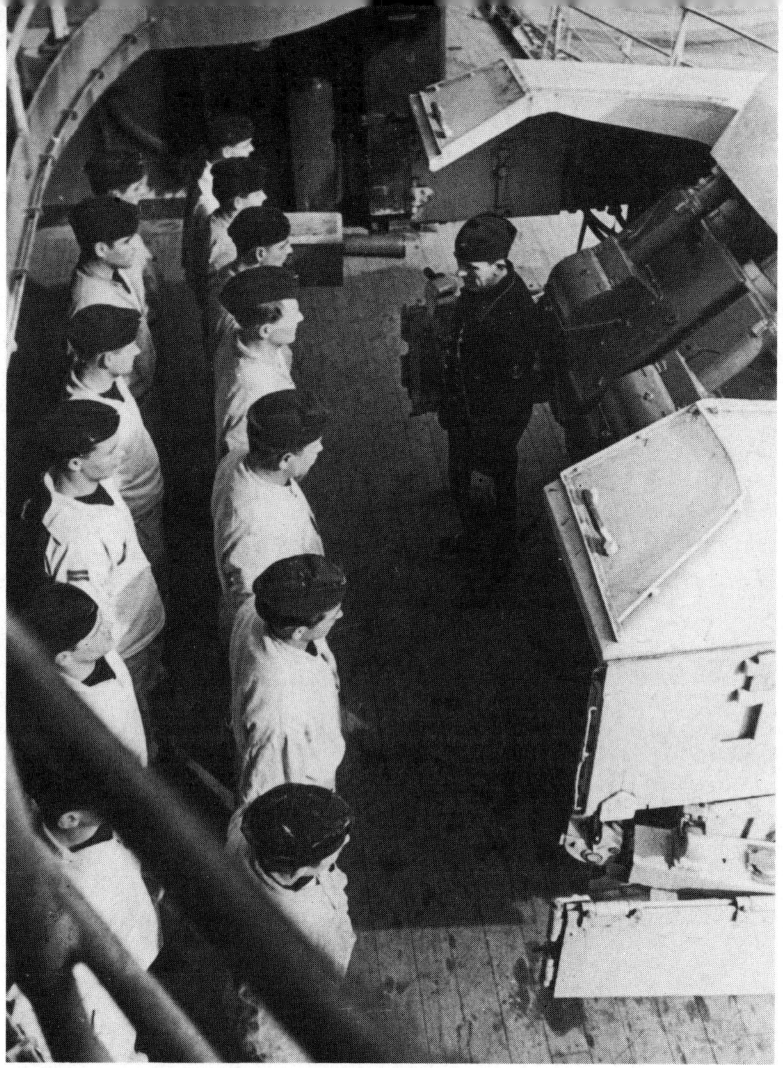

Das aufwendigste Flak-System, das auf Schiffen zum Einsatz kam, war die "10,5 cm Schiffskanone, Konstruktion 1933, in 10,5 cm Doppellafette-Konstruktion 1931". Die offizielle Kurzbezeichnung dafür lautete "10,5 cm S.K. C/33 in 10,5 cm Dopp.L. C/31". Das Geschütz war dreiachsig stabilisiert. Seine Stabilisierung bewirkte unabhängig von der Eigenbewegung des Schiffes die vorgegebene Lage (Kantwinkel).
Rechts sieht man den umgekehrten Vorgang: Das Schiffsdeck ist stabil, und die Doppelflak bewegt sich im Raum. So werden Bewegungen simuliert, die die Geschützbedienung während Liegezeiten mit Gefechtsbedingungen annähernd vertraut macht. Zu jedem Geschütz gehörten der Geschützführer, drei Richtschützen für die Seite, die Höhe und den Kantwinkel, für jedes Rohr ein Befehlsübermittler und schließlich für jedes Rohr bis zu vier Ladekanoniere. Deren Zahl war abhängig von der Entfernung bis zur Munitionsentnahme. Insgesamt konnten also bis zu 14 Mann an der Doppelflak eingesetzt werden. Während der Bordausbildung und Übungen wurden zusätzlich Besatzungsmitglieder ausgebildet, um bei Ausfällen auf Ersatz zurückgreifen zu können.
Rechts:
Für die Versorgung der Geschütze mit Munition gab es zwei Entnahmestellen. Die Bereitschaftsspinde für den Sofortbedarf, mit einem Fassungsvermögen von ca. 60 Patronen und die Munitionskammern, in die Paternosteraufzüge die Munition in splittergeschützte Munitionshäuser befördern. Die Abbildung außen zeigt die Fördereinrichtung, die die Munition aus dem Munitionshaus nach außen transportiert. Von hier wird sie dann von den Ladenummern zu dem entsprechenden Geschütz getragen. Hier werden in umgekehrter Folge gerade die Munitionsbestände ergänzt.
Der Stahlhelm des Matrosen erfüllt hier mehr die Funktion eines Schutzhelmes gegen arbeitsbedingte Bordunfälle. Unter Gefechtsbedingungen wird entsprechend den Bordbefehlen Helm und Lederbekleidung getragen. Dies ist jedoch hauptsächlich für Personal vorgesehen, das ungeschützt an Deck Dienst tut und vor schlechtem Wetter geschützt werden soll.

The most common AA system used on ships was the "10.5 cm ship's cannon, construction 1933 in 10.5 cm double mountings – construction 1937". Its official abbreviation was: '10.5 cm SK. C/33 in 10.5 cm Dopp. L C/37". The gun was stabilized on three axles. Its stabilizers worked in its proper position independently of the movement of the ship. The illustration on the right however shows the opposite: Stable ship deck and moveable double AA guns. Movements were thus simulated to accustom the gun crews with combat conditions during periods of rest. For each gun there was a gun officer, three gun layers for the direction, elevation and angle, for each barrel up to four loaders. The number of loaders depended on the distance of ammunition from the gun (see far right).

For supplying the guns with ammunition, two distribution stores were available, the emergency locker with about 60 rounds, and the ammunition chambres where hoists brought up the ammunition in bullet-proof containers. The picture shows the winding mechanism which brought the ammunition up from the ammunition holds below.

Die Abbildung zeigt, wie die Patronen in die Zünderstellmaschinen eingelegt werden (auf jeder Seite der Lafette). Durch Hebeldruck gegen den Patronenboden wird die Patrone in der Maschine fixiert. Auf dem Zünder im Geschoßkopf befindet sich ein drehbarer Ring mit Markierungen, wobei jede für eine bestimmte Zünderlaufzeit steht. Durch einen Greifer in der Zünderstellmaschine wird die Zünderlaufzeit eingestellt, nach deren Ablauf sich die Granate selbständig zerlegt. Bei Fernsteuerung des Geschützes werden die Zünderlaufzeiten von den Feuerleitgeräten vorgegeben. Nach einem Hupsignal wird die Granate der Zünderstellmaschine entnommen und das Geschütz damit geladen. Ein Klingelsignal ist dann das Zeichen für das Abfeuern, das für beide Geschütze gleichzeitig gilt. Der Befehlsübermittler (Bü) (s. Abb. unten) wird u. a. tätig, wenn die Zünderlaufzeit direkt am Geschütz eingestellt wird. Die Werte erhält er über Kopfhörer (hier ohne) von den Rechenstellen und stellt sie mit Hilfe eines Handrades an der Zünderstellmaschine ein. Auf dem Skalenteil der Maschine wird die Einstellung mit den übertragenen Werten verglichen und ggf. korrigiert. Eine eingespielte Bedienungsmannschaft erreicht eine Feuergeschwindigkeit von bis zu 15 Schuß pro Minute.

This picture shows how the cartridge were loaded into the priming machine. (One on each side of the mounting). By pressing a lever against the bottom of the round, it was fixed in the machine. On the fuse in the head of the shell was a revolving ring with markings showing the timings. A grab in the priming machine set the timing at which the shell was to burst. When the guns were controlled remotely, the timings were set by the fire control equipment. On a horn signal, the shell was removed from the priming machine and the gun loaded. A bell was rung to signal firing and both guns were fired simultaneously. The man passing the orders on (see illus. below) then came into action when the timings were set on the gun itself. The ranges came over headphones (this one has none) from the calculations room and were fed into the priming machine with a manually operated wheel. The setting was compared with the scale on the machine and, if necessary, corrected. An experienced crew attained a rate of fire up to 15 rounds per minute.

Je größer die Erhöhung, um so geringer ist die Ladegeschwindigkeit, denn sie erfolgt aus einer ungünstigen Körperhaltung. Der Ladevorgang wird von einer mechanischen Ladehilfe unterstützt, bei der ein Lademotor eine Gummirolle antreibt (nicht sichtbar), die die Granaten in das Rohr hineinziehen. Die Geschütze arbeiten halbautomatisch. Die erkennbare Vorrichtung (beide Abbildungen) auf der rechten Seite des Verschlußteils bewirkt, daß sich beim Rohrrücklauf der Fallblockverschluß nach unten öffnet und gleichzeitig die Patronenhülse auswirft.
Die Abbildungen veranschaulichen deutlich, welche Massen von den Richtantrieben bewältigt werden müssen. Sie können nur durch die Zuführung von Fremdenergie betätigt werden; ein manueller Betrieb durch Doppelhandräder an den Richtsitzen ist nur bedingt möglich.

At greater heights, the rate of fire was less because it was physically awkward. Loading was mechanically assisted in that a rubber belt (not visible) powered by a motor brought the shells into the barrel. The device seen here (on both illustrations) on the right side of the breech opened the breech on recoil and at the same time ejected the spent case.
The illustrations show clearly the mass of aiming devices that had to be mastered. They had to be powered by an outside source of energy; they could be operated manually by double wheels, but only in certain conditions.

Die Abbildungen lassen weitere Einzelheiten der 10,5 cm Flak erkennen. Das obere Foto zeigt den höhenrichtbaren Teil des Geschützes, und zwar mit dem Geschützrohr, dem Höhenrichtkranz, dem Verschlußteil und dem Rohrbrems- und Vorholsystem, das unter der gewölbten Haube, einschließlich des Lademotors, geschützt untergebracht ist. Das Rohr selbst hat eine Länge von 65 Kaliberlängen; hieraus ergibt sich eine Länge von rund 6,80 Metern. Es verschießt Granaten mit einer Mündungsgeschwindigkeit von fast 900 m/sec. Die Komponenten für den Eigenbetrieb des Geschützes sind witterungs- und splittergeschützt hinter einem Schutzschild untergebracht. Das Geschütz ist an jeder Seite durch eine Tür zugänglich. Dahinter befinden sich die Plätze für den Seiten- und Höhenrichtschützen. Zur Beobachtung des Gefechtsgeschehens und zum Richten stehen ihnen Visiereinrichtungen, die über Winkelspiegel wirken, zur Verfügung. Die Spiegel liegen in den erkennbaren Hauben. Mit Hilfe dieser Optiken können sowohl Luft- als auch Seeziele bekämpft werden. Die Waffenleistung der Geschütze reicht theoretisch aus, um Luftziele bis zu einer Höhe von ca. 12 km und Seeziele bis zu einer Entfernung von 17 km zu bekämpfen.

These pictures show further details on the 10.5 cm AA gun. The photo above shows the part of the gun that could be elevated – the barrel, the elevating wheel, the breech, the recoil braking system and the returning system which, along with the loading motor, was protected by a domed hood. The barrel itself was 65 calibres long, that is about 6.8 metres. It fired shells at a muzzle velocity of nearly 900 m/s. The components for the automatic operation of the gun were fitted behind a weather and bullet proof shield. Access to the gun was through a door on either side. Behind them were places for the direction finders. Periscopes were fitted to observe the battle and for aiming. Its mirrors are under the mountings. With these optical instruments, air and sea targets could be engaged. The theoretical performance of this weapon was 12 km for air targets and 17 km for sea targets.

Right below:
This picture shows that the system was semi-automatic, i. e. the rounds were manually loaded. During the recoil, the breech opened automatically and ejected the spent round. An experienced crew could get off about 30 rounds a minute per barrel, about twice as fast as the 10.5 cm gun and only with a fraction of the effectiveness. The twin mounted gun was traversed and elevated by two layers (see illus. on this page) The guns were controlled either individually or by battery.

Der deutschen militärischen Forderung nach einer leichten Flak lag u. a. die Idee zugrunde, Luftziele auch bereits auf mittlere Entfernung mit hoher Präzision bekämpfen zu können. Damit sollten die geplanten bzw. die bereits vorhandenen und sogar die leichten Einheiten der Deutschen Kriegsmarine über eine leistungsfähige Flak-Bewaffnung verfügen, die gleichzeitig geeignet sein sollte, Schiffsziele zu bekämpfen. Hieraus entstand Anfang der 30er Jahre die 3,7 cm Kanone in Einzel- und Doppellafette. Das Zwillingsgeschütz, das standardisiert wurde und hier weiter behandelt wird, trägt die Bezeichnung 3,7 cm SKC/30 in Dopp. LC/30.
Die Präzision wurde durch eine dreiachsige Stabilisierung erreicht, bei der die Waffe wie die 10,5 cm Flak selbst bei größtem Seegang eine einmal eingenommene Position beibehielt. Es war dies das erste serienmäßige Geschütz, das derart ausgestattet war. Die große, wirksame Schußweite von ca. 6.800 Metern wurde durch die enorme Rohrlänge von 83 Kaliberlängen erreicht, was einer Länge von über 3 Metern entspricht.

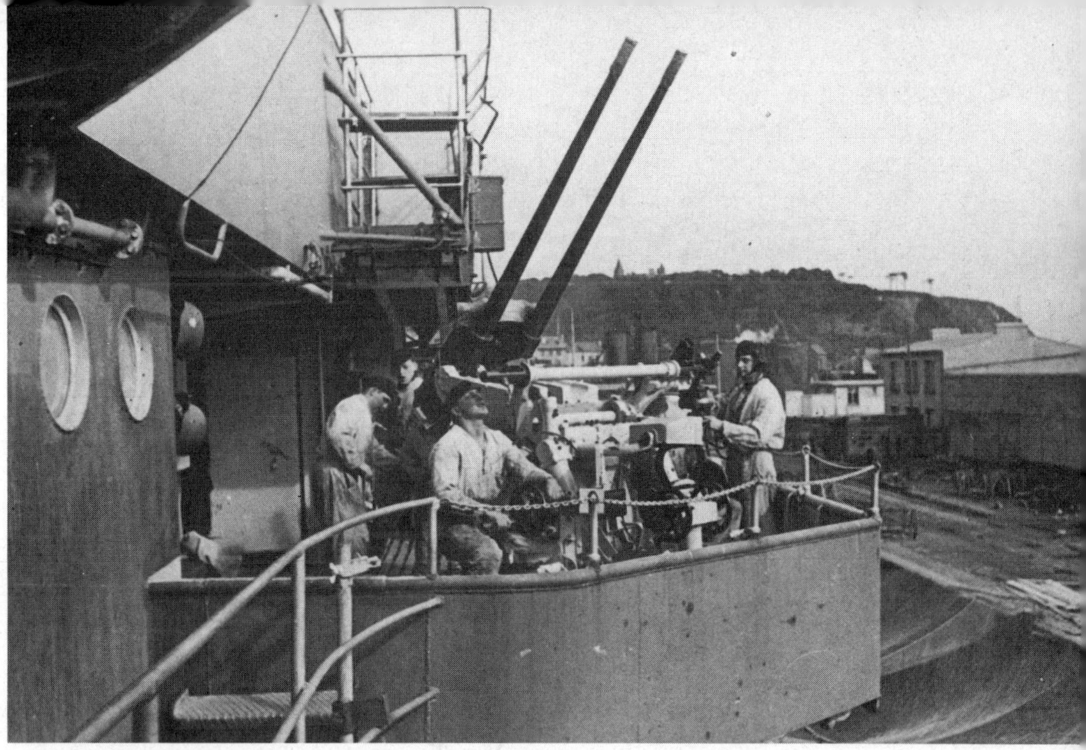

The requirement in the German armed forces for a light AA gun was caused by the desire to engage airbourne targets with great accuracy at medium ranges. Thus the units of the German Navy being planned, already in service and even the light units had an effective AA armament which, at the same time could be used to engage naval targets. From this requirement, at the beginning of the 1930s, the 3.7 cm cannon came about. It was mounted either singly or in pairs. The twin mounted version became the standard fitting and is dealt with below. Is was designated the 7.7 cm SKC/30 in Dopp. L C/30.

Das System ist, wie die Abbildung zeigt, halbautomatisch ausgelegt, d. h. die Patrone wird von Hand geladen. Während des Rohrrücklaufs öffnet sich der Verschluß automatisch und wirft die Patronenhülse aus. Mit einer gut eingespielten Geschützbedienung können Feuergeschwindigkeiten bis zu 30 Schuß pro Rohr und Minute erreicht werden. Gerade nur doppelt soviel wie bei der 10,5 cm Flak und das bei einem Bruchteil der Munitionswirkung. Das Zwillingsgeschütz wird getrennt nach Seite und Höhe durch je einen Richtschützen gerichtet (s. Abb. diese Seite). Die Geschütze werden entweder einzeln oder batterieweise geführt.
Durch die Ereignisse des Krieges wurden die militärischen Forderungen, die an das 3,7 cm Geschütz gestellt worden waren, widerlegt. Insbesondere die Bekämpfung von Luftzielen hatte sich anders entwickelt, als die militärischen Planer vorhergesehen hatten. Die Schußfolge und die Munitionswirkung erwiesen sich als unzureichend. Diese Nachteile führten dazu, daß die 3,7 cm Flak speziell auf den Schweren Kreuzern Zug um Zug durch die 40 mm Flak Bofors ersetzt wurde. PRINZ EUGEN verfügte Anfang des Krieges insgesamt über zwölf Rohre Flak 3,7 cm; bis Anfang 1945 war der Bestand durch 17 Rohre Flak 40 mm abgelöst worden.

Die 40 mm Flak Bofors L/60 ging auf eine Konstruktion der Firma Rheinmetall zurück. Nach dem Ersten Weltkrieg wurde das Muster dann von der Firma Bofors in Schweden übernommen und weiterentwickelt. Durch zahlreiche Lizenzvergaben und Exportaufträge fand dieses Geschütz bald Eingang bei allen nennenswerten Kriegsmarinen. Es wurde schließlich das meistgebaute mittlere Flak-Modell. Häufig modifiziert und leistungsgesteigert ist diese Flak heute noch über die ganze westliche Welt verbreitet. Das Geschütz schießt vollautomatisch.
Bei dem abgebildeten Modell (siehe gegenüberliegende Seite) werden jeweils fünf Patronen, die durch Ladestreifen zusammengehalten werden, von oben in das Verschlußsystem eingeführt. Dadurch wird eine theoretische Feuergeschwindigkeit von 120 Schuß pro Minute erreicht. Die höhenrichtbare Baugruppe ist neben der Einzelausführung auch in Zwillings- und Vierlingslafetten untergebracht.
Beim Vergleich der Abbildungen fällt auf, daß die 40 mm Flak konstruktiv wesentlich robuster und unkomplizierter ausgelegt ist. Viele Baugruppen der schwedischen Flak sind aus Preßteilen hergestellt; ein kriegswirtschaftlicher Faktor, der die Verbreitung dieser Flak wesentlich beeinflußt hat. In der Regel werden keine Schutzschilde verwendet, hier wurde es durch eine Werft erstellt. Die erkennbaren Blechhauben decken die Visiereinrichtungen ab. Dieses Geschütz steht nicht auf PRINZ EUGEN oder HIPPER.

Gefechtsmast des Panzerschiffes DEUTSCHLAND mit Konteradmiralsflagge im Topp und Flaggensignal an der Rah.

Fighting mast on the pocket battleship DEUTSCHLAND with the counter-admiral's flag on the top and flag signal on the yard.

The 40 mm L/60 Bofors AA gun originated from the Rheinmetall firm. This pattern was taken over after the First World War by Bofors in Sweden who developed it further. Under numerous licences and export contracts, this gun was soon used by all navies worth mentioning. It ended up as the most widely produced medium AA gun. With many modifications and improvements, this AA gun is used today all over the western world. It is fully automatic.
The pattern illustrated (on the page opposite) was loaded with a clip of five rounds placed in the breech. A theoretical rate of fire of 120 rounds per minute could be attained. The elevating mechanisms were fitted to the single, double and quadruple mountings. Comparing this picture, it is apparent that the construction of the 40 mm AA gun is more robust and the lay-out less complicated. Many components of the Swedish AA gun were stamped out, an economic factor which greatly influenced the widespread use of this AA gun. Normally, no protective shields were used, here it is replaced by a dock installation. The metal domes cover the sights. This gun is not on PRINZ EUGEN or HIPPER.

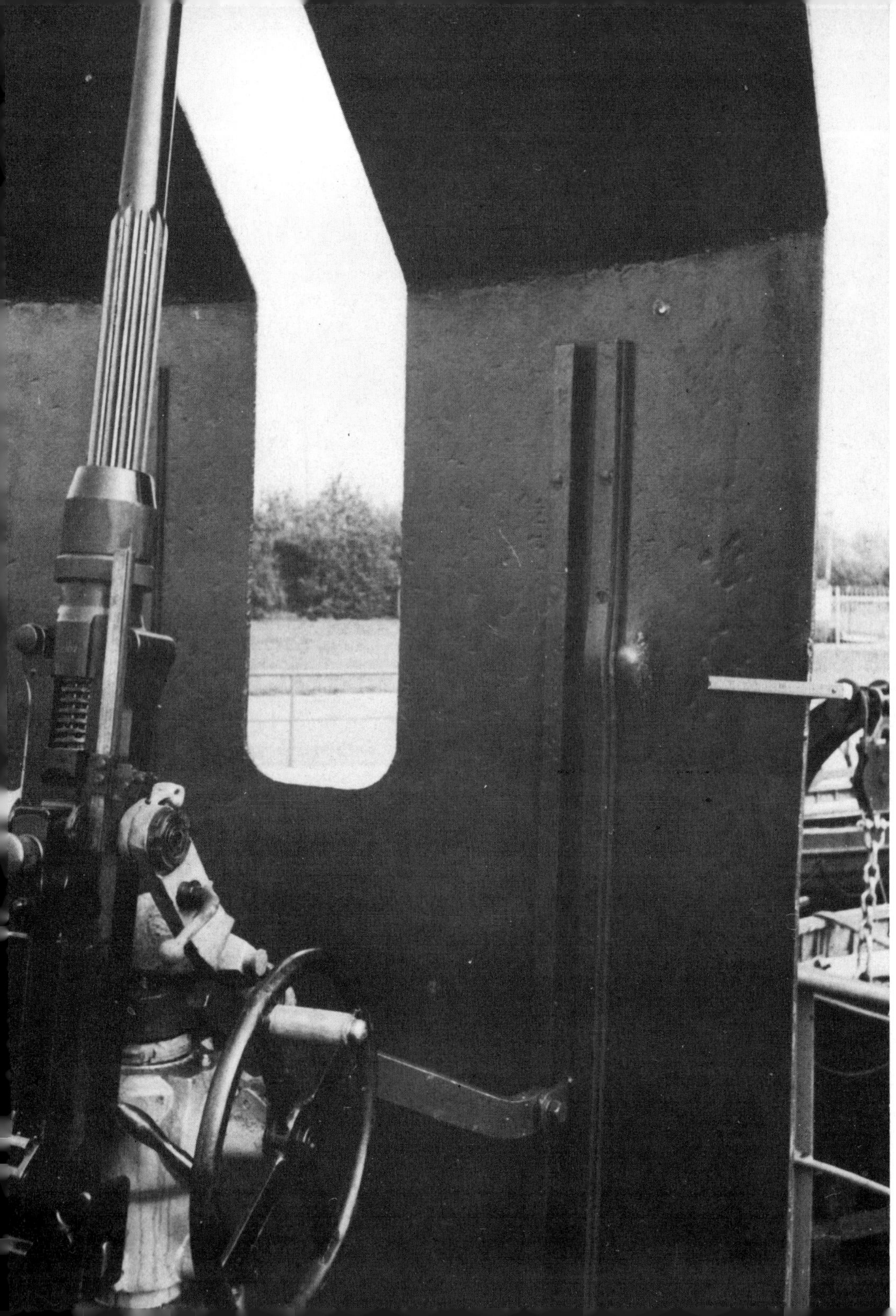

Bei der Kalkulation künftiger Kriege ging man Anfang der 30er Jahre davon aus, mit den Feuerleitmitteln und den Waffenleistungen der Mittleren und der Schweren Flak die Luftbedrohung gegen schwere Schiffe ausgeschaltet zu haben. Den kleineren Flak-Kalibern wurde weniger Beachtung geschenkt, weshalb deren Anzahl an Bord der schweren Schiffe, gemessen an der Zahl der größeren Kaliber, nur unbedeutend vertreten war. Ein Zahlenvergleich belegt dies am besten. Zu Beginn ihrer Dienstzeit verfügten die Schweren Kreuzer über zwölf Rohre 10,5 cm Flak; dem stehen aber nur acht Rohre 2 cm Flak gegenüber. Das sind zunächst neben der 2 cm Flak C/29 (linke Abbildung) im wesentlichen die 2 cm Flak C/30 in Sockellafette C/30, die dann von dem neueren Modell C/38 abgelöst werden (Abbildungen auf der gegenüberliegenden Seite von links nach rechts). Die drei Modelle verfügen über die gleichen ballistischen Leistungen, die praktische Schußfolge kann jedoch von 100 auf 220 Schuß in der Minute verbessert werden. Die Seiten- und Höhenrichtung erfolgt durch Schulterbügel und Handgriffe. Mit dem Handrad wird die ergonomisch günstigste Höhe der Lafette für den Schützen eingestellt. In einer Ablage an der Seite des Sockels sind die Magazine mit der Bereitschaftsmunition abgestellt. Jedes Magazin enthält 20 Patronen. Bei einer Mündungsgeschwindigkeit von etwa 900 m/sec können Luftziele noch bis zu einer Höhe von ca. 1.000 Metern wirksam bekämpft werden. Die Schutzschilde sind nicht üblich, sie wurden hier nur zu Erprobungszwecken (Beschußversuche) angebracht. Dort, wo genug Schiffsraum zur Verfügung steht, wird die 20 mm Kanone in eine Drehscheibenlafette eingebaut (hier auf dem Turm C von HIPPER). Hiermit kann die Trefferleistung verbessert werden.

In calculating future wars at the beginning of the 1930s, it was anticipated that with the fire control and performance of the medium and heavy AA guns, the threat of air attack to heavy ships had been eliminated. Less attention was given to the smaller AA weapons and their number on heavy ships when compared to the number of weapons of larger calibre was insignificant. This is best shown by comparing numbers. When first commissioned, the heavy cruisers each had twelve 10.5 AA guns and eight 2 cm. At first, these were the 2 cm Flak C/29 (picture left), mostly the 2 cm Flak C/30 in the socket mounting C/30, which were then replaced by the newer C/38 (shown on the page opposite from left to right). All three patterns had the same ballistic performance, but the rate of fire was increased from 100 to 220 rounds per minute. Traversing and elevating was done with shoulder and hand fittings. The position of the mounting was adjusted with a wheel to suit the firer. A box on the side of the socket fitting held the emergency ammunition. Each magazine held 20 rounds. With a muzzle velocity of about 900 m/sec, aerial targets could be engaged only to a height of about 1,000 metres. The protective shields were not standard, they were used only as an experiment. When there was enough room on the ship, the 20 mm cannons were fitted on a turntable (as on 'C' turret of HIPPER here) This increased the number of hits.

Angesichts der nicht vorgesehenen Luftlage ergab sich die dringende Notwendigkeit für eine Flak für den Nah- und Nächstbereich. Die 20 mm-Geschütze hatten ihren Wert bewiesen, die Feuerdichte, die damit erreicht wurde, war jedoch noch zu gering. Deshalb ging man dazu über, vier Kanonen, seltener zwei, in entsprechenden Lafetten zusammenzufassen. Das wirkungsvollste und gefürchtetste Flak-System auf deutschen Schiffen wurde die dreiachsig stabilisierte 2 cm C/38 in Vierlingslafette. In der Minute konnte diese Vierlingsflak annähernd 900 Granaten verschießen, und zwar mit Richtgeschwindigkeiten von bis zu 12° sec^{-1} der Höhe und bis zu $22{,}5^{o}$ sec^{-1} der Seite nach. Die Rohre konnten dabei von -10 Grad bis 100 Grad gehoben bzw. geneigt werden.

Due to the unexpected situation in the air, there was an urgent need for an AA gun for close and point-blank firing. The 20 mm had shown its value, but the density of its fire was insufficient. That is why four, and sometimes two, guns were mounted together. The most effective and feared AA system on German ships was the quadruple-mounted 2 cm C/38 stabilized on three axles. This quad AA gun could fire nearly 900 rounds per minute with a directional speed of up to 12° sec^{-1} *vertically and up to* 22.5^{o} sec^{-1} *horizontally. The barrels could be depressed to* -10° *and raised to* 100°*.*

Die leichteste Flugabwehrbewaffnung, die auf deutschen Schiffen eingesetzt wurde, war das FlaMG 34 mit einem Kaliber von 7,9 mm.

The lightest AA gun used on German ships was the MG 34 machine gun with a calibre of 7.9 mm.

DIE FEUERLEITMITTEL AUF DEUTSCHEN KRIEGSSCHIFFEN

Als wesentliche Komponente in der Kette der Feuerleitung von der Zielauffassung bis zum Erteilen des Feuerbefehls erwiesen sich die optischen Entfernungsmesser, die sich entweder in den offenen Ständen oder den stark gepanzerten Drehhauben befanden. Träger der optischen und mechanischen Baugruppen einer E-Meßeinheit waren die Basisgeräte. Auf deutschen Kriegsschiffen hatten sie, soweit sie nicht tragbar waren, Meßbasen zwischen drei und zehn Metern.
Die deutschen Entfernungsmeßgeräte nutzten das Prinzip der Fähigkeit des Menschen zum räumlichen Sehen. Dabei wurden in die beiden Strahlengänge eines Doppelfernrohres mit möglichst großem Abstand der Objektive Meßmarken eingebaut, die einem Beobachter dann in einer vorher bestimmten Entfernung als eine Marke erschienen. Durch Hintereinanderreihung einer großen Zahl von Meßmarken mit Entfernungsangaben bei der Luftzielbekämpfung, bzw. beweglichen Meßmarken, die über das Ziel gefahren wurden bei der Seezielbekämpfung, bestimmte man die Entfernungen des Zieles durch Vergleich. Das Raumbildsystem war dem bei der britischen Marine verwendeten Schnittbildsystem überlegen. Die Abbildung auf der folgenden Seite zeigt den offenen Stand mit dem 3 m-Raumbild-E-Messer 3 U mit 1/e Übertragung auf der Backbordseite des Gefechtsmastes des Leichten Kreuzers NÜRNBERG.

The fire control system on German warships

The essential component in the chain of fire control from sighting the target to the order to fire was the optical range finder. This was either on an open platform or in a revolving armoured turret. Containers with the optical and mechanical devices of a range-finding unit were the fundamental apparatus. On German warships, those that were not portable, were between three and ten metres long.
The German range finding equipment operated on the principle that a man is capable of seeing into space. Thus a scale was built into the tubes of a pair of binoculars with the lenses as far apart as possible. The scale appeared as a set of marks at certain ranges. By lining up these marks with details of the distance, the range of the targets was established by comparing them when engaging an aerial target or by moving the markings over a naval target. This three-dimensional system was superior to the system by the British Navy. The illustration on the next page shows an open platform with the 3 m Raumbild-E-Messer 3 U mit 1/e Übertragung on the port side of the main mast of the light cruiser NÜRNBERG.

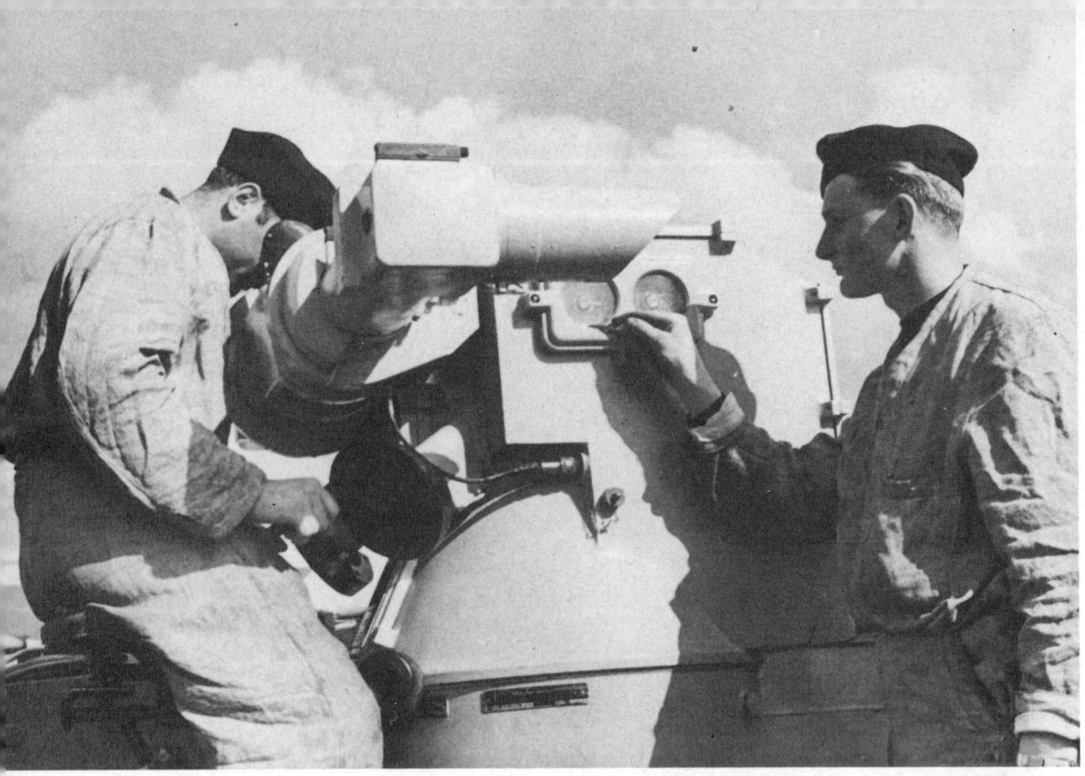

Das optische Gesichtsfeld in den Fla-Leitständen (Wackeltöpfen) ist begrenzt. Deshalb muß der E-Messer an das zu bekämpfende Ziel herangeführt werden. Das geschieht durch die Zielanweisungsgeräte (ZAG), die das Luftziel zuerst aufnehmen und dann an den Fla-Leitstand weitergeben. Was die Schweren Kreuzer betrifft, sind die ZAG im Haupt-Fla-Einsatzstand im Vormars und im Reserve-Einsatzstand (achtern) untergebracht.

The field of version in the AA command stands ("wobble-heads") was limited. Thus the range finder had to be brought round to the target. This was done by the target selction device (ZAG) which first took up th aerial target and then passed it on to the fire control. On the heavy cruisers, the ZAG was in the main AA post on the topmast and in the auxiliary command post astern.

Hier sind zwei Badewannen-Stände auf der PRINZ EUGEN. Sie sind jeweils auf der Backbord- und Steuerbordseite des vorderen Kommandostandes aufgestellt (hier backbord). In Schiffsrichtung gesehen, befindet sich in dem vorderen Stand eine Nachtzielsäule für die Artillerie und dahinter eine Torpedozielsäule mit dem Torpedozielapparat (TZA). Mit dem TZA wird die Zielrichtung für die Torpedorohrsätze und die Reichentfernung für die Torpedos bestimmt.
Die Schiffe der Deutschen Kriegsmarine waren qualitativ mit den leistungsfähigsten optischen Geräten ausgestattet. Sie hatten nur den Nachteil, wie alle Meßmittel, die von natürlichem Licht abhängig sind, daß sie bei schlechten Sichtverhältnissen nur bedingt oder überhaupt nicht eingesetzt werden konnten.

These are two "bath-tub" platforms on the PRINZ EUGEN. They were fitted both to the port and starboard on the forward command platform. (This one is on the port side). According to the plans of the ship, there was a night sight for the guns on the forward command platform and behind it a torpedo aiming stand with the torpedo aiming apparatus (TZA). With the TZA, the sets of torpedo tubes were aimed and the range of the torpedoes was determined.
The ships of the German Navy were fitted with the most effective optical equipment. They had only the one drawback that all measuring instruments have, that they depended on natural light and thus were of little use in poor visibility.

Gemessen an ihrer Größe gehörten die deutschen Schnellboote zu den kampfstärksten Einheiten, die je in Dienst gestellt worden sind. Sie wurden sowohl in nördlichen Gewässern, als auch im Mittelmeer eingesetzt. Im Schwarzen Meer trugen sie die Hauptlast des Krieges zu Wasser. Aufgrund ihrer Wendigkeit, ihrer hohen Geschwindigkeit und starker Bewaffnung waren sie beim Gegner gefürchtet. Der Künstler hat hier versucht, den Eindruck eines S-Bootes des Typs "S 38" mit Kalotten-Panzerbrücke zu vermitteln.

Technische Angaben:

Einsatzverdrängung:		115 ts
Länge über alles:		34,90 m
Größte Breite:		5,30 m
Tiefgang:		1,70 m
Leistung:		7.500 PS
Geschwindigkeit:		41,00 kn
Bewaffnung:	1 x 4 cm (Bofors), 1 x 2 cm, 2 x 3 cm und 2 x 53,3 cm Torpedorohre.	
Besatzung:		ca. 30 Mann.

Relative to their size, the German speed boats were the best armed units ever used. They were deployed not only in northern waters, but also in the Mediterranean. In the Black Sea, they were the main forces in the naval war. Due to their manoeuvrability, high speed and powerful armament, they were greatly feared by the enemy.
Here, the artist has attempted to convey the impression of a S-Boat "S 38".

Technical details:

Laden displacement:	*115 tons*
Total length:	*34.90 metres*
Beam:	*5.30 metres*
Draught:	*1.70 metres.*
Performance:	*7,500 horsepower*
Speed:	*41 knots.*
Armament:	*1 x 4 cm (Bofors), 1 x 2 cm, 2 x 3 cm AA guns, 2 x 53.3 cm torpedo tubes*
Crew:	*Around 30 men*

7R EL

Links:
Ein deutsches Flugboot – Bv 138 – fliegt Aufklärung für ein deutsches Panzerschiff.

A German flying boat – Bv 138 – on reconnaissance for a German pocket battleship.

Oben:
Während des Zweiten Weltkrieges brachte die Deutsche Kriegsmarine rd. 1.170 U-Boote zum Einsatz. Davon gingen über 700 U-Boote durch Feindeinwirkung verloren. Die deutschen U-Boote versenkten etwa 14.000.000 BRT an feindlichem Schiffsraum. Die Hauptlast der Schlacht um den Atlantik trugen dabei die Boote des Typs VII C/VII C 41, das der Künstler hier wirklichkeitsgetreu dargestellt hat.

Technische Angaben:
(In getauchtem und ungetauchtem Zustand)

Wasserverdrängung:	769/1070 m3
Länge über alles:	67,1 m
Durchmesser:	6,2/4,7 m
Tiefgang:	4,8/9,6 m
Leistung:	2.800/750 PS
Bewaffnung:	4 Bug- und 1 Hecktorpedorohr, 1 x 8,8 cm Seezielgeschütz, 1 x 3,7 cm und 2 x 2 cm Flak (Bewaffnung wechselnd).
Besatzung:	44 Mann

During the Second World War, the German Navy made use of around 1,170 submarines. Of those, over 700 were destroyed by the enemy. The German U-boats sank around 14,000,000 tons of enemy shipping.
The main role in the Battle of the Atlantic was played by the submarines of Type VII C/VII C 41, which the artist here has portrayed accurately to the last detail.

Technical details:

Displacement:	*769/1,070 cubic m*
Total length:	*67.10 metres*
Diameter:	*6.20/4.70 metres*
Draught:	*4.80/9.60 metres*
Performance:	*2,800/750 hp*
Armament:	*4 bow and 1 stern torpedo tube, 1 x 8.8 cm gun, 1 x 3.7 cm or 2 x 2 cm AA guns,*
Crew:	*44 men*

Ursprünglich sollten die U-Boote von U-Boot-Mutterschiffen als mobilem Stützpunkt versorgt und betreut werden. Doch Mutterschiffe wie die SAAR waren zu auffällig. Die Versorgung der weit entfernt operierenden Atlantikboote mußte daher ebenfalls von U-Booten übernommen werden.

At first U-boats were to be supplied and looked after by mother ships like the SAAR (opposite).

Im Seemannsjargon hießen diese auffälligen Antennengebilde "Matratzen". Die offizielle (Tarn-) Bezeichnung war Deutsches Technisches Gerät – DeTe-Gerät. Ab 1939 wurden sie serienmäßig eingebaut, bei den großen Einheiten zunächst nur auf den Entfernungs-Meß-Drehhauben des Gefechtsmarses, später dann auch auf den Drehhauben des achteren Leitstandes (vgl. Abbildung – BISMARCK), bei BISMARCK und TIRPITZ auch auf der Drehhaube des vorderen Kommandostandes. Die Geräte arbeiteten im dm-Bereich und waren nicht für Höhenmessungen geeignet.

In naval jargon, these rather conspicuous antennas were known as "mattresses". The official (code) name was "German Technical Apparatus" (DeTe-Gerät). From 1939, they were fitted on all ships. On the large units, at first only on the range measuring turning hoods of the fighting mast, then later on the turning hoods of the stern command platform (see illus. of BISMARCK), on BISMARCK and TIRPITZ on the turning hood of the front command platform. The devices used ultra short wave signals and were not suitable for measuring heights.

Entsprechende Geräte für die Flak sind 4 m-Basisgeräte, die kardanisch in leicht gepanzerten Halbkugeln aufgehängt sind. Der Antrieb für diese Stabilisierung erfolgt elektrohydraulisch. Da diese Anlagen bei Seegang einen ständig wechselnden Winkel zum Schiff einnehmen, werden sie auch Wackeltöpfe genannt. Ihr Aussehen ist mitbestimmend für die Architektur der schweren deutschen Einheiten. Die Wackeltöpfe sind von außen zugänglich und werden im Gefechtsfall von dem Batterieleiter, einem Flak-E-Meß- und einem Richtmann besetzt.
Über dem Fla-Leitstand befindet sich die Signalnock der Admiralsbrücke mit einem Signalscheinwerfer. Vgl. dazu die äußere Abbildung auf der gegenüberliegenden Seite.

The relevant apparatus for AA guns were the 4 m Basisgeräte which were fitted jointed in lightly armoured hemispheres. Their stabilizers were electro-hydraulically powered. As these devices were always changing their angle due to the motion of the ship, they were nicknamed "wobble-heads". They fit in with the architecture of the German heavy units. The wobble-heads were accesible from outside and at action stations were crewed by the battery commander, an operator and a layer. Above the AA command stand is the signal nock of the admiral's bridge with a signal lamp. See also the far picture on the opposite page.

Bild links innen verschafft nochmals einen Eindruck dieser beiden wichtigen Komponenten der Feuerleiteinrichtungen. Am oberen Bildrand über der Vormarsgalerie erkennt man das in die Drehhaube integrierte 7 m-Basisgerät und darüber das Gitter des Funkmeßgerätes. Diese frühe Form des Radargeräts kann zur Feuerleitung nur insofern eingesetzt werden, als damit die Seeziele entdeckt und verfolgt werden können. Die E-Messung ist unzureichend. Das Gerät ist mehr als 30 Meter über der Wasserfläche angebracht. Hinter den Brückenaufbauten ist ein Wackeltopf gerade noch erkennbar. Der lange Behälter auf dem Aufbaudeck gehört nicht zu den Feuerleitmitteln. Es ist aber aufschlußreich zu wissen, daß hier die Abkommrohre der Schweren Artillerie aufbewahrt werden. Sie haben ein Kaliber von 8,8 cm und werden in die 20,3 cm Rohre eingesetzt, um Schießmanöver durchzuführen. Damit sollen die Seelenrohre der Schweren Artillerie entlastet werden.
The nearest picture on the page opposite again gives an impression of the two important components of fire control. At the top of the picture, above the top mast gallery, the integrated 7 m Basisgerät can be seen in the swivelled head and above it, the frame of a radio apparatus. This early form of radar could only be used to locate and follow naval targets.

Ein anderes Feuerleitmittel für die Schwere Artillerie ist die Nachtzielsäule, die hier abgebildet ist. Das Gerät ist in einer sogenannten Badewanne unterhalb der Brückenaufbauten aufgestellt. Mit dieser Aufstellung soll erreicht werden, daß auch kleine Seeziele schon optisch aufgefaßt werden können, wenn sie sich noch vom Horizont abheben. Des weiteren beeindruckt die Dichte der Gefechtsstände mit der 3,7 cm Doppelflak, der 10,5 cm Doppelflak und dem 3 m E-Messer.
Die Abbildungen auf dieser Doppelseite entstanden auf der HIPPER im Jahr 1941.
The night aiming device illustrated here was another means of fire control for the main guns. This apparatus was kept in a so-called "bath-tub" underneath the bridge superstructure.
Also impressive is the thickness of the fighting top with the 3.7 cm double-mounted AA gun, the 10.5 cm double-mounted AA gun and the 3 m range finder.

DIE LEICHTEN KREUZER DER DEUTSCHEN KRIEGSMARINE

Seit Ende der 80er Jahre des vorigen Jahrhunderts entstanden auf deutschen Werften kreuzerähnliche Kriegsschiffe unter den Bezeichnungen Kleine Kreuzer, Kreuzerkorvetten und Kleine Geschützte Kreuzer. Diese Kriegsschiffe waren teilweise noch besegelt und ungepanzert. Als Werkstoff wurde zunächst noch Holz sowie Kupfer und Stahl verwendet. Es handelte sich anfänglich um bescheidene Schiffe von geringem Kampfwert in der Größenordnung von weniger als 2.000 Tonnen Wasserverdrängung und mit Geschwindigkeiten um 10 Knoten.

Etwa 15 Jahre später war man dazu übergegangen, wichtige Schiffsteile allgemein hinter Panzerschutz zu bringen. Die Schiffsgröße und Geschwindigkeit hatte sich mehr als verdoppelt. Wie der Erste Weltkrieg dann zeigte, hatte sich dieser Schiffstyp zu einem vollwertigen Kriegsschiff entwickelt, der sich bei vielen verschiedenen Aufgaben bewährt hatte. Folgerichtig wurde er dann auch in der Reichsmarine beibehalten.

THE LIGHT CRUISERS OF THE GERMAN NAVY

From the end of the 1880s, there were a number of warships similar to cruisers in the German shipyards. These were designated as "small cruisers", "cruiser corvettes" and "small armoured cruisers". These warships were in part still fitted with sails and unarmoured. Materials used included not only wood but also copper and steel. At first, they were mainly small ships of minimal fighting power displacing less than 2,000 tons with a speed of 10 knots.
About 15 years later, it was common for the vital parts of the ship to be protected by armour plating. The size and speed of the ships had more than doubled. As the First World War was to show, this type of ship had developed into a battle-worthy warship which could be trusted to perform many different tasks. Consequently, it was retained in the Reich Navy. (See also the preceding chapter).

Typisches Merkmal der ersten Kreuzerbauten waren die aus der Schiffslängsachse um je zwei Meter nach den Seiten versetzen 15 cm Drillingstürme.

Characteristic of the first cruiser construction were the 15 cm triple-mounted turrets set 2 metres off the ship's axis.

Der Leichte Kreuzer EMDEN
Die nebenstehende Abbildung zeigt den Leichten Kreuzer EMDEN in seinem Bauzustand von 1932. Die Hakenkreuzfahne ist, wie man deutlich erkennt, in das Foto hineinretuschiert worden. Dieser Kreuzer-Ersatz-Neubau wurde bereits 1920 von der jungen Reichsmarine in Wilhelmshaven in Auftrag gegeben. Widrige politische und wirtschaftliche Ereignisse verzögerten jedoch die Indienststellung bis Ende 1925. Das führte auch dazu, daß das ursprüngliche Baukonzept nicht eingehalten werden konnte, das u. a. vorsah, acht zu diesem Zwecke noch neu zu entwickelnde 15 cm-Geschütze paarweise hinter Schutzschilden aufzustellen. Statt dessen wurde auf die 15 cm S.K. L/46 zurückgegriffen, die noch aus dem Ersten Weltkrieg zur Verfügung standen. In Anlehnung an die letzten Leichten Kreuzer, die im Ersten Weltkrieg entstanden waren, wurden die Geschütze dann, wie die Abbildung zeigt, hinter Schutzschilden, und zwar vier in der Schiffsachse und jeweils zwei an den Schiffsseiten, untergebracht. Es muß jedoch angefügt werden, daß bei den Kreuzern des Ersten Weltkrieges, die als Vorbild herangezogen wurden, die Buggeschütze in Doppellafetten untergebracht waren.

The Light Cruiser EMDEN
The picture opposite shows the light cruiser EMDEN at its construction of 1932. The Swastika flag has, as is quite apparent, been touched in. This replacement cruiser construction was ordered as early as 1920 by the New Reich Navy from the naval shipyard in Wilhelmshaven. Political and economic conditions delayed its commissioning however until the end of 1925. That also meant that the original plan of construction could not be adhered to. It had included eight of the as yet to be developed 15 cm guns fitted in pairs behind protective shields. Instead of that, the 15 cm S.K. L/46 of First World War origin was fitted. Based on the light cruisers of the First World War, the guns, as this picture shows, were fitted behind protective shields, four on the ship's axis and two on each side of the ship. It should be mentioned here that on the cruisers of the First World War, which were used as models, the bow guns were fitted in double mountings.

Nebenstehendes Foto zeigt die EMDEN im gleichen Bauzustand wie die vorangegangene Abbildung. Die Einzelheiten sind deutlich erkennbar. Das Aussehen hatte sich bereits das erste Mal geändert, als im Zusammenhang mit den Werfterprobungsfahrten Anfang 1926

- der vorher schlanke Tulpenmast aus Stabilitätsgründen um 5 Meter verkürzt,
- die Schornsteine auf gleiche Höhe gebracht
- und der Großmast kürzer ausgelegt wurde.

Die Dampfenergie wurde noch in vier kohlebefeuerten und sechs mit Flüssigbrennstoff befeuerten Marine-Kesseln erzeugt.

The photo here shows the EMDEN in the same condition as in the previous photo. Its appearance has already been altered for the first time with the shipyard test sailings at the beginning of 1926.

- *the previous thin mast has been shortened by 5 metres for better stability.*
- *the funnels have been brought to the same height.*
- *the main mast has been made shorter.*

The steam power was produced in four coal-fired and six liquid-fired naval boilers.

Kutter in Davits. *Cutter on davits.*

Leichter Kreuzer EMDEN im Jahr 1940. Die Abbildungen zeigen gestochen scharf Einzelheiten des Gefechtsmastes, der Brücken- und anderer Aufbauten. Inzwischen hatten eine Grundinstandsetzung im Jahr 1934 und weitere Umbauten danach das Aussehen des Kreuzers zusätzlich verändert:

- Die Schornsteine waren beide um jeweils 2 Meter verkürzt worden.
- Auf dem Aufbaudeck zwischen Großmast und achterem Schornstein war eine Hütte hinzugekommen (Abbildung gegenüber innen).
- Auf dem Deck der Hütte ist ein Entfernungsmeßgerät (für die Flak) gerade noch sichtbar.
- Die Höhe des Großmastes wurde nochmals verringert. Die Stenge war ganz weggefallen (innere Abbildung gegenüber).
- Dafür war am achteren Schornstein ein zusätzlicher Mast angebracht worden.
- Die Flak-Bewaffnung wurde verstärkt, zunächst um ein 8,8 cm Geschütz C/25.

Danach standen drei 8,8 cm L/45 Flak auf dem Aufbaudeck zwischen Hütte und achterem Schornstein, zwei davon nebeneinander auf auskragenden Geschützplattformen (vgl. die Abbildungen auf dieser und der gegenüberliegenden Seite). Später kamen noch einige 3,7 cm und zahlreiche 2 cm Flak hinzu. Das Bild auf dieser Seite vermittelt einen Eindruck von der Blickrichtung vom vorderen Schornstein zur Hütte. Im Vordergrund eine 15 cm Schiffskanone L/45 in Mittelpivotlafette C/16 (15 cm S.K. L/45 in M.P.L. C/16).
Zwischenzeitlich war auch die Antriebsanlage auf ölbefeuerte Marinekessel umgestellt worden.

Light cruiser EMDEN in 1940. These pictures show very clearly the details of the main mast of the bridge and superstructure. In the meantime, a major overhaul in 1934 and other modifications had somewhat altered the appearance of the cruiser:

- *The funnels were both shortened by 2 metres each.*
- *On the deck between the main mast and the stern funnel a hut had been added. (Illus. page opposite).*
- *On the roof of the hut, a range finder for the AA guns is just visible.*
- *The height of the main mast was again reduced. The crossbar was left out. (Illus. on page opposite).*
- *An additional mast was fitted onto the stern funnel.*
- *The AA armament was increased, at first by one 8.8 cm C/25.*

Later, three 8.8 cm L/45 AA guns were fitted onto the deck between the hut and the stern funnel, two of them next to each other on curved gun platforms (see illus. on this page and opposite). After that, several more 3.7 cm and numerous 2 cm AA guns were added. The picture on this page gives an impression of the view from the front funnel to the hut. In the foreground is a 15 cm ships gun L/45 in the central pivot carriage C/16 (15 cm S.K. L/45 in M.P.L. C/16).
During the time, the power source was changed to oil-fired naval boilers.

Kriegseinsätze und Verbleib

Leichter Kreuzer EMDEN

Stapellauf 7.1.1925 Marinewerft Wilhelmshaven
in Dienst gestellt 15.10.1925

Haupteinsätze:

August 1939	Die EMDEN war an der Legung einer Minensperre in der Nordsee zusammen mit der GRILLE und mehreren Torpedobooten beteiligt. Auf der Jade von der Unternehmung zurück 3.9.1939.
4. September 1939	Angriff brit. Flugzeuge auf Wilhelmshaven. Die EMDEN schoß ein Flugzeug ab, das jedoch seitlich auf das Vorschiff des Kreuzers aufschlug und abgesehen von Sachschäden Menschenleben kostete. Das waren die ersten Gefallenen der Kriegsmarine im Zweiten Weltkrieg.
Oktober 1939 – März 1940	wurde der Kreuzer wieder zu Ausbildungszwecken verwendet.
6. April 1940	Die EMDEN nahm zur Unternehmung "Weserübung" in Swinemünde Heerestruppen an Bord.
7. April 1940	Sammeln der Kriegsschiffsgruppe 5 in der Kieler Bucht.
8. April 1940	Gruppe 5 auf dem Marsch nach Oslo. Untergang der BLÜCHER in der Dröbakenge. Ausschiffen der Heerestruppen. Die EMDEN erreicht Oslo am 10.4.1940. Die Funkstation des Kreuzers bildete die Nachrichtenzentrale für alle drei Wehrmachtteile.
Sommer 1940	Die EMDEN wurde aus Oslo in die Heimat nach Gotenhafen entlassen und diente dort wieder Schulzwecken. Zusammen mit dem Leichten Kreuzer KÖLN beschoß die EMDEN russische Küstenbatterien bei Kap Ristna auf Ösel.
Juni – November 1942	Zur Grundüberholung verlegte die EMDEN zur Werft Wilhelmshaven. Die grundüberholte EMDEN konnte bei einer Meilenfahrt vor Neukrug bei Pillau noch eine Geschwindigkeit von 26,9 Kn. erzielen.
Ende 1944	Minenunternehmung im Skagerrak.
Jahreswechsel 1944/45	Grundüberholung des Schiffes bei der Schichauwerft in Königsberg. Die Russen greifen Königsberg an.
23. Januar 1945	Befehl des OKM: "Sofort klarmachen zum Auslaufen". Eisbrecher schleppten die EMDEN nach Pillau, wo eine Maschine fahrklar gemacht wurde.
Februar 1945	Von Pillau aus erreichte die EMDEN in sechstägiger Fahrt am 6.2.1945 Kiel. An Bord des Schiffes befanden sich rund 1.000 Flüchtlinge. Außerdem waren an Bord die Sarkophage des Generalfeldmarschalls v. Hindenburg und seiner Gemahlin.
Februar – April 1945	wurden die Überholungsarbeiten an dem Kreuzer in Kiel fortgesetzt.
April 1945	Bei einem Luftangriff auf Kiel wurde die EMDEN schwer beschädigt. Das Schiff mußte in der Heikendorfer Bucht auf Strand gesetzt werden.
26. April 1945	außer Dienst gestellt.
3. Mai 1945	Durch Sprengung vollkommen zerstört. Das Wrack wurde abgebrochen und verschrottet.

War History & Whereabouts

Light Cruiser EMDEN

Launched 7th January 1925 from the Wilhelmshaven naval shipyard
Commissioned 15th October 1925

Main Actions:

August 1939	*The EMDEN participated in the laying of a minefield in North Sea with the GRILLE and several torpedo boats. Returned from the operations to the Jade on 3rd September 1939.*
4th September 1939	*British airraid on Wilhelmshaven. The EMDEN shot down one aircraft which however crashed into the front of the ship and as well as causing damage, inflicted loss of life. They were at first naval casualties of the Second World War.*
October 1939 – March 1940	*The cruiser was used for training purposes.*
6th April 1940	*The EMDEN took troops on board in Swinemünde for operation "Weserübung".*
7th April 1940	*Warship Squadron 5 assembled in the Kiel Bight.*
8th April 1940	*Squadron 5 on its way to Oslo. The BLÜCHER went down in the Dröbakenge. Disembarkation of the troops. The EMDEN arrived at Oslo on 10th April 1940. The cruiser's radio station was the reports centre for all three arms of the Wehrmacht.*
Summer 1940	*The EMDEN returned home to Gotenburg from Oslo and was used for training purposes.*
September 1941	*Along with the light cruiser KÖLN, the EMDEN bombarded Russian shore batteries at Cape Ristna on Ösel.*
November 1941	*On the founding of the Training Section of the Fleet, EMDEN was attached to it.*
June – November 1942	*For a major refit, the EMDEN was laid up in the shipyard in Wilhelmshaven. The refitted EMDEN reached a speed of 26.9 knots in a short journey at Neukrug near Pillau.*
End of 1944	*Minelaying in Skagerrak.*
Winter 1944/45	*Thorough refit of the ship in Schichau shipyard in Königsberg. The Russians then attacked Königsberg.*
23rd January 1945	*Order from the Naval Supreme Command: "Clear decks immediately for launching". Ice breakers towed the EMDEN to Pillau where one engine was brought into action.*
February 1945	*In a six day journey, the EMDEN reached Kiel from Pillau on 6th February 1945.*
February – April 1945	*The refitting work was continued on the cruiser in Kiel.*
April 1945	*The EMDEN was heavily damaged in an airraid on Kiel. The ship had to be beached in the Heikendorf Bight.*
26th April 1945	*Withdrawn from service.*
3rd May 1945	*Totally destroyed by explosions. The wreck was broken up and scrapped.*

Die Leichten Kreuzer der K-Klasse.
Unbelastet durch ältere Schiffstypen beschritt die Reichsmarine neue Wege bei der Entwicklung und dem Bau der sogenannten Kreuzer der K-Klasse. Von diesem Kreuzertyp wurde eine Serie von drei Schiffen gebaut, die sämtlich im Jahre 1926 aufgelegt worden sind. Angeführt wurde die Serie von der KÖNIGSBERG, dann folgte die KARLSRUHE; beide Schiffe wurden 1929 in Dienst gestellt und schließlich die KÖLN mit ihrer Indienststellung im Jahre 1930. Aus den Anfangsbuchstaben der Städte, die den Schiffen die Namen gaben, wurde der Begriff für die K-Klasse abgeleitet.
Die nebenstehende Abbildung der KÖNIGSBERG aus dem Jahr 1934/35 zeigt deutlich die typischen Merkmale des neuen Kreuzers:
- Die Geschütze sind in leichtgepanzerten, geschlossenen Türmen untergebracht.
- Die Geschütztürme sind aus der Schiffsachse jeweils um etwa 2 Meter versetzt nach steuer- bzw. backbord aufgestellt worden. Aus dieser Position heraus konnten die Türme das Artilleriefeuer nach vorn unterstützen.
- Das Schiffsende ist als Spiegelheck ausgelegt.
- Die Scheinwerfer sind neben dem achteren Schornstein paarweise in Podesten an Säulenmasten angehängt worden.

Wie weiter erkennbar ist, besteht die Flak-Bewaffnung aus vier Geschützen 8,8 cm L/45 C/25 in Einzelaufstellung.

The Light Cruisers of the K-Class.
Not hindered by old types of ships, the Reich Navy found new ways of developing and building the so-called cruisers of the K-Class. From this type of cruiser, a series of three ships was built, all of which were laid down in 1926. The series started with the KÖNIGSBERG, followed by the KARLSRUHE, both ships being commissioned in 1929, followed finally by the KÖLN, which was commissioned in 1930. They were designated the K-Class because the names of all three ships began with the letter "K".
The picture opposite of the KÖNIGSBERG in 1934/35 clearly shows the features typical of this new cruiser:
- *The guns were mounted in lightly armoured close turrets.*
- *The turrets are placed about 2 metres to port or starboard off the ships axis. From this position, the turrets could support firing forwards.*
- *The stern is square.*
- *The searchlights are mounted in pairs on platforms on masts by the rear funnel.*

As can also be seen, the AA defence consists of four 8.8 cm L/45 C/25 guns mounted individually.

Das Bild auf der nachfolgenden Doppelseite zeigt die KÖNIGSBERG wenige Monate nach ihrer Indienststellung. Wie erkennbar, bestand die Flak-Bewaffnung anfänglich nur aus zwei 8,8 cm L/45 Geschützen.

The picture on the following double page shows the KÖNIGSBERG a few months after being commissioned. As can be seen, the AA defence consisted initially of only two 8.8 cm L/45 guns.

Leichter Kreuzer KÖNIGSBERG

Stapellauf 26.3.1927 Marinewerft Wilhelmshaven
in Dienst gestellt 17.4.1929

Haupteinsätze:

Kriegsausbruch 1939 — Die KÖNIGSBERG unterstand vor Kriegsausbruch der Artillerieinspektion. Sie wurde mit Beginn der Kriegshandlungen zum Polenfeldzug den Flottenstreitkräften in der Ostsee zugeteilt.

April 1940 — Zur Unternehmung "Weserübung" trat die KÖNIGSBERG zur Gruppe 3 unter Konteradmiral Schmundt, Bestimmungshafen Bergen. Die KÖNIGSBERG übernahm Heerestruppen in Wilhelmshaven.

9. April 1940 — Bei Einlaufen in Bergen beschädigten norw. Küstenbatterien die KÖNIGSBERG und das Artillerieschulschiff BREMSE.
19.00 Uhr brit. Luftangriff auf Bergen, jedoch ohne größeren Erfolg.
21.00 Uhr KÖLN und zwei Torpedoboote liefen zur Heimfahrt aus. Die beschädigte KÖNIGSBERG blieb in Bergen.

10. April 1940 — Am frühen Vormittag griffen 15 Sturzkampfflugzeuge der brit. Marineluftwaffe das Schiff an, das nach drei Volltreffern sank.

1943 — Wrack gehoben und abgebrochen.

Light Cruiser KÖNIGSBERG

Launched 26th March 1927 in Wilhelmshaven Naval Shipyard
Commissioned 17th April 1929

Main actions:

Outbreak of war 1939 — *The KÖNIGSBERG was under the command of the Artillery Inspectorate at the outbreak of war. At the beginning of hostilities in Poland, she was sent to the Naval Forces in the Baltic.*

April 1940 — *In Operation "Weserübung", the KÖNIGSBERG became part of Squadron 3 under Counter-Admiral Schmundt, sent to Bergen. The KÖNIGSBERG took troops on board in Wilhelmshaven.*

9th April 1940 — *The KÖNIGSBERG and the artillery training ship BREMSE were damaged by Norwegian shore batteries when entering Bergen. 19.00 hrs. British airraid on Bergen, but without much effect. 21.00 hrs. KÖLN and two torpedo boats returned to their home port. The damaged KÖNIGSBERG remained in Bergen,*

10th April 1940 — *Early in the morning, 15 ground attack aircraft of the British Fleet Air Arm attacked the ship, which, after three direct hits, sank.*

1943 — *The wreck was raised and broken up.*

Die KÖNIGSBERG im Frühjahr 1940. Die Flak in Einzellafetten sind jetzt durch 8,8 cm L/76 Geschütze C/32 in Doppellafetten C/32 ersetzt worden. Als eines der wenigen Kriegsschiffe ist die KÖNIGSBERG bereits mit der matratzenähnlichen Antennenform eines Funkmeßgerätes ausgestattet. Die Antenne ist starr und wie erkennbar am Brückenaufbau angebracht worden. Wenige Wochen später, vor dem Norwegen-Unternehmen, wurde die Anlage, die nur versuchsweise installiert worden war, wieder abgebaut.

The KÖNIGSBERG in spring 1940. The singly mounted AA guns have now been replaced by the 8.8 cm L/76 C/32 mounted in the double carriage C/32. The KÖNIGSBERG was one of the few warships already equipped with the mattress-like antenna of a radio-operated range finder. The antenna is rigid and, as can be seen, has been fixed onto the bridge superstructure. Only a few weeks later, just before the Norway operation, this apparatus, which had only been installed as an experiment, was removed.

The pictures on this and the following side show the KARLSRUHE in 1934, but with different items of equipment:

- *The antennas have been replaced by a telescoping mast on both sides of the astern funnel.*
- *The 8.8 cm L/45 C/25 AA guns have been increased by one further. In addition to that, four 3.7 cm AA guns in double mountings have been added (next to the bridge superstructure and behind the rear torpedo tube mounting) as well as several 2 cm AA guns.*
- *A loading crane has been added in place of one aircraft crane. The aircraft catapult is due to be added shortly.*

The most noticeable difference with the other cruisers of the K-Class, as this photo clearly shows, was the two-storey platforms on the main mast. The KARLSRUHE was taken in for another major refit in 1938/39.

Die Abbildungen auf dieser und der nachfolgenden Doppelseite zeigen die KARLSRUHE im Jahre 1934, allerdings in unterschiedlichem Ausrüstungszustand:

- Die Antennenspieren sind an beiden Seiten des achteren Schornsteins durch einen Teleskopmast ersetzt worden.
- Die 8,8 cm L/45 Flak C/25 Bewaffnung ist um ein Geschütz erweitert worden. Hinzugekommen sind außerdem vier 3,7 cm Flak in Doppellafetten (neben den Brückenaufbauten und hinter dem vorderen Torpedorohrsatz) und einige 2 cm Flak in Einzelaufstellung.
- Ein Bordkran wurde gegen einen Flugzeugkran ausgetauscht. Das Flugzeugkatapult wird in Kürze nachgerüstet.

Das wesentliche Unterscheidungsmerkmal zu den anderen Kreuzern der K-Klasse war, wie die Abbildung deutlich macht, der zweigeschossige Stand auf dem Röhrenmast.
Die KARLSRUHE wird sich nach einer weltumspannenden Seereise nochmals einer Grundüberholung im Jahr 1938/39 unterziehen.

Kreuzer „Karlsruhe"

Leichter Kreuzer KARLSRUHE

Stapellauf 20.8.1927 Deutsche Werft A.G., Kiel
in Dienst gestellt 6.11.1929

Haupteinsätze:

November 1939

Bei Kriegsausbruch befand sich die KARLSRUHE außer Dienst. Sie wurde auf der Kriegsmarinewerft Wilhelmshaven grundüberholt und teilweise umgebaut. Wieder in Dienst gestellt wurde der Kreuzer am 13. November 1939.

April 1940

Zur Norwegenunternehmung (siehe auch Kapitel "Weserübung") trat die KARLSRUHE zur Kriegsschiffgruppe 4, vorgesehen für die Besetzung von Kristiansand-Süd und Arendal. Der Kommandeur der KARLSRUHE war Führer dieser Unternehmung. Zur Gruppe 4 gehörten außer der KARLSRUHE noch die Torpedoboote LUCHS, SEEADLER und GREIF, die 2. Schnellbootsflottille und das Schnellbootsbegleitschiff TSINGTAU. An Heerestruppen hatte die Gruppe rund 1.100 Mann an Bord, auch befand sich an Bord der KARLSRUHE der als Admiral Südnorwegen vorgesehene Konteradmiral Schenk.

9. April 1940

Die Besetzung Kristiansands ging nicht planmäßig und reibungslos vonstatten. Erst am Nachmittag konnte der Ort besetzt und die Truppen ausgeschifft werden.
Nachts Angriff des britischen Unterseeboots TRUANT (Lt. Commander C. H. Hutchinson) auf die KARLSRUHE. Torpedovolltreffer in den Abteilungen V und VI. Beide Maschinen, die E-Anlage und das Ruder fielen aus, das Schiff sackte langsam ab. Die Besatzung wurde von den Torpedobooten übernommen und dann auf Befehl des Kommandanten die KARLSRUHE durch zwei Torpedos des Torpedobootes GREIF versenkt. Untergang 9.4. 1940, 22.50 Uhr. (Bei Bekanntgabe des Verlustes des Schiffes sprach das OKW zunächst irrtümlich von einem Verlust durch eine Minensperre.)

Diese Abbildung der KARLSRUHE entstand während eines Auslandsaufenthaltes. Deutlich zu sehen sind Einzelheiten des Mittelschiffs des Leichten Kreuzers mit dem Gefechtsmast, dem Kriegswachleitstand über der Brücke mit einem der großen Entfernungsmeßgeräte, dahinter das Signaldeck, einen der Steuerbord-Torpedorohrsätze, das Bootsdeck und die Scheinwerferpodeste.

Light Cruiser KARLSRUHE

Launched 20th September 1927 at the Deutsche Werft A.G., Kiel
Commissioned 6th November 1929

Main Actions:

November 1939

On the outbreak of war, the KARLSRUHE had been withdrawn from service. She underwent a major refit in the Naval Shipyard in Wilhelmshaven and was partly rebuilt. She was recommissioned on 13th November 1939.

April 1940

For the Norway operation (see also the chapter "Weserübung") the KARLSRUHE was attached to Warship Squadron 4 which was designated to occupy Kristiansand-South and Arendal. The commander of the KARLSRUHE was also leader of this operation. Squadron 4 also consisted of torpedo boats LUCHS, SEEADLER and GREIF, the 2nd Speed Boat Flotilla and its support vessel TSINGTAU. Squadron 4 had on board around 1,100 soldiers and also on board the KARLSRUHE was Counter-Admiral Schenk, appointed to be Admiral of Southern Norway.

9th April 1940

The occupation of Kristiansand did not go according to plan. Only that afternoon could the town be occupied and the troops disembarked. In the night, the British submarine TRUANT (Lt. Commander C. H. Hutchinson) attacked the KARLSRUHE. Torpedoes hit Sections V and VI. Both engines, the E-apparatus and the rudder were knocked out and the ship began to list. The crew were taken off by the torpedo boats and on the order of its commander, the KARLSRUHE was sunk by two torpedoes from the torpedo boat GREIF. She went down at 22.50 hrs. on 9th April 1940. (On announcing the loss of this ship, the OKW originally spoke of a loss due to mining. This was an error).

The KÖLN was to be the only cruiser of this class to survive the war. The pictures on this and the following page show the KÖLN in winter 1939/40 and in spring 1940. Her technical alterations were as those on the KÖNIGSBERG and KARLSRUHE. As such, the KÖLN was distinguishable from the KÖNIGSBERG externally only by the bars which attached the mast to the funnel. On a platform behind the fire control stand is the barrel of a 2 cm AA gun covered by a tarpaulin. During the course of the war, the armament was increased by further two 2 cm AA guns in quad mountings next to each other on the deck house. The searchlight stands and the aircraft crane were removed. Unlike the KÖNIGSBERG and KARLSRUHE, the aircraft catapult has already been removed.

Left:
This picture of the KARLSRUHE was taken when overseas. The details amidships the light cruiser are apparent – the fighting mast, the watch platform above the bridge with one of the large range finders, behind it the signal deck, one of the starboard torpedo tube mountings, the boat deck and the searchlight platform.

Die KÖLN sollte der einzige Kreuzer dieser Serie sein, der fast den ganzen Krieg überstehen würde. Die Abbildungen auf dieser und der folgenden Seite zeigen die KÖLN im Winter 1939/40 und im Frühjahr 1940. Ihre technischen Änderungen entsprechen denen der KÖNIGSBERG und KARLSRUHE. Insofern war die KÖLN von der KÖNIGSBERG äußerlich nur durch die Streben, die den Mast gegen den Schornstein abstützten, zu unterscheiden. Auf einem Podest hinter dem Artilleriestand ist das mit einer Persenning überzogene Rohr einer 2 cm Flak erkennbar. Im weiteren Verlauf des Krieges wird die Ausrüstung noch durch zwei 2 cm Flak in Vierlingslafetten nebeneinander auf dem Deckshaus unterstützt. Die Scheinwerferstände und der Flugzeugkran werden abgebaut.
Im Gegensatz zur KÖNIGSBERG und KARLSRUHE ist hier bereits das Flugzeugkatapult entfernt worden.

Leichter Kreuzer KÖLN

Stapellauf 23.5.1928 Marinewerft Wilhelmshaven
in Dienst gestellt 15.1.1930

Haupteinsätze:

September 1939	Vor Kriegsausbruch gehörte die KÖLN mit NÜRNBERG und LEIPZIG zum B.d.A.-Verband. Zusammen mit der NÜRNBERG und der KÖNIGSBERG trat KÖLN mit Kriegsbeginn unter das Marinegruppenkommando Ost. Nach Beendigung des Polenfeldzuges traten die drei Kreuzer zum Marinegruppenkommando West und verlegten in die Nordsee.
8. Oktober 1939	Die KÖLN nahm an dem Flottenvorstoß unter Admiral Boehm mit GNEISENAU und 9 Zerstörern teil. Der Vorstoß ging bis in die Höhe von Utsire. Rückkehr des Verbandes durch Kattegat und Großen Belt. Eintreffen in Kiel 10.10.1939, 02.00 Uhr. Keine besonderen Vorkommnisse. Die brit. Admiralität hatte von diesem Vorstoß erfahren und in der Meinung, daß ein Durchbruch in den Atlantik geplant sei, die brit. Flotte auf Auffangstellung nördlich Bergen gelegt.
12. – 13. Dezember 1939	In der Nacht vom 12. zum 13. Dezember 1939 bezogen der B.d.A.-Verband mit NÜRNBERG, LEIPZIG und KÖLN in der westlichen Nordsee Auffangstellung, während fünf Zerstörer ein Minenfeld vor Newcastle legten (6. offensive Minenunternehmung deutscher Zerstörer). NÜRNBERG und LEIPZIG erhielten am Morgen des 13.12.1939 Torpedotreffer. Die KÖLN blieb unbeschädigt und wurde nun bis Mai 1940 Flaggschiff des B.d.A.
April 1940	Zum Unternehmen "Weserübung" nahm KÖLN am 7.4.1940 in Wilhelmshaven Heerestruppen an Bord. KÖLN bildete mit KÖNIGSBERG, dem Artillerieschulschiff BREMSE, den Torpedobooten LEOPARD und WOLF und der 1. Schnellbootsflottille die Gruppe 3, bestimmt für Bergen. Am 9.4.1940 wurde das befohlene Ziel erreicht. KÖLN blieb unbeschädigt. Noch am selben Tag liefen KÖLN und die Torpedoboote LEOPARD und WOLF wieder aus. Von der Elbe kommend lief der Zerstörer RICHARD BEITZEN dem Verband entgegen. 11.4.1940 Ankunft in Wilhelmshaven.
September – Oktober 1941	Insel Dagö und Ösel. Hier kämpfte die KÖLN die russischen Küstenbatterien bei Kap Ristna auf Ösel nieder.
13. Juli 1942	KÖLN ab Oslo mit dem Ziel Nordnorwegen.
6. August 1942	An Narvik. KÖLN trat zur Kampfgruppe und löste die LÜTZOW ab.
10. September 1942	ADMIRAL SCHEER, ADMIRAL HIPPER und KÖLN verlegten von Narvik zum Altafjord, um von dort das Geleit PQ 18 anzugreifen. Erfolgloser Angriff des brit. Unterseebootes TIGRIS auf den deutschen Verband. Der deutsche Angriff auf den Geleitzug unterblieb auf Einspruch Hitlers.
Februar 1943	ADMIRAL HIPPER und KÖLN verlegten von Norwegen in die Ostsee, um dort außer Dienst gestellt zu werden.
März 1943 – März 1944	außer Dienst.
Januar 1944	Aufstellung des Besatzungsstammes KÖLN.
März 1944	Der Kreuzer wurde im März 1944 von Kiel nach Königsberg geschleppt.
1. April 1944	KÖLN erneut in Dienst gestellt und dem Ausbildungsverband der Flotte zugeteilt, mit der Aufgabe, Ing.-Kadetten auszubilden.
April 1944 – Juli 1944	Werftliegezeit und Neuausrüstung.
Juli – September 1944	Gefechtsausbildung und Übungen.
September 1944	Minenunternehmung in südnorw. Gewässern.
Oktober – November 1944	Geleitzugfahrten zwischen Südnorwegen und Dänemark.
Mitte November – Dezember 1944	Flaggschiff des F.d.Z.
13. Dezember 1944	Erhebliche Schäden durch einen Bombenangriff (Teile der E-Anlage und die Steuerbordmaschine fielen aus).
31. Dezember 1944 – 1. Januar 1945	Nachts ein weiterer Bombenangriff, der verschiedene Beschädigungen hervorrief.
Januar 1945	Da eine Reparatur in Oslo nicht möglich war, fuhr die KÖLN nach Wilhelmshaven zur Werft. Auf dem Marsch dorthin in Höhe der Insel Wangerooge wiederum ein Bombenangriff.
14. Januar 1945	Einlaufen in Wilhelmshaven.
31. März 1945	Von fünf schweren Bomben beim letzten Angriff engl. Bomber auf Wilhelmshaven getroffen, sank die KÖLN. Sie blieb auf ebenem Kiel im Hafen liegen. Die Türme waren einsatzbereit und auch nach der Außerdienststellung besetzt.
5. April 1945	Flagge und Wimpel eingeholt.
April 1945	Unter Leitung des Festungskommandanten von Wilhelmshaven wurde die Artillerie der KÖLN in zwei Nächten gegen gegnerische Truppenansammlungen bei den Dörfern Neuenburg und Bockhorn eingesetzt.

Light Cruiser KÖLN

Launched 23rd May 1928 from the Naval Shipyard in Wilhelmshaven
Commissioned on 15th January 1930

Main Actions:

September 1939	*Before the outbreak of hostilities, the KÖLN together with the NÜRNBERG and LEIPZIG belonged to the B.d.A.-Verband. At the beginning of the war, KÖLN, together with NÜRNBERG and KÖNIGSBERG were attached to Naval Group Command East. After the end of the Poland Campaign, these three cruisers were transferred to Naval Group Command West, going to the North Sea.*
8th October 1939	*The KÖLN participated in the raid under Admiral Boehm along with the GNEISENAU and nine destroyers. The raid went as far as the Heights of Utsire. The return journey went through Kattegat and the Great Belt. They returned to Kiel on 10th October 1939 at 02.00 hrs. There were no special events to report. The British Admiralty had learned of the raid and thinking that a break-through into the North Atlantic was planned, the British fleet was positioned to the north of Bergen.*
12th – 13th December 1939	*During the night of 12th – 13th December 1939, the B.d.A.-Verband with NÜRNBERG, LEIPZIG and KÖLN moved to a position in the west of the North Sea whilst five destroyers laid a minefield outside of Newcastle (the sixth offensive mine-laying operation of German destroyers). NÜRNBERG and LEIPZIG suffered torpedo damage on the morning of 13th December 1939. The KÖLN was however undamaged and became flagship of B.d.A. until May 1940.*
April 1940	*For Operation "Weserübung", the KÖLN took troops on board on 7th April 1940 in Wilhelmshaven. KÖLN, along with the KÖNIGSBERG, the artillery training ship BREMSE, the torpedo boats LEOPARD and WOLF and the 1st Speed Boat Flotilla formed Group 3, destination Bergen. On 9th April 1940, their designation was reached. KÖLN was undamaged.* *On the very same day, KÖLN and the torpedo boats LEOPARD and WOLF put out to sea again. The destroyer RICHARD BEITZEN came from the Elbe and joined this group.* *11th April 1940 arrived in Wilhelmshaven.*
September – October 1941	*Supported the army in taking the islands Dagö and Ösel. KÖLN put out of action the Russian coastal batteries at Cape Ristna on Ösel.*
3th July 1942	*The KÖLN left Oslo for northern Norway.*
th August 1942	*Arrived in Narvik. KÖLN joined the Battle Group, relieving the LÜTZOW.*
10th September 1942	*ADMIRAL SCHEER, ADMIRAL HIPPER and KÖLN moved from Narvik to the Alta Fjord to attack Convoy PQ 18. The British submarine TIGRIS attacked the German force without success. The German attack in the convoy was stopped by Hitler.*
February 1943	*ADMIRAL HIPPER and KÖLN moved from Norway to the Baltic to be withdrawn from service.*
March 1943 – March 1944	*Out of service.*
January 1944	*Crew cadre for the KÖLN raised.*
March 1944	*The cruiser was towed from Kiel to Königsberg.*
1st April 1944	*KÖLN was recommissioned and placed under the command of the Training Section of the fleet to train cadet engineers.*
April – July 1944	*In dock being refitted.*
July – September 1944	*Battle training and exercises.*
September 1944	*Mine laying in south Norwegian waters.*
October – November 1944	*Convoy duties between southern Norway and Denmark.*
Mid-November – December 1944	*Flagship of the F.d.Z.*
13th December 1944	*Heavy damages from bombing. (Parts of the E-apparatus and steering motors knocked out).*
31st December 1944 – 1st January 1945	*During the night, further bombing which caused various damage.*
January 1945	*As repairs in Oslo were not possible, the KÖLN went in dock at Wilhelmshaven. On the voyage there, near the island Wangerooge, suffered further bombing.*
14th January 1945	*Entered Wilhelmshaven.*
31st March 1945	*The KÖLN sank after being hit by fire heavy bombs during the last British air-raid on Wilhelmshaven. She sank onto her kiel in the harbour. The turrets remained in operation and were crewed even after she was withdrawn from service.*
5th April 1945	*Colour and pennant taken down.*
April 1945	*Under the command of the fortress commander of Wilhelmshaven, the guns of the KÖLN were used against enemy troop concentrations near the villages of Neuenburg and Bockhorn for two nights.*

Die Leichten Kreuzer der Leipzig-Klasse.

Die letzten Leichten Kreuzer, die auf deutschen Werften entstanden, waren die LEIPZIG und die NÜRNBERG, deren Kiellegung und Indienststellung in großem zeitlichen Abstand voneinander erfolgte, nämlich 1928 und 1931 bzw. 1933 und 1935. Baugruppen wie die Geschütztürme, die Scheinwerfermasten (Nur LEIPZIG) und die Röhrenmasten waren von den Kreuzern der K-Klasse übernommen worden. Ansonsten stellten sich diese beiden Kampfeinheiten gegenüber den K-Kreuzern sehr unterschiedlich dar:

- Die Hauptartillerie war wieder entlang der Schiffsachse aufgestellt worden. Die Vorteile des Rundumeinsatzes der Hauptartillerie wurden dabei nicht aufgegeben.
- Man war vom Spiegelheck wieder auf das abgerundete traditionelle Kreuzerheck zurückgegangen.
- Die Abgasrohre der gesamten Energieerzeugungsanlagen wurden in einem Schornsteinmantel zusammengefaßt.

Was die Kampfkraft und die Schiffsabmessungen angeht, kamen die Kreuzer der Leipzig-Klasse in die Nähe ausländischer Schwerer Kreuzertypen. Die Abbildungen auf dieser und der nachfolgenden Seite zeigen einmal die LEIPZIG im Jahre 1936 und 1939/40 nach einem ausgedehnten Werftaufenthalt. Der einzige auffällige Unterschied besteht in dem konstruktiv anders ausgelegten Flugzeugkran. Bereits vorher war, wie bei den Kreuzern der K-Klasse und wie auch bei der LEIPZIG, die Katapultanlage nachgerüstet, die Flak-Bewaffnung modernisiert und die Ausstattung der Masten geändert worden. Im Verlauf ihrer Kriegsverwendung bis in die letzten Tage des Zweiten Weltkrieges blieben die Kreuzer bis auf die Zunahme der leichten Flak-Bewaffnung und des Einbaus von Funkmeßanlagen im wesentlichen unverändert.

The Light Cruisers of the Leipzig Class.

The last light cruisers coming from German shipyards were the LEIPZIG and the NÜRNBERG. They were laid down and commissioned at quite different times, namely 1928 and 1931 in the case of the former, and 1933 and 1935 for the latter. Items of superstructure, such as the turrets, searchlight masts (LEIPZIG only) and the main masts were taken from the K-Class cruisers. In other respects, both of these units were quite different from the K-Class cruisers:

- *The main guns were again laid out along the axis of the ship. The advantages of moving the main guns were not lost in so doing.*
- *The more traditional round stern of the cruisers was returned to the favour of the square end.*
- *The exhaust pipes of all the engines were brought together in one funnel.*

As far as fighting power and the dimensions of the ship, the cruisers of the Leipzig Class came close to foreign heavy cruisers. The illustrations on this and the following page show the LEIPZIG in 1936 and in 1939/40 after a long stay in dock. The one noticeable difference is in the layout of the aircraft crane. Before this, the cruisers of the K-Class and the LEIPZIG were equipped with the catapult, modern AA armament and different masts. During their use in the war, except an increase in AA guns and the addition of radio-controlled range finders, the cruisers remained largely the same.

The funnel of the LEIPZIG with the searchlight platform on the side. The rudder position indicator is on the yard.

Der Schornstein der LEIPZIG mit den seitlich aufgestellten Scheinwerferpodesten. An der Rah ist der Ruderlagenanzeiger erkennbar.

Leichter Kreuzer LEIPZIG

Stapellauf 18.10.1929 Marinewerft Wilhelmshaven
in Dienst gestellt 8.10.1931

Haupteinsätze:

12./13. Dezember 1939	Deutsche Zerstörer legten in der Nacht vom 12. zum 13. Dezember 1939 vor Newcastle ein Minenfeld. Der B.d.A.-Verband NÜRNBERG, LEIPZIG und KÖLN, bezog in der westlichen Nordsee eine Auffangstellung und nahm die 5 Zerstörer auch am Morgen des 13.12.1939 auf. Ein brit. Bomberverband suchte die deutschen Seestreitkräfte vergeblich. Dem brit. U-Boot SALMON gelang es, NÜRNBERG und LEIPZIG zu torpedieren. Die deutschen Zerstörer jagten das brit. Unterseeboot fünf Stunden lang, wodurch das Boot unter Wasser gedrückt wurde und die Torpedierung nicht melden konnte. Dies ermöglichte den beschädigten Kreuzern ein Ablaufen nach Osten.
15. Dezember 1939	Die beschädigte LEIPZIG wurde auf dem Rückmarsch längs der dänischen Küste nach Süden erneut von einem Unterseeboot (brit. U-Boot URSULA) angegriffen. Die auf die LEIPZIG abgeschossenen Torpedos trafen aber ein Geleitfahrzeug des Kreuzers, den Flottenbegleiter "F 9", der sofort sank.
Dezember 1939 – November 1940	Werftliegezeit. Das Schiff wurde später nicht wieder voll einsatzfähig. Es wurde zum Schulschiff umgebaut. Der zerstörte Kesselraum wurde Schlafsaal für die Kadetten.
Februar 1940	LEIPZIG außer Dienst gestellt.
1. Dezember 1940	Wieder in Dienst gestellt.
September 1941	Einsatz im Rahmen der Baltenflotte in der Ostsee bei Ösel und Dagö.
November 1941	Mit Bildung des Ausbildungsverbandes der Flotte im November 1941 gehörte die LEIPZIG zu diesem Verband. Zunächst war der Kommandant des Kreuzers zugleich m.W.d.G.d. Verbandschefs beauftragt. Einsatz als Schulschiff bis Februar 1943.
Februar 1943	Außer Dienst gestellt.
1. August 1943	Wieder in Dienst gestellt, zunächst bis 5.9.1943 mit reduzierter Besatzung des Schiffes.
15. Oktober 1944	LEIPZIG lief abends aus Gotenhafen aus, um in Swinemünde eine Minenladung zu übernehmen. Vor Hela stoppte der Kreuzer, um umzukuppeln. Die Antriebsanlage des Schiffes war kompliziert. Die LEIPZIG war mit Marschdiesel und Mittelschraube ausgelaufen und wollte die Turbinen für den Antrieb der Seitenschrauben einschalten. Die Umschaltung dauerte ca. 15 Minuten. In dieser Zeit wurde die gestoppt daliegende LEIPZIG durch den herrschenden SO-Wind von der richtigen auf die falsche Seite des Zwangsweges getrieben. Unsichtiges Wetter. Bevor LEIPZIG wieder Fahrt aufnehmen konnte, wurde sie um 20.04 Uhr durch den von einer Küstenbeschießung bei Memel nach Gotenhafen zurückkehrenden Schweren Kreuzer PRINZ EUGEN, der rund 20 Knoten lief, gerammt. 14 Stunden waren die Schiffe ineinanderverkeilt. Erst gegen Mittag des 16.10.1944 kamen sie frei. Die schwer beschädigte LEIPZIG, Gefahr des Auseinanderbrechens bestand, konnte nach Gotenhafen eingebracht werden. Behelfsmäßige Reparatur (der Kesselraum III und der Kadettenschlafraum – ehem. Kesselraum II – blieben voll Wasser).
März 1945	Die Artillerie der LEIPZIG griff in die Landkämpfe um Gotenhafen ein.
25. – 29. März 1945	Das Schiff verlegte nach Apenrade.
1945/46	Nach der Kapitulation wurde das Schiff nach Wilhelmshaven überführt und am 16. Dezember 1946 mit Gasmunition beladen und in der Nordsee versenkt.

Leichter Kreuzer LEIPZIG im Zustand von 1932/1933.

Light cruiser LEIPZIG as in 1932/33.

Light Cruiser LEIPZIG

Launched on 18th October 1929 in the Naval Shipyard in Wilhelmshaven
Commissioned on 8th October 1931

Main Actions:

12th – 13th December 1939	*In the night of 12th – 13th December 1939, German destroyers laid a minefield outside of Newcastle. The B.d.A.-Verband, the NÜRNBERG, LEIPZIG and KÖLN, moved to a position in the west of the North Sea and were joined by the five destroyers in the morning of 13th December 1939. A force of British bombers searched for the German naval force, but without success. The British submarine SALMON however succeeded in torpedoing both the NÜRNBERG and the LEIPZIG. The German destroyers hunted the British submarine for five hours, forcing it to stay under water so that it could not report the hits. That enabled the damaged cruisers to escape to the east.*
15th December 1939	*The damaged LEIPZIG on its withdrawal to the south along the Danish coast was again attacked by a submarine (the British submarine URSULA). The torpedoes fired at the LEIPZIG however hit an accompanying vessel, the fleet support ship F 9 which sank immediately.*
December 1939 – November 1940	*In dock. The ship never became fully battle-operational again as it was converted into a training ship. The destroyed boiler room was converted into a dormitory for the cadets.*
February 1940	*The LEIPZIG was withdrawn from service.*
1st December 1940	*Recommissioned.*
September 1941	*Used as part of the Baltic Fleet at Ösel and Dagö.*
November 1941	*When the Training Section of the Fleet was formed in November 1941, LEIPZIG became part of it. The captain of the cruiser was in charge of the Section. Used as a training ship until February 1943.*
1st August 1943	*Brought back into service until 5th September 1943 with a reduced crew. Training ship.*
15th October 1944	*During the evening, LEIPZIG sailed out of Gotenhafen to take on a cargo of mines in Swinemünde. The cruiser stopped outside Hela to change over engines. The ship's power plants were complicated. The LEIPZIG had set out with its diesel engine and central screw and wanted to turn on the turbines to drive the side screws. This process lasted 15 minutes. During that, the stationary LEIPZIG was thrown off course by a strong S.E. wind. Visibility was poor. Before LEIPZIG could start up again at about 20.04 hrs. she was rammed by PRINZ EUGEN returning to Gotenhafen from Memel at around 20 knots after taking part on a coastal bombardment. The ships were jammed together for 14 hours. They only broke free at around midday on 16th October 1944. The LEIPZIG, heavily damaged and in danger of breaking up, was brought to Gotenhafen. Temporary repairs (Boiler Room III and the Cadet's Dormitory – former Boiler Room II remained under water).*
March 1945	*The guns of the LEIPZIG were used in the land battle for Gotenhafen.*
25th – 29th March 1945	*Moved to Apenrade.*
1945/46	*After the end of the war, the ship was taken to Wilhelmshaven, loaded with gas shells on 16th December 1946 and sunk in the North Sea.*

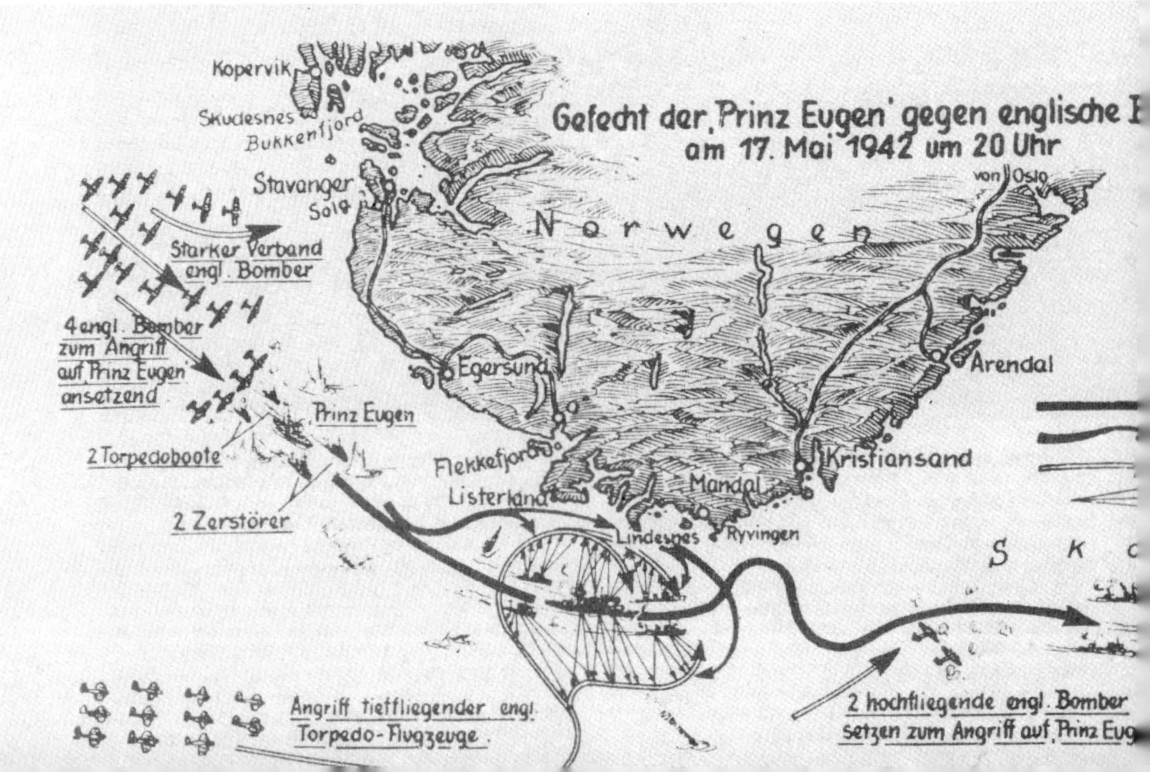

Between the photos of the light cruiser NÜRNBERG on this page and the following double page is a gap of nearly seven years. The illustration here shows the NÜRNBERG in November 1942 in Norwegian waters when moving from Germany to Narvik. The NÜRNBERG sailed with the Z-29 (in the background) and the Z-25 from which this photo was taken. When comparing the pictures of the LEIPZIG and the NÜRNBERG, there are a number of differences immediately noticeable. Firstly, there is the bridge superstructure and then the gallery in the funnel for the searchlight (NÜRNBERG).

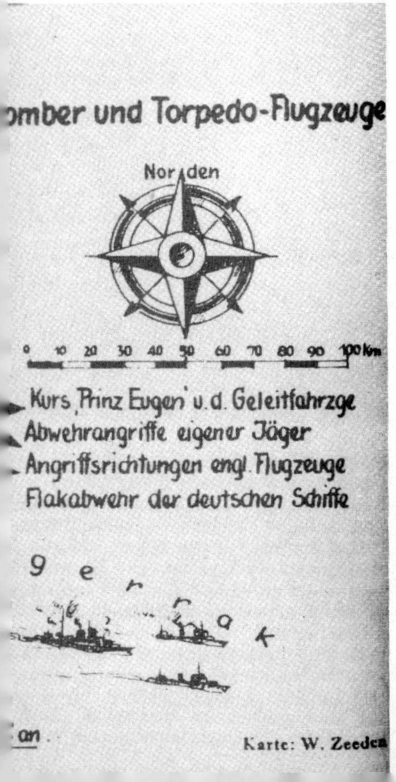

Zwischen den Fotos des Leichten Kreuzers NÜRNBERG auf dieser und der nachfolgenden Doppelseite liegt ein Zeitraum von fast sieben Jahren. Die Abbildung hier zeigt die NÜRNBERG im November 1942 in norwegischen Gewässern auf dem Verlegungsmarsch von Deutschland nach Narvik. Die NÜRNBERG fährt im Verband mit Z-29 (Hintergrund) und Z-25, von dem aus die Aufnahme gemacht wurde. Beim Vergleich der Abbildungen von LEIPZIG und NÜRNBERG kommen die wesentlichen Unterschiede gut zum Ausdruck. Sie liegen einmal in der Ausführung der Brückenaufbauten und zum anderen in der Galerie um den Schornstein zur Aufnahme der Scheinwerfer (NÜRNBERG).

Leichter Kreuzer NÜRNBERG

Stapellauf 8.12.1934 Deutsche Werke AG., Kiel
in Dienst gestellt 2.11.1935

Haupteinsätze:

September – Oktober 1939	NÜRNBERG, Flaggschiff des B.d.A., trat nach Beendigung des Polenfeldzuges zum Marinegruppenkommando West und verlegte in die Nordsee. Minenoperationen in der Nordsee und vor der englischen Küste.
12. – 13. Dezember 1939	Der B.d.A.-Verband hatte in der Nacht vom 12. zum 13. Dezember 1939 in der westlichen Nordsee eine Auffangstellung eingenommen, während 5 Zerstörer vor Newcastle Minen legten. Auf dem Rückmarsch der deutschen Seestreitkräfte gelang es dem brit. Unterseeboot SALMON, sowohl die NÜRNBERG als auch die LEIPZIG zu torpedieren. Beide Kreuzer konnten aber die deutschen Gewässer erreichen, da die Zerstörer das brit. U-Boot stundenlang verfolgten und so an der Abgabe einer Meldung hinderten.
Dezember 1939 – Mai 1940	Werftliegezeit.
Juni 1940	NÜRNBERG wieder einsatzbereit. Sie verlegte nach Drontheim, wo bereits SCHARNHORST, GNEISENAU und ADMIRAL HIPPER lagen. SCHARNHORST und GNEISENAU liefen am 20.6.1940 mit dem Ziel Heimat aus, GNEISENAU kehrte jedoch infolge Torpedotreffer (brit. U-Boot CLYDE) zurück. Am 25.7.1940 geleitete NÜRNBERG mit 4 Zerstörern die beschädigte GNEISENAU nach Kiel (Ablenkungsvorstoß des Schweren Kreuzers ADMIRAL HIPPER in Richtung Bäreninseln).
August 1940 – November 1942	Verwendung in der Heimat.
November – Dezember 1942	Die NÜRNBERG verlegte wieder nach Norwegen. Sie traf am 2.12.1942 in Narvik bei der Kampfgruppe ein (Ersatz für den im November 1942 in die Heimat entlassenen Schweren Kreuzer ADMIRAL SCHEER). Eingesetzte Großkampfschiffe in Norwegen im Dezember 1942: ADMIRAL HIPPER, LÜTZOW und KÖLN in Altafjord, NÜRNBERG in Narvik, TIRPITZ (in Reparatur) in Drontheim.
Frühjahr 1943	ADMIRAL HIPPER (beschädigt 31.12.1942) und KÖLN wurden im Februar 1943 nach Deutschland verlegt, so daß nur TIRPITZ, LÜTZOW und NÜRNBERG in Norwegen verblieben. Im März 1943 trat die SCHARNHORST hinzu.
Mai 1943	Die NÜRNBERG wurde in die Heimat zurückgerufen. Vor Stavanger Abwehr zweier brit. Schnellboote. Ab Mai 1943 Einsatz in der Ostsee.
Januar 1945	Einsatz im Skagerrak. Legen der ”Titus”-Minensperre.
Ab 27. Januar 1945	In Kopenhagen. In den letzten Kriegstagen wehrte die NÜRNBERG an der Pier in Kopenhagen mit Einsatz leichter Flakwaffen Versuche dänischer Partisanen ab, das Schiff zu erobern.
24. Mai 1945	Überführung der NÜRNBERG zusammen mit dem Schweren Kreuzer PRINZ EUGEN nach Wilhelmshaven im Geleit des brit. Schweren Kreuzers DEVONSHIRE und des brit. Leichten Kreuzers DIDO.
18. Dezember 1945	Übergabe der NÜRNBERG an die Russen in Wilhelmshaven.
2. Januar 1946	Auslaufen der NÜRNBERG zusammen mit dem Zerstörer ”Z 33” und den Torpedobooten ”T 33” und ”T 107” sowie dem Zielschiff HESSEN, dem Fernlenkboot BLITZ und dem U-Bootbegleitschiff OTTO WÜNSCHE nach Libau (OTTO WÜNSCHE brachte die deutsche Besatzung von Libau wieder zurück).
5. Januar 1946	Ankern vor Libau. Die Ketten der NÜRNBERG brachen. Der Kreuzer dampfte während der Nacht vor Libau auf und ab.
6. Januar 1946	Einlaufen in den Hafen von Libau. Die NÜRNBERG erhielt in Rußland den Namen ADMIRAL MAKAROW.

War History & Whereabouts

Light Cruiser NÜRNBERG

Launched on 8th December 1934 from the Deutsche Werke A.G., Kiel
Commissioned on 2nd November 1935

Main Actions:

September – October 1939	*The NÜRNBERG, flagship of the B.d.A., was transferred to Naval Group Command West after the Poland Campaign and operated in the North Sea. It participated in minelaying operations in the North Sea and along the coast of England.*
12th – 13th December 1939	*The B.d.A.-Verband took up positions in the western North Sea in the night of 12th to 13th December 1939 whilst five destroyers laid mines outside Newcastle. On their way back, the British submarine SALMON succeeded in torpedoing not only the NÜRNBERG, but also the LEIPZIG. Both cruisers were however able to reach German waters as the destroyers hunted the British submarine for several hours, preventing it from reporting in.*
December 1939 – May 1940	*In dock.*
July 1940	*The NÜRNBERG was ready for action again. She went to Drontheim where the SCHARNHORST, GNEISENAU and ADMIRAL HIPPER were waiting. The SCHARNHORST and GNEISENAU sent out for home on 20th June 1940, but the GNEISENAU turned back after being hit by a torpedo (from the British submarine CLYDE). On 25th July 1940 the NÜRNBERG with four destroyers accompanied the damaged GNEISENAU to Kiel (the heavy cruiser ADMIRAL HIPPER undertook a diversionary manoeuvre towards the Bear Islands).*
August 1940 – November 1942	*Used at home.*
November – December 1942	*The NÜRNBERG was again sent to Norway. On 2nd December she joined the Battle Group (Replacing the heavy cruiser ADMIRAL SCHEER sent home in December 1942). The large ships used in Norway in December 1942 were ADMIRAL HIPPER, LÜTZOW and KÖLN in the Altafjord, NÜRNBERG in Narvik and TIRPITZ (undergoing repairs) in Drontheim.*
Spring 1943	*The ADMIRAL HIPPER (damaged on 31st December 1942) and the KÖLN were sent to Germany in February 1943, leaving TIRPITZ, LÜTZOW and NÜRNBERG in Norway. They were joined by the SCHARNHORST in March 1943.*
May 1943	*The NÜRNBERG was called back home. Defended itself against two British motor boats outside Stavanger. From May, used in the Baltic.*
January 1945	*Used in Skagerrak. Laid the "Titus" minefield.*
From 27th January 1945	*In Copenhagen. In the last days of the war, the NÜRNBERG defended the pier in Copenhagen with its light AA guns from Danish partisans who were attempting to capture the ship.*
24th May 1945	*The NÜRNBERG along with the heavy cruiser PRINZ EUGEN was taken to Wilhelmshaven escorted by the British heavy cruiser DEVONSHIRE and the British light cruiser DIDO.*
18th December 1945	*The NÜRNBERG was handed over to the Russians.*
2nd January 1946	*The NÜRNBERG set sail for Libau together with the destroyed Z 33, the torpedo boats T 33 and T 107, the target ship HESSEN, the radiocontrolled boat BLITZ and the submarine supply boat OTTO WÜNSCHE. (OTTO WÜNSCHE brought the German garrison of Libau back).*
5th January 1946	*Anchored before Libau. The chains of the NÜRNBERG broke. The cruiser steamed up and down before Libau for the night.*
6th January 1946	*Entered the port of Libau. The NÜRNBERG was renamed ADMIRAL MAKAROV by the Russians.*

Leichter Kreuzer NÜRNBERG in der Zeit von 1938/39. Er fährt als Flaggschiff des Befehlshabers der Aufklärungsstreitkräfte und führt deshalb eine Vizeadmiralsflagge im Vortopp.

Light cruiser NÜRNBERG in 1938/39. She is sailing as flagship of the Commander of the Reconnaissance Forces (B.d.A.) and is thus flying the vice-dadmiral's flag.

ALLTAG AN BORD

Der größte Teil des Lebens an Bord, auch während des Krieges und besonders auf den größeren Einheiten, war ausgefüllt mit Routinedienst und Rollenübungen. Kriegsschiffe, zumindest ab Zerstörer, waren in sich geschlossene, autonome Wirtschaftseinheiten. Anders als in Kasernen oder Landstützpunkten verfügten die Schiffe zunächst über eigene Versorgungseinrichtungen, die den Energiebedarf sicherten. Für die Bewirtschaftung standen auch eigene Haushaltmittel zur Verfügung, die an Bord verwaltet und aus denen u. a. Betriebsstoffe (bei Auslandsfahrten), Verpflegung, Verbrauchsstoffe und Ersatzteile beschafft wurden.
Die Zahlstelle sorgte dafür, daß der Wehrsold ausgezahlt wurde und die Kantinenverwaltung dafür, daß die Kantinenware in ausreichendem Maße zur Verfügung stand. Gemessen an den Prioritäten – Betriebsstoff, Munition und Verpflegung – war die Verpflegung zwar untergeordnet, aber von nicht zu unterschätzender Wichtigkeit. Von den Matrosen wurde das Zugehörigkeitsgefühl zum Schiff auch an den Qualitäten des Proviantmeisters und den Fähigkeiten des Küchenpersonals gemessen.
Diese Versorgungsgüter wurden in den einzelnen Abschnitten verantwortlich und wirtschaftlich verwaltet.
Die verschiedenen Berufsgruppen wie Köche, Schuhmacher, Schreiner, Bäcker, medizinisches Personal usw. sicherten den geregelten Tagesablauf. Sorgfältig ausgearbeitete Dienstpläne und das hierarchische Prinzip stellten sicher, daß der Tagesablauf eingehalten wurde.
Die Gefechtsbereitschaft eines Schiffes ließ sich am Ergebnis nachweisen. Es wurde der Ernstfall wie z. B. "Mann über Bord", "Feuer an Bord" oder "Klar Schiff zum Gefecht" simuliert und durchexerziert. Unbestechlich zeigte die Stoppuhr dann an, ob ein bestimmter Ausbildungsabschnitt erreicht worden war oder nicht.

EVERYDAY LIFE AT SEA

Most of the time on board, even when at war and especially on the larger units, was filled with routine duties and drill practice.
Warships, at least from the destroyers upwards, were self-contained independent economic units. Unlike army depots or shore bases, the ships also had at their disposal their own means of supply which protected their energy requirements. Supplies for running the ship were kept on board and included fuel supplies (for service overseas, rations, consumables, spare parts).
The accounts office was responsible for paying the men and the canteen administration ensured that they had sufficient supplies at their disposal. In order of priority fuel, ammunition, rations.
Rations were not the highest priority, but their importance was not to be underestimated. The crew's morale depended on the quality of the supply officers and the capability of the galley staff.
These consumer supplies were administered in a responsible and economic way in each department.
The various tradesmen – cooks cobblers carpenters, bakers, medical personnel, etc. – ensured the daily routine.
The readiness of a ship for action was shown by the results of its drill practices. Exercises like "man overboard", "fire on board" or "decks cleared for action" were simulated and practiced. The stopwatch always showed if the exercise had been carried out in the required time or not.

Unbeliebt zwar, aber unbedingt erforderlich war das ständige Reinschiff an Bord. Hier handhabt gerade eine Gruppe von Gefreitendienstgraden den berühmten Piassava-Besen auf der Schanze der HIPPER. Unter den besonders engen Bordverhältnissen und bei entsprechenden Witterungsbedingungen mußte der Hygiene bei Mensch und Material zwangsläufig außergewöhnliche Beachtung geschenkt werden.

The continual cleaning of the ship was unpopular but very necessary. Here, a group of corporals are handling the famous "Piassava" broom in the armoured deck of the HIPPER. Due to the especially cramped conditions on board and the constant heavy weather, the cleanliness of both the men and their equipment needed particular close scrutiny.

Die Abbildung vermittelt einen Blick in das Schiffslazarett der HIPPER. Die Bettkästen sind aufgehängt, um den Seegang auszugleichen. Hier wurden die dienstunfähigen Bordangehörigen eingeliefert. Im Gefecht verlagerte sich die medizinische Betreuung zum Haupt- und Nebengefechtsverbandsplatz. In der unteren Abbildung besprechen sich gerade ein Marinestabsarzt (Mitte), ein Marineoberassistenzarzt (links) und ein Sanitätsoberfeldwebel. Auf den Schweren Kreuzern führte der Marinestabsarzt den Sanitätsabschnitt. Ihm unterstanden der erste und zweite Schiffsarzt sowie ein Feldwebeldienstgrad und mehrere Maate und Gasten (Mannschaftsdienstgrade). Der erste oder zweite Schiffsarzt war ein Zahnarzt. Der Feldwebeldienstgrad hatte eine medizinisch-technische Ausbildung und war befähigt, die entsprechenden Geräte zu bedienen (rechte Abbildung). Das Schiffslazarett war so modern und großzügig ausgestattet, daß dort größere Operationen ausgeführt werden konnten. Der Schiffsarzt mit seinen Mitarbeitern und technischen Einrichtungen wurde auch häufig in Amtshilfe tätig.

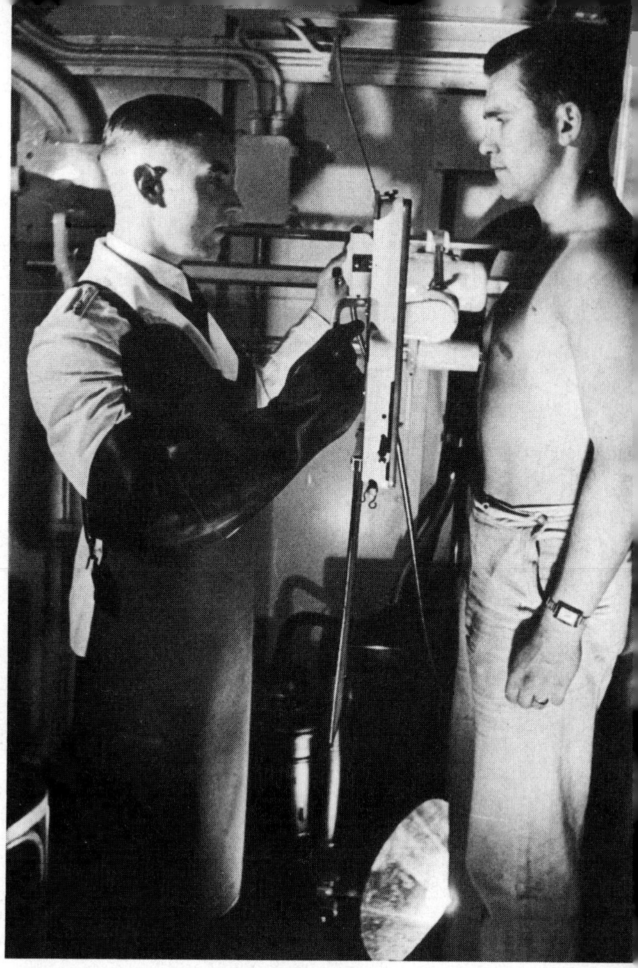

This picture shows a view of the ship hospital on the HIPPER. The beds are fixed on a pivot. Crew members not fit for service were required to report here. When in action, the medical teams went to the main and secondary treatment stations. In the lower picture, a "Marinestabsarzt" (centre) is talking to a "Marineoberassistenzarzt" (left) and a "Sanitätsoberfeldwebel". On the heavy cruisers, the medical department was led by the "Marinestabsarzt". Under him were the first and second ships doctors, a medical orderly with NCO status and a number of mates and orderlies. The first or second ships' doctor was always a dentist. The NCO orderly had a medical and technical training and was capable of operating the necessary apparatus. The ship's hospital was well equipped with modern apparatus that major operations could be performed in it. The ship's doctor with his colleagues and technical devices were often in use.

Der Schwere Kreuzer HIPPER wird in Brest aufmunitioniert und verproviantiert. Ein Heeres-Lkw liefert die Lebensmittel an. Das Anbordbringen muß gut organisiert werden, weil die Trockenlasten vorne liegen, die Kühlräume dagegen mittschiffs auf dem mittleren Plattformdeck. Wie man erkennen kann, handelt es sich hier um französische Spezialitäten wie Molkereiprodukte (la petite Bretonne), die gerade von Matrosen abtransportiert werden. Ein selten sicht- und greifbarer, aber bei der Proviantübernahme stets auf Lauer liegender und überaus schlauer Beteiligter war der "Kamerad Schwund". Wie leicht kann so eine Wurst oder Konservendose verlorengehen! Nur selten war die Suche nach diesem unbekannten "Mitarbeiter" erfolgreich. Der Proviantmeister aber verdankte ihm manch schlaflose Nacht.

The heavy cruiser HIPPER being loaded with ammunition and supplies in Brest. An army lorry is delivering food. Loading the ship had to be well organized because dry storage lay forwards the refrigeration being however amidships on the middle platform deck. As can be seen, French specialities like diary products (la petite Bretonne) are just being loaded on board by the sailors. Rarely to be seen, but always laying in wait and a shy participant in loading supplies was "Comrade Disappear". How easily a sausage or tin of jam went missing! Only rarely was a search for this unknown "colleague" successful. The supplies officer often bade him thanks during sleepless nights.

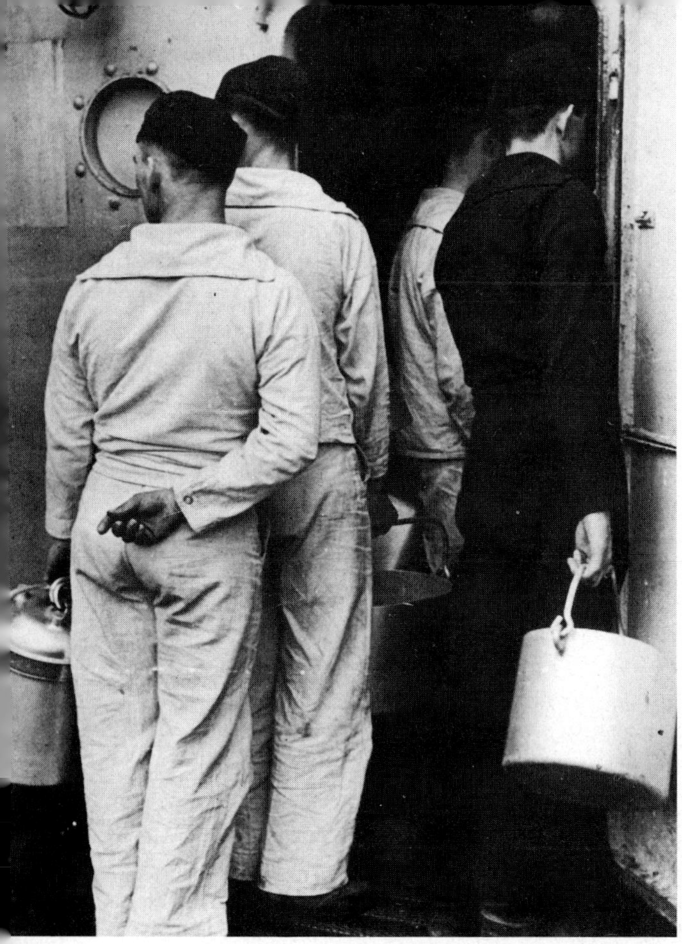

Der Smutje war an Bord die Bezugsperson und Zentralfigur und bei den Mannschaften bekannter als der Schiffsverwaltungsoffizier oder der Proviantmeister. Wenn er so lachte wie hier auf dem Bild, dann durfte auf einen guten und satten "Schlag" gehofft werden. Die gute Stimmung verbreitete sich dann über das ganze Schiff. Aber häufig mußte auch improvisiert werden, wie z. B. während des Atlantikunternehmens der HIPPER Anfang 1941, als die Kühlanlage ausfiel, und deshalb zuerst nur die leicht verderbliche Kost in Großportionen ausgegeben werden mußte. Danach verblieben nur die Restbestände, die zwar streng rationiert, aber so geschickt eingesetzt wurden, daß die Stimmung an Bord darunter nicht übermäßig litt.

Das Essen für die Mannschaften wurde dann backsweise in großen und schweren Aluminiumgefäßen, auch Barkassen genannt, in der Kombüse an die Backschafter ausgegeben und dann in den Mannschaftsunterkünften an die Mannschaften verteilt.
Wenn dann noch Sonderzuteilungen in Form von Spirituosen, Rauch- und Kolonialwaren ausgegeben wurden, die damals zu den Mangelgütern gehörten, dann war ein Zustand der allgemeinen Zufriedenheit erreicht. Die Kantinenwaren wurden auf größeren Einheiten über den Korporalschaftsältesten an die Backschaften weitergegeben.

The ships cook was everybody's favourite and the central figure. The crew knew him better than the ships administration officer or the supplies officer. If he smiled as here on the picture, then a hearty and filling meal was to be expected and the good atmosphere soon spread over the entire ship. However, there often had to be a good deal of improvisation. For example, during the Atlantic voyage of the HIPPER at the beginning of 1941, the refrigeration plant broke down, so all the perishable items had to be given out in large portions leaving only a few items which had then to be closely rationed but which were still skillfully used and morale hardly suffered. Food for the crew was handed out to the messes in large, heavy aluminium dixies (also called "cash boxes") in the galley and were then distributed to the crew in their quarters. If special rations were also handed out – such as spirits, tobacco and fruit, which at that time were in short supply – then a state of general satisfaction was attained. On the larger units, the canteen supplies were distributed by the squad commander.

Hinsichtlich der Aufenthaltsmöglichkeiten auf den größeren Kampfeinheiten wurde – und wird auch heute noch – nach Offiziers-, Feldwebel- und Unteroffiziersmessen sowie Mannschaftsunterkünften unterschieden. Was die Qualität und die Quantität des Essens jedoch angeht, wurden alle Dienstgradgruppen aus der gleichen Kombüse versorgt. Die deutsche Marineleitung hat damit der Meuterei von 1918 auf Schiffen der Kaiserlichen Marine Rechnung getragen, die nicht zuletzt auf die unterschiedlichen Verpflegungsätze zurückzuführen war, nach denen z. B. jeder Offizier einen täglichen Anspruch auf eine Flasche Wein hatte.
Die obere Abbildung zeigt die Offiziersmesse auf dem Schlachtschiff TIRPITZ und die untere eine Unteroffiziersmesse auf der HIPPER. Alle anderen Bilder sind ebenfalls auf der HIPPER entstanden.

As far as livings conditions on the larger units went – as still today – they were divided into officers, chief petty officers, petty officers messes and men's quarters. However, this did not affect the quantity and quality of the food as it was all taken from the same galley. The leadership of the German Navy had taken into account the mutiny on the ships of the Imperial Navy in 1918 which, in the final analysis, came back to the different rations, as, for example, every officer was allowed a bottle of wine per day.
The picture above shows the officers mess on the battleship TIRPITZ and the lower a petty officer mess on the HIPPER. All other pictures also come from the HIPPER.

Rechts:
Auch das gehörte noch zu den normalen Dienstverrichtungen an Bord der Einheiten mit festbrennstoffbeheizten Kesselanlagen wie bei alten Linienschiffen und einigen Minensuchbooten. Ob der Dampfdruck gehalten wurde, hing von den Fähigkeiten des Heizpersonals ab. Das Feuer mußte dazu gleichmäßig auf einer bestimmten Fläche gehalten werden. Das wurde erreicht, indem die Kohlen kontinuierlich so zur Seite geschoben wurden, daß die Schlacke herausgezogen und neue Kohlen aufgeschüttet werden konnten. Bei den alten Linienschiffen mußten das brennende Gut und die Kohlen auf eine Rostfläche von ca. 7 bis 8 Quadratmetern verteilt werden. Jeder Heizer hatte zwei Feuerlöcher zu beschicken. Und das bei Kesseltemperaturen von 30 bis 40 Grad Celsius trotz mechanischer Belüftung. Die Abbildung gibt einen Zustand wieder, bei dem einzelne Körperflächen der Heizer kurzfristig sogar Temperaturen von mehr als 60 Grad Celsius ausgesetzt waren. Eine gefüllte Schaufel mit Kohlen wog ca. 10 Kilogramm. Bei höheren Fahrstufen mußte ein Heizer innerhalb einer Wache mehrere Tonnen Brennstoff vor die Feuer bringen.

Right:
This too was part of normal service on board the units with solid fuel burning boilers as on the old ships of the line and several mine sweepers. Whether or not the steam pressure was maintained depended on the capabilities of the crew members. The fire had to be kept evenly on a set area. That was attained by continually pushing the coals to one side so that the ash could be removed and now coal added. On the old ships of the line, the burning material and coal was spread on a grill 7 – 8 sq. metres. Each crewman covered two ports. He did that in temperatures in the boiler rooms reaching 30 to 40 degrees despite mechanical ventilation. This picture shows the conditions in which some parts of the crewmen's body reached over 60 degrees. A full shovel of coal weighed around 10 kg. At higher speeds, a fireman had to load several tons of fuel onto the fire during his watch.

Den deutschen Seestreitkräften standen – anders als den damaligen Kolonialmächten – keine Überseestützpunkte zur Verfügung. Aus diesem Grund und wegen der unzureichenden Seeausdauer der kleineren Kampfeinheiten sowie der Schweren Kreuzer der Deutschen Kriegsmarine hingen weiträumige Operationen vom Gelingen der Treibstoffübernahme auf hoher See ab. Die Fähigkeiten dazu mußten sich in vielen sich wiederholenden Übungen angeeignet werden. Mit den nachfolgenden Abbildungen wird ein solches Manöver auf der HIPPER gezeigt, wobei einige der Bilder nicht bei der Vorbereitung des Beölungsmanövers entstanden sind, sondern bei der Wiederherstellung der Gefechtsbereitschaft nach Beendigung des Manövers. Die Aufnahme zeigt eine Gruppe von Seeleuten, die z. T. wegen der überkommenden Brecher zusätzlich durch Leinen gesichert sind und nun mit den Vorbereitungen für das Manöver beginnen. Die Back ist noch im gefechtsklarem Zustand mit der niedergelegten Reling, den zusätzlich gesicherten Ankern, festgelaschten Ankerketten und Manntauen. Am Bug gut erkennbar die Doppellippe mit hochklappbaren Sicherungsstegen, die bei der Beölung als Leit- und Kantpunkt von Bedeutung war.

The German Naval forces, unlike those of the colonial powers, had no overseas bases available. For that reason and because of the lack of endurance of the smaller units as well as the heavy cruisers of the German Navy, there was little chance of sustained operations without refueling at sea. This action had to be learned by repeated training exercises.
The following pictures show just such an exercise on the HIPPER. However, some of the pictures were not taken during the preparations for refueling, but during the re-establishment of action stations on the accomplishment of the manoeuvre.
The picture shows a group of seamen who are, due to the waves breaking over them, fixed on lines and are beginning preparations for the manoeuvre. The port side is still at action stations with the railing lowered, the anchor secured, the anchor chains and ropes lashed down. Clearly visible on the bows is the double lip with its folding safety bars which served as a guide and wedge during refueling.

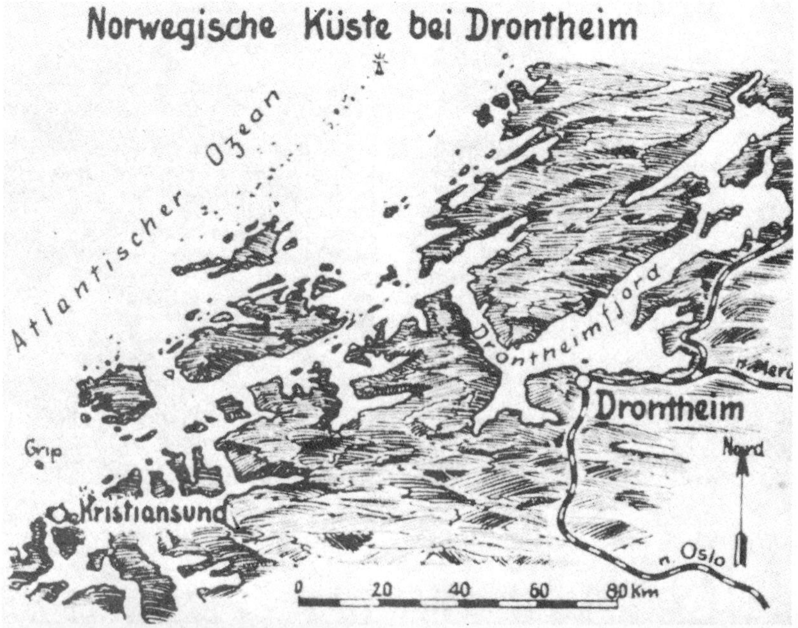

Während auf der Back das Aufrichten der Reling beginnt, hat der Schwere Kreuzer sich dem Tanker genähert. Die Verständigung wird über einen Mörserscheinwerfer aufgenommen. Funk durfte wegen der Einpeilmöglichkeiten durch den Gegner nicht benutzt werden, denn während der Beölung mußte die Geschwindigkeit verringert werden.
Die Reling ist jetzt aufgestellt, und die ersten Schlauchleitungen werden verlegt (s. Abb. unten).

Whilst the raising of the railing has started on the port side, the heavy cruiser has got nearer to the tanker. Communications were by means of a search light. The use of radio was not permitted due to the danger of being picked up by the enemy as during refueling, speed had to be reduced.
The railing has now been replaced and the first tubes are being fitted.

Die Reliefkarte zeigt die norwegische Küste um Drontheim.
Drontheim war einer der größten Marinestützpunkte der Deutschen Kriegsmarine außerhalb des Deutschen Reiches mit Versorgungs- und Werfteinrichtungen.

A relief map of the Norwegian coast around Drontheim.
Drontheim was one of the largest naval bases of the German Navy outside of Germany.
It contained supplies and weapons.

Von den beiden vorderen Doppelpollern der Back (einer ist rechts am Bildrand zu sehen) werden zur elastischen Befestigung der Schlepptrosse zwei starke Schlepptaljen geschoren, deren Kontaktblöcke (einer rechts unten sichtbar) an kräftigen Augen der Kottenkoker mittels Schäkeln befestigt sind.
An beiden Schiffsseiten werden entlang der Reling Ersatzlängen von Ölschläuchen bereitgelegt.

From the two double capstans on the port side (one can be seen on the right picture edge) two block and tackles were fixed to allow elasticity on the towing cables. Their contact blocks (one on the right, below, but out of sight) were fixed by shackles onto the strong eyes of the chain ports.
On both sides of the ship, along the railings, spare lengths of fuel pipes were laid ready.

Der backvorderste Doppelpoller, unten bereits mit der Sicherungstalje für den Backbordanker belegt, trägt darüber jetzt ein Ende der Sicherungstrosse, die über einen Block am Befestigungspunkt der Schleppleine winkelförmig zum Steuerbordpoller führt.

The double capstan nearest the port bow already fitted with the safety block and tackle for the port anchor, now also has an end of the safety cable which leads, at an angle, to the starboard capstan through a block on the eye of the tow rope.

HIPPER ist klar zur Ölübernahme und nähert sich wieder dem Tanker in dessen Kielwasser. An Steuerbord hat sich hinter dem Wellenbrecher eine Gruppe von Seeleuten bereitgestellt, um den Leinenvorlauf des ersten Ölschlauches mit Menschenkraft an Bord zu holen.

HIPPER is ready for refueling and is approaching the tanker in its wake. A group of men on the starboard behind the wave breaker are ready to pull the fuel pipe on board by hand with a line.

Dieses Bild entstand zu einem Zeitpunkt, als nach dem Herstellen der Schleppverbindung der leichte Vorlauf der ersten Ölverbindung bereits an Bord gehievt worden war, während das vordere Ende der schweren Trosse, an der der Ölschlauch beigelascht war, anscheinend gerade an Bord gehievt worden ist. Links unterhalb des Backbordankers ist im hellen Regenmantel der erste Offizier, ein Fregattenkapitän, zu erkennen, der das Manöver auf der Back leitet.

This picture was taken at a time when after establishing a towing line, the light first section of the first fuel line has already been heaved aboard whilst the front end of the heavy line to which the fuel pipe is tied appears to have been pulled aboard already. To the left and below the port anchor, in a light raincoat, is the First Officer, a "Fregattenkapitän". He is leading the manoeuvre on the port side.

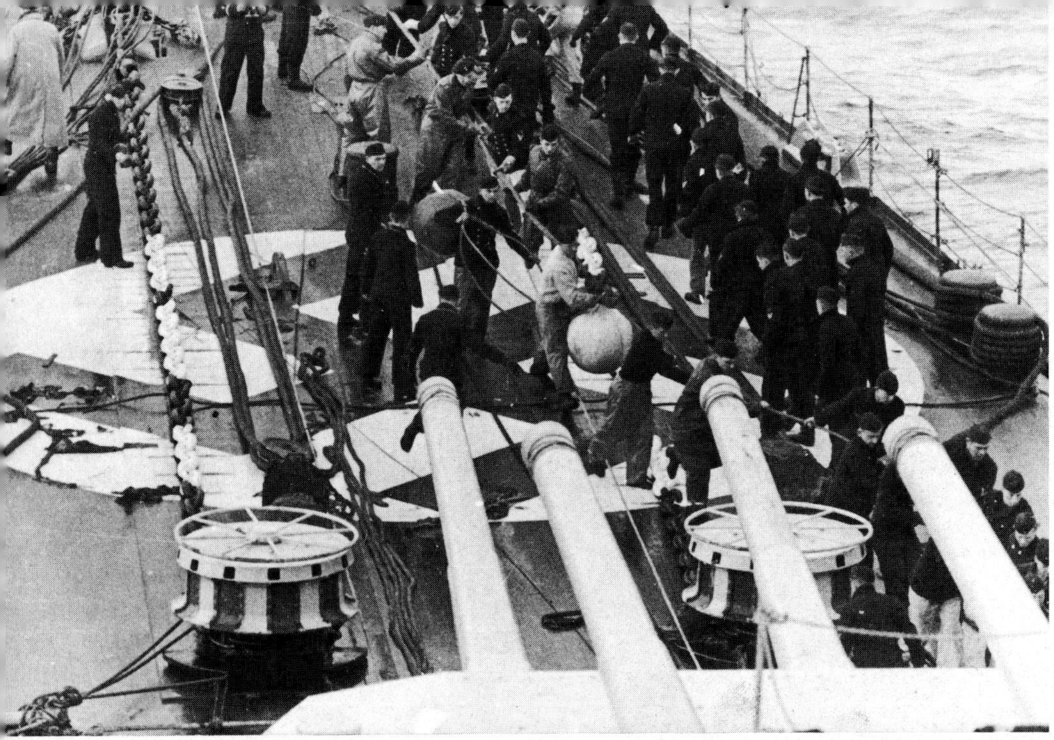

Das vordere Ende der schweren Trosse, durch einen hellen Auftriebsballon kenntlich gemacht (Bildmitte), befindet sich auf der Back und kann nun weiter eingeholt werden. Dazu begeben sich an der Steuerbordseite weitere Besatzungsangehörige nach voraus. Über dem Backbordspill ist eine der beiden Taljen sichtbar, die die Schlepptrosse abfedern.

The front end of the heavy cable, apparent because of the light-coloured baloon (centre of picture) is on the port side and can be hauled in. Further crew members in the starboard are getting ready for this. Above the port capstan, one of the two blocks and tackles is apparent. The towing cables were fed through it.

Die schwere Manilatrosse wird aufgelaufen, um den an ihr beigefangenen Ölschlauch an Bord hieven zu können. Links im Vordergrund hängt über dem Wellenbrecher einer der Kupplungsstutzen, die die Treibstoffschläuche mit den Rohrleitungen des Ölbunkersystems verbinden werden.

The heavy manila cable is taken on so that the pipeline attached to it can be heaved on board. In the left foreground over the wave breaker hangs one of the fixing points which link the pipelines with the pipes of the fuel storage system.

Das vordere Ende des mit Preßluft gefüllten und daher an der Wasseroberfläche treibenden Ölschlauches wird gerade aus dem Wasser gehievt. Links unten hält sich eine weitere Gruppe von Seeleuten bereit, um das kraftraubende Auflaufen der zweiten Schlauchverbindung zu übernehmen. Die einzelnen Phasen des Manövers werden damit wiederholt. Durch die beiden ausgebrachten Ölschläuche konnten in der Stunde 375 Tonnen Heizöl befördert werden.
Dieses Manöver gehört fraglos zu den seemännischen Spitzenleistungen. Bei der US-Navy wurde zu diesem Zeitpunkt der Betriebsstoff wie heute allgemein üblich von Schiffsseite zu Schiffsseite übernommen. Der Vorteil besteht darin, daß die Schleppverbindung kurz gehalten werden kann und die Schiffsgeschwindigkeit lediglich der Geschwindigkeit des Versorgungsschiffes angepaßt werden muß. Außerdem wird der Vorgang mit Windenhilfe unterstützt. Bei der deutschen Methode mußte zunächst eine lange Schleppverbindung in einem Abstand von ca. 600 Metern vom Tanker aus hergestellt werden.

The front end of the pipeline was filled with compressed air, thus came to the surface. It is just being hauled out of the water. Below left a further group of sailors are making ready to take over. Taking on board the second connection as doing so was very tiring. The individual phases of the manoeuvre are thus repeated. With the both pipelines 375 tons of fuel oil could be loaded in an hour. This manoeuvre was certainly the prime achievement of the sailors. In the US Navy at this time, the fuel, as it is common practice today, is taken on board from one ship's side to the other. The advantage of this is that the tow ropes can be kept short and the speed of the ship can be adjusted to that of the supply ship. Furthermore, the process is assisted by the wind.

 Fortsetzung von Seite 54/55

Name	Schiffstyp	Bauwerft	Bauzeit	Schiffsgewicht (ts)	Abmessungen Lg.	Br.	Tfg.	Leistung (PS)	Geschwindigk. (Kn)	Seeausdauer (sm/Kn)	Brennstoffvorrat feste (t)	flüssige (m^3)
1	2	3	4	5	6	7	8	9	10	11	12	13
Königsberg	L. Kreuzer d. K-Klasse	Reichsmarine-werft Wilhelmshaven	25-29	8.130 6.650	174,0	15,3	6,30	68.200w + 2 x 900e	32,2	5.700/19 7.300/17	–	1.180 + 260
Karlsruhe	w. o.	Deutsche werke, Kiel	26-29 38-40	8.350 6.730	174,0	16,6	6,20	68.200w +2 x 900e	30,0	w. o.	–	1.180 + 260
Köln	w. o.	Reichsmarine-werft Wilhelmshaven	26-30	8.130 6.650	174,0	15,0	6,30	68.500w + 2 x 900e	32,5 12,0	5.700/19 7.300/17	–	1.180 + 260
Leipzig	L. Kreuzer der Leipzig-Klasse	Reichsmarine werft	28-31	8.250 6.520	177,1	16,2	5,70	65.590w 4 x 3.100e	32,0 18,0	5.700/19	–	1.240 + 350
Nürnberg	w. o.	Deutsche Werke, Kiel	33-35	8.380 6.520	181,0	16,0	5.70	66.000w + 4 x 3.100 e	32,0 18,0	5.700/19	–	1.150 + 350
Lützow ex Deutschland	Panzerschiff	Deutsche Werke, Kiel	28-33 40-41	15.900 11.700	187,9	20,7	7,30	48.390e	28,0	10.000/20	–	3.200
Admiral Scheer	Panzerschiff	Reichmarine-werft Wilhelmshaven	31-34 39-40	15.900 11.700	187,9	20,7	7,30	52.050e	28,3	9.100/20	–	2.900

Bewaffnung Schiffskanonen (cm)		Flugabwehrkanonen (cm)		Torpedorohre (cm)	Panzerung Wasserl. (mm)	Deck (mm)	Kom. (mm)	Art. (mm)	Besatzung	Bemerkungen
14	15	16	17	18	19	20	21	22	23	24
9 x 15	–	6 x 8,8	8 x 3,7 4 x 2	4 x 3 - 53,3	50	40	100	30	21, 493	Zu Sp. 9: alle L. Kreuzer = gemischter Antrieb aus Turbinen und Dieselmotoren
w. o.	–	w. o.	w. o.	w. o.	50	40	100	30	21, 493	Angaben Karlsruhe nach Umbau 1938-40
w. o.	–	w. o.	8 x 3,7 4 x 2	4 x 3 - 53,3	50	40	100	30	21, 493	Zu Sp. 17: le Flak-Bewaffnung während des Krieges bis auf 10 x 2 cm erhöht Zu Sp. 23: bis zu ca. 850 Mann
9 x 15	–	6 x 8,8	8 x 3,7 2 x 2	4 x 3 - 53,3	50	25	100	30	26, 508	Sp. 17: bis zu 15 x 2 cm Sp. 23: bis zu 850 Mann
9 x 15	–	8 x 8,8	4 x 3,7 2 x 2	4 x 3 - 53,3	50	25	60	30	25, 648	Sp. 17: Zuletzt 4 x 3,7 cm; 4 x 4 cm und 24 x 2 cm Sp. 23: bis zu 850 Mann
6 x 28	8 x 15	6 x 10,5	8 x 3,7 10 x 2	2 x 4 - 53,3	80	45	150	140	33, 586	Sp. 16: gilt ab 1940 Sp. 17: Ab Ende 1944 = 4 x 3,7 cm; 6 x 4 cm und 26 x 2 cm Sp. 23: Zuletzt bis über 1.150
6 x 28	8 x 15	6 x 10,5	8 x 3,7 10 x 2	2 x 4 - 53,3	80	40	140	150	33, 568	Sp. 16: gilt ab 1940 Sp. 17: Ab Ende 1944 = zusätzlich 6 x 4 cm; jetzt insgesamt 24 x 2 cm Sp. 23: zuletzt bis über 1.150

Die obigen Daten entsprechen den Angaben aus Erich Gröner, ”Die Deutschen Kriegsschiffe 1815 – 1945”.

TECHNISCHE ANGABEN AUF EINEN BLICK

Name	Schiffstyp	Bauwerft	Bauzeit	Schiffsgewicht (ts)	Abmessungen Lg.	Br.	Tfg.	Leistung (PS)	Geschwindigk. (Kn)	Seeausdauer (sm/Kn)	Brennstoffvorrat feste (t)	flüssige (m^3)
1	2	3	4	5	6	7	8	9	10	11	12	13
Admiral Graf Spee	Panzerschiff	Reichsmarine-werft Wilhelmshaven	32-36	16.200 12.100	186,0	21,7	7,30	55.400e	26,0	8.900/20	–	2.800
Blücher	Schwerer Kreuzer	Deutsche Werke, Kiel	36-39	18.200 14.050	205,9	21,3	7,70	134.000w	32,5	8.000/20	–	3.700
Admiral Hipper	Schwerer Kreuzer	Blohm & Voss Hamburg	35-39	18.200 14.050	205,9	21,3	7,70	134.000w	32,5	8.000/20	–	3.700
Prinz Eugen	Schwerer Kreuzer	Germania-werft, Kiel	36-40	18.400 14.240	212,5	21,9	7,90	132.000w	32,0	7.200/20	–	3.400
Scharnhorst	Schlachtschiff	Marine-werft Wilhelmshaven	34-39	38.900 31.850	234,9	30,0	9,90	165.000w	32,0	10.000/17 8.800/19	–	6.300
Gneisenau	Schlachtschiff	Deutsche Werke, Kiel	34-38	w. o.	w. o.	w. o.	w. o.	165.000w	32,0	10.000/17 8.800/19	–	6.300
Bismarck	Schlachtschiff	Blohm & Voss Hamburg	36-40	50.900 41.700	251,0	36,0	10,2	150.170w	30,1	8.900/17 9.280/16	–	7.900
Tirpitz	Schlachtschiff	Kriegsmarine-werft Wilhelmshaven	36-41	52.600 42.900	251,0	36,0	10,6	163.000w	30,8	9.000/19 10.200/16	–	8.780

Bewaffnung: Schiffskanonen (cm)		Bewaffnung: Flugabwehrkanonen (cm)		Torpedorohre (cm)	Panzerung: Wasserl. (mm)	Panzerung: Deck (mm)	Panzerung: Kom. (mm)	Art. (mm)	Besatzung	Bemerkungen
14	15	16	17	18	19	20	21	22	23	24
6 x 28	8 x 15	6 x 10,5	8 x 3,7 10 x 2	2 x 4 - 53,3	80	40	150	140	33, 585	
8 x 20,3	–	12 x 10,5	12 x 3,7 8 x 2	4 x 3 - 53,3	80	50	150	160	42/1.340	
8 x 20,3	–	12 x 10,5	12 x 3,7 8 x 2	4 x 3 - 53,3	80	50	150	160	42/1.340	Sp. 17: Zuletzt 6 x 4,8 cm; 8 x 3,7 cm und 32 x 2 cm Sp. 23: bis zu 51, 1.548 Mann
8 x 20,3	–	12 x 10,5	12 x 3,7 8 x 2	4 x 3 - 53,3	80	70	150	160	64/1.340	Sp. 17: Anfang 1945 – 17 x 4 cm und 26 x 2 cm Sp. 23: Stand 1941
9 x 28	12 x 15	14 x 10,5	16 x 3,7 10 x 2	2 x 3 - 53,3	350	105	250	360	56/1.613	Sp. 6: vor Umbau 229,8 m Sp. 17: zuletzt 24 x 2 cm Sp. 23: bis zu 60, 1.780 Mann
9 x 28	15 x 15	14 x 10,5	16 x 3,7	2 x 3 -53,3	350	105	250	360	56/1.613	
8 x 38	12 x 15	16 x 10,5	16 x 3,7 12 x 2		320	120	350	360	103/1.962	
8 x 38	12 x 15	16 x 10,5	16 x 3,7 12 x 2	2 x 4 -53,3	320	120	350	360	2.608	Sp. 17: zuletzt 50 x 2 cm Sp. 23: zuletzt ca. 108/2.500

Die obigen Daten entsprechen den Angaben aus Erich Gröner, "Die Deutschen Kriegsschiffe 1815 – 1945".

Erläuterungen zur Anwendung der Tabellen auf den Seiten 54/55, 188/189 und 190/191

Die Angaben der einzelnen Spalten bedeuten:

Sp. 3: nur die Bauwerft wird genannt.
Sp. 4: es wird die Zeit vom Jahr der Kiellegung bis zur ersten Indienststellung genannt. Zusatzzahlen sind Angaben über Umbaumaßnahmen. Die entsprechende Werft (Sp. 3) wird nicht genannt.
Sp. 5: die erste Zeile gibt die Einsatzverdrängung, die zweite die Standardverdrängung an. Einsatzverdrängung = Summe aus Standardverdrängung (Typverdrängung) und volle Zuladung. Die Angaben erfolgen in englischen tons (1 t = 1.016 kp).
Angaben zu den Abmessungen erfolgen in m (1. Stelle hinter dem Komma ab- bzw. aufgerundet). Dabei bedeuten:
Sp. 6: Länge über alles (größte Längenausdehnung)
Sp. 7: größte Breite des Schiffskörpers
Sp. 8: mittlerer Tiefgang bei größter Einsatzverdrängung.
Sp. 9: Angaben über die höchste Maschinenleistung zu der in der danebenstehenden Sp. 10 genannten Geschwindigkeit, dabei bedeutet:
i = PSi = indizierte Pferdestärken, Maßeinheit für Expansions-(Kolben)-Dampfmaschinen
w = wPS = Wellen-Pferdestärken, Maßeinheit für Turbinen
e = PSe = effektive Pferdestärken, Maßeinheit für Motoren.
Es handelt sich hierbei um häufig max. gemessene Antriebsleistungen.
Auf die Umrechnung auf kW wurde verzichtet.
Sp. 10: Knoten (Kn) = Schiffsgeschwindigkeit, d. h. Seemeilen pro Stunde (sm/h).
Sp. 11: Angaben über Seeausdauer, theoretisch ermittelter Wert für einen bestimmten Fahrbereich, der sich aus einer rechnerisch vorgegebenen Geschwindigkeit ergibt.
Sp. 12 u.: Angaben über maximale Bevorratung an festen oder flüssigen Brennstoffen (ohne
Sp. 13: evtl. Deckszuladung).
Für die Bewaffnung sind fünf Spalten eingerichtet:
Sp. 14: Schwere Artillerie
Sp. 15: Mittlere und Leichte Artillerie.
Sp. 16: Schwere Flak
Sp. 17: Mittlere und Leichte Flak.
Sp. 18: Anzahl der installierten Torpedorohre – Aufstellung in Sätzen.

Diese Spalten nennen in der Regel die Anzahl der Waffen des ersten Ausrüstungszustandes. Eine genaue Wiedergabe des höchsten Bewaffnungszustandes ist häufig nicht möglich. Die Kaliberangabe erfolgt in cm. Bei der Panzerung werden Maximalstärken zugrundegelegt:
Sp. 19: Panzerung im Bereich der Wasserlinie (Gürtelpanzer)
Sp. 20: Deck (Panzerdeck)
Sp. 21: Kommandostand
Sp. 22: Hauptartillerie
Sp. 23: Die Zahl vor dem Komma enthält alle Offiziere bzw. vergleichbare Offiziersdienstgrade, hinter dem Komma die Zahl der Mannschaften.

Bei diesen Zahlen handelt es sich um haushaltsmäßig eingeplante Dienstposten, die von der wirklichen Besatzungsstärke z. T. stark abweichen.
Die Zahlenangaben wurden im wesentlichen aus Erich Gröner: "Die Deutschen Kriegsschiffe 1815 – 1945", München 1960, entnommen.

Explanations for use of the tables on pages 54/55, 188/189 and 190/192

The comments in the individual fields mean:

Column 3: Only the shipyard where the ship was built is mentioned.
Column 4: The time from the year of the laying of the kiel to the first commissioning. Additional dates are those of refits. The shipyard is not mentioned.
Column 5: The first line is the displacement fully laden, the second the normal displacement. Loaded displacement = normal displacement and full load. The figures are in British tons (1 ton = 1,016 kg).
Details of dimensions are given in metres (first decimal place rounded up or down). These are:
Column 6: Total length (from furthest points)
Column 7: Largest width measurement of the hull
Column 8: Average waterline at maximum load
Column 9: Details of the maximum engine performance at the speed in
Column 10: The abbreviations there mean:
i = indexed horse power, measure for expansion boilers.
w = wave horse power, measure for turbines.
e = effective horse power, measure for motors.
These are not converted into kilowatts.
Column 10: Knots = ship's speed, nautical miles per hour.
Column 11: Detail of endurance at sea, theoretical average value for a set range at a precalculated speed.
Column 12: Details of maximum load of solid or liquid fuel (without any possible stores
and col. 13: on deck)
There are five fields for the armament:
Column 14: Main guns
Column 15: Medium guns
Column 16: Heavy AA guns
Column 17: Medium and light AA guns
Column 18: Number of torpedo tubes.
These fields contain details of the first fitting. It is not always possible to give details of the maximum armament. Calibres are given in cm.
Maximum thickness of armour is given:
Column 19: Armour around the waterline (belt armour)
Column 20: Deck (armoured deck)
Column 21: Bridge
Column 22: Main guns
Column 23: The number in front of the comma is all the officers and petty officers of equivalent rank, behind the comma is the number of men.
These figures are the planned crew. In fact, there were always great variations.

The figures are taken largely from: Erich Gröner: "Die Deutschen Kriegsschiffe 1815 – 1945", Munich 1960.